कर्पूरी ठाकुर

नेता-विरोधी दल के रूप में संसदीय भूमिका

कर्पूरी ठाकुर

नेता-विरोधी दल के रूप में संसदीय भूमिका

डॉ. रंजना कुमारी

राजकमल प्रकाशन

ISBN : 978-81-267-0656-3

मूल्य : ₹495

पहला संस्करण : 2003
तीसरा संस्करण : 2024

प्रकाशक : राजकमल प्रकाशन प्रा.लि.
साइंस कॉलेज के सामने, अशोक राजपथ,
पटना-800 006

प्रधान कार्यालय : 1-बी, नेताजी सुभाष मार्ग,
दरियागंज, नई दिल्ली-110 002
1, अनमोल सोराबजी संतुक लेन, धोबी तलाव, मरीन लाइंस, मुम्बई-400 002

मुद्रक : बी.के. ऑफसेट
नवीन शाहदरा दिल्ली-110 032

KARPURI THAKUR
Neta Virodhi Dal Ke Roop Mein Sansadiya Bhoomika
by Dr. Ranjana Kumari

आभार

विपक्ष के बिना प्रजातन्त्र की कल्पना नहीं की जा सकती। संसदीय शासन प्रणाली में तो विपक्ष का महत्त्व सर्वोपरि है। आम जनता की आशाएँ विपक्ष के प्रतिनिधियों एवं नेता–विपक्षी दल पर टिकी होती हैं क्योंकि विपक्ष ही उनकी शिकायतों, हितों एवं माँगों को सशक्त ढंग से शासन के समक्ष रखता है। आम जनता एवं चुनावी वायदों के अनुरूप शासन पर निगरानी रखने तथा उसे जनहित में क्रियाशील रखने का कार्य भी विपक्ष का ही है। विभिन्न मन्त्रियों एवं उनके मन्त्रालयों के कार्य-कलापों को जनता के समक्ष उजागर करने के लिए विपक्ष ही जिम्मेवार है। इन जिम्मेवारियों का निर्वाह करने के लिए विपक्ष में योग्य एवं सुदृढ़ नेतृत्व का होना आवश्यक है। उन्हीं तथ्यों के आलोक में नेता–विपक्षी दल की भूमिकाओं का महत्त्व स्पष्ट होता है। जहाँ तक बिहार विधायिका का प्रश्न है, एक लम्बे समय तक विपक्ष एवं नेता–विपक्षी दल की भूमिका की सफलतापूर्वक निर्वाह जिस व्यक्ति ने किया वह कर्पूरी ठाकुरजी हैं। विभिन्न समाचारपत्रों ने तो उन्हें 'विपक्षी राजनीति की जान', 'राजनीतिक विपक्ष के प्रतीक' तथा 'विपक्षी राजनीति के सरताज' जैसे अलंकारों से विभूषित किया है।

राजनीति विज्ञान की विद्यार्थी के रूप में मेरी बहुत दिनों से आकांक्षा थी कि इस विलक्षण व्यक्तित्व की विपक्ष की राजनीतिक भूमिकाओं का अध्ययन करूँ।

उनके व्यक्तित्व, राजनीतिक सूझबूझ एवं आदर्शवादिता की जानकारी मुझे मिलती रही थी। उनके मृत्यूपरान्त मैंने निश्चय किया कि कर्पूरीजी की विधायी भूमिकाओं का अध्ययन करूँ। इस शोध अध्ययन के दौरान मुझे कई लोगों का सहयोग प्राप्त हुआ। उनके प्रति आभार प्रकट करना मैं अपना कर्त्तव्य समझती हूँ। प्रस्तुत पुस्तक को सही दिशा में एवं समृद्ध बनाने हेतु राजनीति विज्ञान के विद्वान प्राध्यापक (प्रोफेसर) डॉ. रणधीर सिंह, विश्वविद्यालय प्राध्यापक, अनुग्रह नारायण महाविद्यालय, पटना के प्रति मैं अत्यन्त आभारी हूँ जिन्होंने अनवरत मुझे विभिन्न सैद्धान्तिक पहलुओं, विधायी प्रणाली के सार तत्त्वों एवं पद्धतियों तथा विपक्ष के सम्बन्ध में विश्वव्यापी अवधारणाओं से अवगत कराकर मुझे दिग्दर्शित किया है। प्रो. सिंह के बिना यह अध्ययन सम्पन्न नहीं हो पाता।

इस आलेख को परिमार्जित करने, सुसंगठित करने तथा समृद्ध करने में कई विद्वानों से मुझे सहयोग प्राप्त हुआ। राजनीति विज्ञान के विद्वान प्राध्यापक डॉ. भीमराव अम्बेडकर बिहार विश्वविद्यालय, के राजनीति विज्ञान विभाग के डॉ. आर.एन. कुंबर से

मुझे शोध तकनीकों एवं मानक स्तर पर मीमांसा करने हेतु दिशा निर्देश मिला है। बिहार विधानमंडल की पद्धति एवं विपक्ष की भूमिका के निर्धारण एवं निरूपण हेतु निर्देश मुझे डॉ. रवीन्द्र कुमार वर्मा, जगजीवन राम संसदीय अध्ययन एवं राजनीतिक शोध संस्थान, पटना द्वारा प्राप्त हुआ है जिन्होंने समय-समय पर कंटेंट एनालिसिस पद्धति से वाद-वृत्तों के विश्लेषण पर प्रकाश डाला। मैं इनके प्रति आभार प्रकट करती हूँ।

मेरे इस अध्ययन के दौरान मुख्यतः अनुग्रह नारायण समाज अध्ययन संस्थान पुस्तकालय, सिन्हा लाइब्रेरी एवं बिहार विधानमंडल पुस्तकालय, पटना के पदाधिकारियों द्वारा मुझे सहयोग एवं सद्भाव मिला। मैं उन सभी के प्रति आभारी हूँ।

शोध कार्य में सजग एवं संलग्न रहने के लिए प्रेरणा मुझे मेरे पति डॉ. रामचन्द्र पूर्वे, विश्वविद्यालय प्राध्यापक, गणित विभाग, लोहिया कॉलेज, मुजफ्फरपुर द्वारा मिलती रही। अपनी व्यस्तता के बावजूद उन्होंने मुझे शोध कार्य के लिए उत्प्रेरित रखा। इतना ही नहीं उन्होंने इसके लिए मानसिक स्तर पर मुझे क्रियाशील रखा। मैं उनके प्रति अपनी श्रद्धा अर्पित करती हूँ। उनके अतिरिक्त मेरे पुत्रों, समीर एवं सन्दीप, द्वारा मुझे प्यार भरा सहयोग मिला।

सर्वाधिक महत्त्वपूर्ण सहयोग मुझे डाटा लिंक, जक्कनपुर, पटना द्वारा मिला जिसने कम्प्यूटर द्वारा मेरी अस्पष्ट लेखनी को पढ़ने का कष्ट उठाया। इसके लिए मैं आभारी हूँ। मेरा शोधकार्य यूँ ही पड़ा रहता यदि मेसर्स राजकमल प्रकाशन, पटना ने आकर मुझसे इसे प्रकाशित करवाने के लिए आग्रह न किया होता। इस पुस्तक को प्रकाशित करने का बीड़ा उठाने के लिए मैं राजकमल प्रकाशन के प्रति आभारी हूँ। उम्मीद करती हूँ इस पुस्तक में विधायकों तथा शोधार्थियों को रुचि होगी।

—रंजना कुमारी

विषय सूची

कर्पूरी ठाकुर

1

भूमिका

सदियों से विद्वानों ने संसदीय प्रजातन्त्र के इस सौन्दर्य की ओर इंगित किया है कि संसदीय पद्धति तलवार के स्थान पर शब्दों के उपयोग में विश्वास करती है। अर्थात् वाद-विवाद द्वारा सर्वसम्मति कायम करना ही संसदीय पद्धति का सौन्दर्य है। इस पद्धति में नीति-निर्धारण में हिंसा, घृणा अथवा क्षोभ का स्थान नहीं है। सभी निर्णय बहुमत से सर्वजन-हित में किए जाने के उद्देश्य से ही इस पद्धति को विकसित किया गया तथा कालान्तर में यह पद्धति प्रजातन्त्र की आत्मा बन गई। ज्ञातव्य है कि संसदीय पद्धति की जननी इंग्लैंड है तथा इस पद्धति को वर्तमान स्वरूप में विकसित होने में लगभग 600 वर्ष लगे हैं। मैगनाकार्टा से आज तक के हाल में विकसित होने के क्रम में संसदीय प्रक्रियाओं एवं व्यवहार में उत्तरोत्तर परिवर्तन आता गया तथा संसद का उत्तरदायित्व शनैः-शनैः सम्राट से हटकर जनता के प्रति होता गया।[1] मानवाधिकारों एवं कल्याणकारी राज्य की आकांक्षा ने इस पद्धति को विकसित होने में पर्याप्त सहायता की। भारत में इस पद्धति की शुरुआत संसदीय संस्थाओं में निर्माण के पूर्व से ही हो गई थी। परन्तु औपचारिक रूप में संविधान के लागू होने के बाद भारत ने संसदीय पद्धति का वरण किया। कमोबेश भारत के संविधान निर्माताओं ने ब्रिटेन की व्यवस्था को ही अपना आदर्श माना।

संविधान निर्मात्री सभा के प्रारम्भ से ही भारतीय राजनीतिक व्यवस्था ने संसदीय पद्धति के प्रयोग का सूत्रपात किया। तब से संसद समस्त राष्ट्रीय गतिविधियों का केन्द्र बना हुआ है। सांसद जो कि जनता के प्रतिनिधि हैं, जनता की माँगों को वैचारिक आवरण में राष्ट्र के समक्ष रखते हैं तथा कार्यपालिका के कृत्यों की आलोचना द्वारा सार्वजनिक हित को स्थापित करते हैं। स्वाभाविक है कि विभिन्न दलों, विभिन्न क्षेत्रों एवं विभिन्न नीतियों का प्रतिनिधित्व सांसदों द्वारा किया जाता है फलतः मतभेद होना स्वाभाविक है। राजनीतिक स्तर पर भी देखा जाए तो बहुमत दल कार्यपालिका का भार सँभालता है, परन्तु उसे निरंकुश होने की छूट नहीं है। सत्ता पक्ष के मतों एवं नीतियों की त्रुटियों का विरोध होना अवश्यम्भावी है। बार्कन, फाईनर, शील्स आदि विद्वानों का मत है कि गैर सत्ता-पक्ष के सदस्य राजनीतिक दलों के आधार पर विपक्ष का निर्माण कर लेते हैं और सत्ता पक्ष पर अंकुश लगाए रखते हैं ताकि उनका कोई भी कृत्य जनहित,

प्रजातन्त्र या उनके द्वारा किए गए वायदों के विपरीत न हो। उन्हें राष्ट्रीय हितों राजनीतिक मूल्यों तथा सामाजिक मूल्यों से विमुख होने से रोकने के लिए विपक्ष अपनी भूमिका निभाता रहता है।[2] यह भी देखा गया है कि सत्तासीन राजनीतिक दल के सदस्यों में कभी सरकार की नीतियों एवं प्रवृत्तियों पर मतभेद होता है परन्तु वे सदन पटल पर अपने दल के विरोध में, राजनीतिक प्रतिबन्धों एवं मजबूरियों के कारण, अपना विरोध प्रकट नहीं कर पाते हैं।[3] इस परिस्थिति में विपक्ष का महत्त्व और भी बढ़ जाता है। वर्तमान समय में तो कार्यकारी शक्तियों के प्रयोग पर प्रतिबन्ध या अंकुश लगाना पहले से अधिक आवश्यक है क्योंकि कार्यपालिका की शक्तियों में उत्तरोत्तर वृद्धि हो रही है तथा कार्यपालिका अपनी शक्तियों का दुरुपयोग भी धड़ल्ले से कर रही है। विपक्ष को ऐसी परिस्थिति में सत्ता पक्ष पर दबाव डालना आवश्यक होता है। विपक्ष अपने नेताओं द्वारा कार्यपालिका पर दबाव डालने में दक्ष होता है क्योंकि उन्हें भी सार्वजनिक कार्यकारी पदों पर रहने का अनुभव होता है तथा वे वैकल्पिक नीतियों का अनुशंसा भी कर सकते हैं। सदन में विपक्ष संसदीय प्रजातन्त्र का आधार-स्तम्भ है इसके बिना समस्त पद्धति ही कमजोर एवं जीर्ण हो जाती है। विपक्ष संसद के मूल तत्त्व सहनशीलता का परिचय देते हुए कार्यपालिका के दोषों पर नजर रखकर सरकार पर नियन्त्रण रखता है तथा अपनी बात पर इतना ही जोर देता है कि जनता उन दोषों से सजग रह सके। वर्तमान समय में तो साम्यवादी व्यवस्थाओं में भी प्रतिपक्ष के महत्त्व को स्वीकारा जाने लगा है। संगठित प्रतिपक्ष को सरकार का ही अंग माना जा सकता है। यहाँ तक कहा गया है कि प्रतिपक्ष के सदस्य 'पेशेवर आलोचक' होते हैं।

संसदीय प्रतिपक्ष का उद्‌भव

अंग्रेजी के ऑपोजीशन शब्द की उत्पत्ति लैटिन भाषा की 'ऑपोजिशियों' शब्द से हुआ है जिसका अर्थ विरोध करना होता है। विद्वानों की मान्यता है कि प्रत्येक काल में हर शासन में और प्रत्येक भौगोलिक परिस्थितियों में सत्ता का विरोध होता है तथा विरोधी पक्ष संगठित भी रहा है। उदाहरण के तौर पर प्राचीन यूनान तथा रोम की शासन व्यवस्थाओं को हम ले सकते हैं। प्राचीन भारतीय शासन व्यवस्थाओं में भी विरोध पक्ष के प्रमाण मिलते हैं परन्तु वह असंगठित रूप में रहा है। मध्य काल में चर्च द्वारा सामन्तवादी सत्ताधारियों का तथा आधुनिक काल के प्रारम्भ में संसदीय संस्थाओं द्वारा सम्राट का विरोध किया जाता था। संसदीय प्रतिपक्ष का उदय 1688 से माना गया है परन्तु प्रथम बार 'हिज मैजेस्टीज लॉयल ऑपोजीशन' पद का व्यवहार उन्नीसवीं सदी में ही हुआ। कालान्तर में खासकर उन्नीसवीं सदी के उत्तरार्ध से प्रतिपक्ष के वर्तमान स्वरूप का विकास हुआ विशेषकर राजनीतिक दलों के उदय ने प्रतिपक्ष को प्रथम संस्था के रूप में विकसित कर दिया।[4] ब्रिटानी संसद वर्तमान प्रतिपक्ष का मानक उदाहरण है अर्थात् ब्रिटानी संसद में विपक्ष के स्वरूप का निर्धारण इसके कार्य एवं कार्य प्रयासों से

ही होता है। ब्रिटेन में भी विपक्ष का प्रत्यक्षण विधिक तौर पर प्रथम बार 1937 में पारित हुआ। इस एक्ट में यह निर्धारित किया गया कि हाउस ऑफ कामंस में प्रतिपक्षी दल, जो संख्या में सबसे अधिक सदस्यों का हो के नेता का वेतन 2000 पौंड वार्षिक होगा। यदि प्रतिपक्षी दलों में से सर्वाधिक संख्यावाले दल के चयन में यदि सन्देहास्पद स्थिति हो जाए तो स्पीकर का निर्णय अन्तिम रूप से मान्य करार किया गया।[5]

नेता, विपक्षी दल सम्बन्धी विधायन कनाडा में 1905, आस्ट्रेलिया में 1920 तथा साउथ अफ्रीका में 1946 में हुआ। बीसवीं सदी में संसदीय पद्धतिवाले लगभग सभी राष्ट्रों के विपक्ष को विधायिका का अभिन्न अंग बनाया।[6] यहाँ तक कि विपक्ष को 'शैडो कैबिनेट' या 'वैकल्पिक कैबिनेट' की संज्ञा भी दी गई। परन्तु विपक्ष के स्वरूप का निरूपण करते हुए गिलबर्ट कैम्पियन[7] ने कहा कि विपक्ष वर्तमान मन्त्रिमंडल द्वारा विश्वास खो देने का विकल्प के रूप में सरकार बनाने की क्षमता रखती हो तथा इसमें उनकी सकारात्मक नीतियाँ होनी चाहिए। यह (विपक्ष) मात्र विघटनात्मक विरोध का परिचायक न हो। परन्तु एकदलीय संसदीय प्रणालियों में यह व्यवस्था सम्भव नहीं है।

इसका तात्पर्य यह नहीं है कि एकदलीय संसदीय प्रणाली में विपक्ष का अस्तित्व नहीं है। एकदलीय व्यवस्थाओं में विक्षुब्ध गुट ही विपक्ष की भूमिका निभाते रहे हैं तथा ये गुट सरकार की आलोचना दल की बैठकों में करते रहे हैं। परन्तु विरोध का स्तर उक्त व्यवस्थाओं में प्राप्त वैचारिक स्वतन्त्रता के अनुरूप ही रहा। उदाहरण के तौर पर इटली के फासिस्टों के बीच वामपन्थ, दक्षिणपन्थ और मध्यपन्थ आदि विशेष दृष्टिगोचर हुए। जर्मनी में नात्सी पार्टी में 1934 के पूर्व विरोधों का पूर्ण आभास मिला। तत्कालीन सोवियत व्यवस्था में भी व्यक्तिगत स्तर पर नीतियों में आलोचना की छूट मिली थी परन्तु वह वास्तविक रूप न ले सका। स्टालिन के शासनकाल में विपक्ष नामंजूर कर दिया गया तथा 1934 के उपरान्त नात्सी पार्टी ने भी आन्तरिक विपक्ष को अस्वीकृत कर दिया। फल हमारे सामने है—जिन व्यवस्थाओं ने प्रतिपक्ष को महत्त्व नहीं दिया प्रतिपक्ष का गला घोंट दिया वे व्यवस्थाएँ बिखर गईं। संयुक्त सोवियत जैसा विशाल राष्ट्र भी ध्वस्त हो गया। रोमानिया, पोलैंड एवं पूर्वी जर्मनी की साम्यवादी व्यवस्था भी आज दम तोड़ चुकी है। 1989 के पश्चात् सम्पूर्ण विश्व प्रजातान्त्रिक मूल्यों की ओर झुक गया और साम्यवादी व्यवस्थाएँ जिसमें विपक्ष का स्थान नहीं था, एक-एक कर परिवर्तित हो गईं। विरोध का महत्त्व इससे भी लगाया जा सकता है कि यदि सरकारी तन्त्र में विरोध को स्थान नहीं है तो जनता अपनी जान देकर सत्ता का विरोध करती है।[8]

संसदीय प्रजातन्त्र और विपक्ष

द्विदलीय व्यवस्थाओं में प्रतिपक्ष या विपक्ष का महत्त्व तो वैकल्पिक सरकार के रूप में स्पष्ट है। सरकार और विपक्ष के बीच स्पष्ट संगठनात्मक विभाजन रेखा है। जनता बहुमत और अल्पमत का चुनाव करती है। यदि अल्पमत और बहुमत में लगभग सन्तुलन

की स्थिति होती है तो दोनों ही पक्ष अति सतर्क होते हैं तथा दोनों पक्ष के द्वन्द्व जन-समर्थन या जनता के रुख के कायल होते हैं, ब्रिटेन इसका ज्वलन्त उदाहरण है। 1950-51 में लेबर पार्टी को केवल 7 सदस्यों से बहुमत प्राप्त था तथा कंजरवेटिव के मुकाबले मात्र 19 सदस्यों से बहुमत प्राप्त था। 1951-59 के संसद में कंजरवेटिव पार्टी को सम्मिलित रूप से मात्र 18 सदस्यों से बहुमत था जबकि लेबर पार्टी से 27 सदस्य अधिक थे। ऐसी परिस्थिति में पक्ष का कैबिनेट विपक्ष की आलोचना से पूर्णतः नियन्त्रित रहता है।

बहुदलीय संसदीय प्रणाली में विपक्ष में बहुरूपता होती है अर्थात् विपक्ष का निर्माण विभिन्न नीतियों, कार्यक्रमों एवं मुद्दोंवाले दलों के समूह से होता है तथा इन दलों में ही आपसी विवाद होते रहते हैं। कई मुद्दों पर विपक्ष सम्मिलित विरोध नहीं कर पाते और सत्तासीन दल आरामदेह स्थिति में होता है। जब कभी निर्वाचन में किसी भी दल को स्पष्ट बहुमत नहीं मिल पाता तो दलों में सरकार बनाने के लिए गठबन्धन होते हैं। इस परिस्थिति में अल्पकालिक सरकारें बनती हैं क्योंकि एक गठबन्धन टूट कर दूसरे गठबन्धन का निर्माण हो जाता है।[9] भारतीय संसदीय प्रजातन्त्र इसका उदाहरण है। केन्द्र तथा राज्यों में यह स्थिति कई बार आ चुकी है। यही कारण है कि भारत में विपक्ष वैकल्पिक सरकार के रूप में नहीं उभरा। वर्तमान विपक्ष आपस में संगठित नहीं है मुद्दा चाहे जो हो कभी-कभी सत्तासीन दल की स्थिति इतनी मजबूत होती है वह विभिन्न विपक्ष पर हावी होता है।[10] इसका अर्थ यह नहीं कि विपक्ष की भूमिका महत्त्वहीन हो जाए। संसदीय प्रजातन्त्र में विपक्ष का महत्त्व कतिपय अन्य कारणों से भी है। विपक्ष अपनी मौलिक विभिन्नता से भी सरकार का पर्याप्त प्रभाव डालता है। सरकार की नीति निर्माण की प्रक्रिया पर राजनीतिक, आर्थिक, सामाजिक, धार्मिक आदि मुद्दों के आलोक में विपक्ष संगठित होता रहता है तथा जनसमर्थन को जीतने का प्रयास करता है। इसके लिए विपक्ष सरकार की त्रुटियों और अकार्यों को सार्वजनिक तौर पर जनता के समक्ष रखता है। जेनिंग्स[11] ने ठीक ही कहा है कि निर्वाचन केवल सरकार के चयन के लिए नहीं होते बल्कि विपक्ष के लिए भी होते हैं। सामान्य स्थितियों में प्रधानमन्त्री के समकक्ष नेता, विरोधी दल होता है जो सदन को जनता के प्रति उत्तरदायी बनाए रखता है। विपक्ष ही प्रजातन्त्र को अधिनायकतन्त्र से पृथक करता है, अधिनायकतन्त्र में राज्य की सत्ता पर एकाधिकार कायम हो जाता है। विपक्ष के अभाव में फासीवाद, सीजरीज्म और निरंकुश नौकरशाही ही स्थापित हो सकती है।[12]

विपक्ष की भूमिकाएँ

प्रजातन्त्र केवल बहुलवादी राजनीति में ही सम्भव है क्योंकि यदि एकलवादी राजनीतिक संस्कृति है तो न विपक्ष को स्थान है, न ही राजनीति करने की आवश्यकता है। फलस्वरूप निरंकुश शासन की स्थापना अवश्यम्भावी है। विपक्ष सरकार की असीम

शक्तियों की सीमा निर्धारित करता है।[13] ए.एल. पावेल का कथन है कि मान्यताप्राप्त विपक्ष की उपस्थिति मात्र से सरकार के प्रजापीड़क कृत्यों पर अंकुश लग जाता है तथा जनमत के अनुरूप नीतियोंवाली विपक्षी पार्टियों के अस्तित्व मात्र से आतंकवादी एवं अधिनायकवादी बहुमत दल पर प्रतिबन्ध लग जाता है। सरकार दमनकारी होती है तथा जनता की असन्तुष्टि का परिचायक होती है। इसलिए विपक्ष के कृत्य सरकार के समान ही महत्त्वपूर्ण होते हैं। सम्राट केवल सरकार की आवश्यकता नहीं महसूस करता बल्कि साथ-साथ विपक्ष की भी उतनी ही आवश्यकता महसूस करता है।[14]

विधायिका के अंग के रूप में विपक्ष सरकार की त्रुटियों एवं अकार्यों का पर्दाफाश करता है। जनमत बहुमत दलों को अस्थायी तौर पर प्रबन्धन का भार सौंपता है साथ ही विपक्ष को उस पर अंकुश हेतु अपना मत देता है। सरकारी नीतियों पर अनवरत निगरानी रखकर विपक्ष उसे प्रजातन्त्र के उपयोगी उपकरण के रूप में काम करने की प्रेरणा देता है। विपक्ष ही सरकार से उसकी त्रुटियाँ मनवाता है तथा उसमें सुधार लाने हेतु बाध्य करता है। विपक्ष के सदस्य मन्त्रियों से प्रश्न पूछकर, ध्यानाकर्षण प्रस्ताव लाकर तथा संसदीय विधाओं में भाग लेकर खामियों को दूर करता रहता है। इन क्रियाओं का दूसरा स्वरूप यह है कि विपक्ष सदा सत्ता प्राप्ति का प्रयत्न करता रहता है फलस्वरूप सरकार अपने वैधानिक कार्यक्रमों में सुधार करते रहते हैं। विपक्ष की अपीलें न तो सत्ता पक्ष के किसी सदस्य या नेता से करता है बल्कि वह सदन के बाहर जनमत से करता है। विपक्ष सत्तासीन दल के उपायों से अलग विकल्प सुझाता है जिससे सार्वजनिक शिकायतों की विभिन्न संसदीय पद्धतियों द्वारा अभिव्यक्ति होती है और सरकार पर दबाव बना रहता है। कभी-कभी तो ऐसा भी होता है कि विपक्ष अनावश्यक त्रुटियों को उजागर कर सत्तासीन दल की जनता में साख गिराने का प्रयास करता है।[15]

यद्यपि ये राजनीतिक दल सदन में एक-दूसरे के प्रति कड़ा रुख रखते हैं परन्तु प्रजातन्त्र की मौलिकता को बनाए रखने में एक साथ हो जाते हैं। सदन की कार्यवाही के संचालन में भी सदन में सभी दल एकता बनाए रखते हैं। सरकार भी बड़े एवं महत्त्वपूर्ण मुद्‌दों पर विपक्ष को साथ लेकर चलती है। संयुक्त संसदीय समितियाँ बनाकर उन मुद्‌दों पर सहमति कायम की जाती है। उसके अतिरिक्त विधायन या कानून निर्माण में भी विपक्ष के सदस्यों का सीधा योगदान होता है तथा उनका विभिन्न संसदीय समितियों में, जैसे—चयन समिति, स्थायी समिति, जाँच समिति, लोक सेवा समिति, विशेषाधिकार समिति आदि में साधिकार योगदान होता है। उससे सत्ता पक्ष के सदस्य अपनी पूरी कोशिश करते हैं कि बिल सोच समझकर बनाया जाए तब सदन में प्रस्तुत किया जाय। दूसरी ओर विपक्षी सदस्य बिलों में त्रुटियाँ खोजने हेतु जी जान लगा देते हैं। फल यह होता है कि कानून निर्माण खूब ठोक-ठाककर ही किया जाता है। अन्यथा सरकार को त्यागपत्र भी देना पड़ सकता है। इससे बचने के लिए बहुमत दल प्रारम्भ से ही अपने सदस्यों को एक सूत्र में बाँधे रखता है ताकि उनकी शक्ति और प्रयास का उपयोग दल की नीतियों, कार्यक्रमों एवं सिद्धान्त के लिए हो सके।

किसी भी प्रजातान्त्रिक व्यवस्था में नौकरशाही को राजनीति से प्रभावित नहीं होने दिया जाता। हम जानते हैं कि राजनीति का गहरा प्रभाव नौकरशाही पर पड़ जाता है परन्तु विपक्षी अपने कृत्यों द्वारा नौकरशाही पर राजनीतिक एकाधिपत्य को कायम नहीं होने देते। विपक्ष सुरक्षाकर्मियों (शस्त्रधारी सैनिक) को निरपेक्ष बने रहने में मदद करता है। असैनिक सेवक भी विपक्ष के कमजोर होने पर अपने को सत्तादल के साथ एकरूप होने की प्रवृत्ति बना लेते हैं। इतना ही नहीं सरकार द्वारा आम जनता के सामाजिक व्यवस्था एवं कानून व्यवस्था हेतु किए गए उपाय, आम जनता के अधिकारों का हनन कर रहे हैं या नहीं इसका निर्धारण भी विपक्ष ही कर पाता है। नागरिक स्वतन्त्रताओं का निर्धारण इस बात पर निर्भर करता है कि नागरिकों को प्रशासन के कुकृत्यों की आलोचना करने की कितनी स्वतन्त्रता प्राप्त है।

जनमानस को शिक्षित करने का दायित्व मुख्य रूप से विपक्ष का ही है। विपक्ष ही जनमत संगठित (mobilise) करने के क्रम में आम जनता को निर्णय एवं स्वतन्त्र अभिव्यक्ति करने के लिए प्रेरित करता है। विपक्ष ही विभिन्न सार्वजनिक मामलों को तथा विभिन्न दलों की नीतियों की सूचना मतदाताओं एवं आम जनता तक पहुँचाता है, जिससे आम जनता राष्ट्रीय राजनीतिक मुद्दों एवं राजनीतिक दलों के निर्णयों की चर्चा एवं उस पर बहस करती है चूँकि विपक्षी दल वैकल्पिक नीतियों का प्रचार-प्रसार करते हैं जिससे जनमानस नीतियों एवं कार्यक्रमों का आलोचनात्मक अध्ययन कर निर्णय लेने की स्थिति बना लेते हैं।[16]

भारतीय संसद में विपक्षी दल एवं नेता–विपक्ष

लगभग विश्व में सभी प्रजातान्त्रिक पद्धतियों में राजनीतिक दल दोहरी संगठन व्यवस्था रखते हैं–पहला विधायिका में अथवा सदन में तथा दूसरा सदन के बाहर। राजनीतिक दल पर्याप्त नीतियों का निर्माण, विभिन्न सार्वजनिक पदों के लिए उम्मीदवारों का चयन, कोष-वृद्धि तथा समर्थकों का संघटन आदि कार्यों से अपनी प्रभावकता कायम करते हैं, जो सदन के बाहर दल के संगठन द्वारा सम्पन्न किया जाता है। दूसरी ओर सदन के अन्दर का संगठन (जिसे हम 'विधायक दल' या 'संसदीय दल' के नाम से जानते हैं) सदन की कार्यवाही को प्रभावित करता है तथा सदन की कार्यवाही की गुणवत्ता एवं गति को निर्धारित करते हुए सदन में अनुशासन कायम रखने की प्रवृत्ति रखता है।[17] इसके लिए समय-समय पर संसदीय दल के सदस्य बैठक कर दल द्वारा सदन में भूमिका निर्धारण करते हैं तथा आपसी मतभेद को दूर करते हैं ताकि सदन की कार्यवाही में वे एकमत कायम रख सकें। इन संसदीय राजनीतिक दलों के दो पक्ष होते हैं–पहला सत्ता पक्ष दूसरा विपक्ष। दोनों पक्ष अपना-अपना नेता चुनते हैं। पहले पक्ष का नेता प्रधानमन्त्री होता है तथा दूसरे पक्ष का नेता–विपक्षी नेता होता है। नेता, विपक्षी दल विपक्ष के सभी सदस्यों के प्रति उत्तरदायी होता है चाहे दलगत भेद ही क्यों न हो।

भारतीय संसदीय तन्त्र में भी अन्य संसदीय पद्धतियों की तरह संसदीय राजनीतिक दल के रूप में मान्यता हेतु कतिपय शर्त निर्धारित की गई हैं।[18] पूर्व में केन्द्रीय एसेम्बली में कम-से-कम 8 प्रतिशत सदस्योंवाले दल को ही संसदीय दल के रूप में मान्यता दी गई जिसे कम सदस्योंवाले दल का राजनीतिक ग्रुप माना गया। 1951-52 के प्रथम लोकसभा चुनावों के बाद संसदीय दल के लिए तीन महत्त्वपूर्ण मानक निर्धारित किए गए—1. राजनीतिक दल लोकसभा के कुल सदस्यों की संख्या का कम-से-कम दस प्रतिशत हो, 2. नीति एवं कार्यक्रमों में एकता हो, तथा 3. दल का सदन के भीतर और बाहर अर्थात् दलीय संगठन हो। इसके पूर्व 1947-49 के दौरान नेता, विरोधी दल जैसी कोई व्यवस्था नहीं थी फिर भी संविधान निर्मात्री सभा में कांग्रेस के अतिरिक्त स्वतन्त्र एवं मुस्लिम लीग के सदस्य भी थे।[19] डॉ. राजेन्द्र प्रसाद, सरदार वल्लभ भाई पटेल, डॉ. श्यामा प्रसाद मुखर्जी, डॉ. अम्बेडकर आदि ऐसे सदस्य थे जिन्होंने विपक्ष की भी भूमिका निभाई थी।

स्वतन्त्र भारत में पहली बार विपक्ष का गठन 1950 में हुआ तथा उसके नेता बने के.टी. शाह, जिनके साथ मात्र 14 सदस्य थे और इनका उद्देश्य सुधारात्मक था क्योंकि ग्रुप कांग्रेस की नीतियों एवं कार्यक्रमों को मानता था। 1952 में निर्धारित मानकों के परिप्रेक्ष्य में केवल कांग्रेस को ही (प्रथम लोकसभा में) राजनीतिक दल के रूप में मान्यता मिली फलतः प्रथम लोकसभा में विपक्ष का कोई नेता नहीं था। फिर डॉ. श्यामा प्रसाद मुखर्जी, आचार्य जे.बी. कृपलानी और ए.के. गोपालन सरीखे नेताओं ने मिले-जुले विपक्ष का प्रयास किया परन्तु वे विफल रहे। यद्यपि इन नेताओं ने एकीकृत विपक्ष की भूमिका निभाने का प्रयास किया फिर भी तीसरी लोकसभा में कम्युनिस्ट नेता ए.के. गोपालन को नेता, विपक्षी दल के सीट पर तब तक बैठने का मौका दिया गया[20] जब तक कि पार्टी में (1964 में) फूट न हो गई। 1969 में स्वतन्त्र ग्रुप के नेता को यह मौका मिला।

1969 में ही पहली बार नेता, विपक्षी दल के नाम की संस्था का उदय हुआ। तत्कालीन लोकसभाध्यक्ष ने डॉ. रामसुभग सिंह को कांग्रेस ऑपोजीशन पार्टी के नेता के रूप में नेता, विपक्षी दल के पद की मान्यता दी तथा उसी दल के एस.एन. मिश्र को राज्यसभा में नेता—विपक्षी दल के रूप में मान्यता मिली। यद्यपि भारत में नेता—विपक्षी दल को व्यवहार में ले लिया गया है परन्तु इस संस्था को विधिक रूप नहीं दिया गया जबकि ब्रिटानी संसद में न केवल सदन में बल्कि कानून में भी उसकी चर्चा है। भारत में भी व्यवहार में नेता, विपक्षी दल को कैबिनेट मन्त्री की सारी सुविधाएँ प्राप्त हैं। इसी प्रकार विपक्ष के सचेतक एवं मुख्य सचेतक को भी भारतीय सदन में मान्यता मिली हुई है।

भारत में संसदीय विपक्षी दलों के रूप में भारतीय कम्युनिस्ट पार्टी को मान्यता तो नहीं मिली परन्तु प्रथम लोकसभा में इसे सर्वाधिक सीट (33) मिली थी अतः ए.के. गोपालन एवं एच.एल. मुखर्जी लोकसभा में क्रमशः नेता एवं उपनेता तथा 10 सदस्यों के साथ राज्यसभा में भूपेश गुप्त को विपक्षी नेता के रूप में मान्यता मिली थी। सदन

के बाहर दल के संगठन ने इस मामले में काफी सहयोग किया। प्रथम लोकसभा में ही किसान मजदूर पार्टी, समाजवादी पार्टी तथा फार्वर्ड ब्लाक को मिलाकर 1953 में प्रजा सोशलिस्ट पार्टी का गठन हुआ। 1955 में डॉ. राममनोहर लोहिया ने सोशलिस्ट पार्टी बना लिया जिसके फलस्वरूप पी.एस.पी. और भी क्षीण हो गया दूसरी और तीसरी लोकसभा में क्रमशः 32 एवं 24 सदस्य प्रजा सोशलिस्ट पार्टी के थे। संयुक्त सोशलिस्ट पार्टी ने चतुर्थ लोकसभा में 23 सीटें प्राप्त की थी तथा राज्यसभा में 9 सीटें। भारतीय जनसंघ को संसदीय दल के रूप में मान्यता नहीं मिली फिर भी श्यामा प्रसाद मुखर्जी के प्रयासों से 31 सदस्यीय नेशनल डेमोक्रेटीक पार्टी का गठन हुआ जनसंघ के तीन सदस्यों में से मुखर्जी इस दल के नेता हो गए जिसे संसदीय ग्रुप के रूप में मान्यता मिली।

1969 के कांग्रेस विभाजन के फलस्वरूप कांग्रेस ऑपोजीशन पार्टी का उदय हुआ। सत्तारूढ़ कांग्रेस का नेतृत्व जगजीवन राम तथा विपक्षी कांग्रेस का नेतृत्व निजिलिंगप्पा कर रहे थे। सदन में अनेक सदस्य सत्तारूढ़ कांग्रेस की ओर हो गए और कांग्रेस (ओ.) को विपक्षी दल की मान्यता मिल गई तथा डॉ. रामसुभग सिंह को विपक्ष के नेता के रूप में मान्यता मिली। लोकसभा में दल के 60 सदस्य थे जो दल घोषित किए जाने की सारी शर्तें पूरा करते थे। निष्कर्षतः विपक्षी दलों की स्थिति भारतीय संसद में अत्यन्त ही कमजोर रही है। कुछ मौकों पर खासकर 1967 के गैर-कांग्रेसवाद की स्थिति मिली परन्तु 1971 के आम चुनाव के पश्चात् कांग्रेस इन्दिरा गांधी के नेतृत्व में पहले से अधिक सुदृढ़ हो गई। 1974 के बिहार आन्दोलन, एमरजेंसी और अधिनायकवादी शासन ने पुनः विपक्षी दलों को एक मंच पर ला खड़ा किया।[21] 1977 के आम चुनावों ने कांग्रेस के आधिपत्य को हिला दिया। परन्तु विपक्ष के दृष्टिकोण से कांग्रेस ने सर्वाधिक शक्तिशाली विपक्ष की भूमिका पहली बार 1977 की लोकसभा में निभाई। कांग्रेस के लगभग 151 सदस्य थे जिसके नेता सी.एम. स्टीफन थे जिन्हें नेता–विपक्षी दल बनाया गया। 1980 के मध्यावधि चुनावों में पुनः कांग्रेस की विजय हुई परन्तु इस बार विपक्षी दल भी सशक्त थे। यद्यपि विपक्षी दल कई टुकड़ों में विभाजित हो गया था फिर भी विपक्षी दल की सारी शर्तों को पूरा करते थे। 1984 में इन्दिरा गांधी की हत्या के पश्चात् राजीव गांधी के नेतृत्व में आम चुनाव हुए और 420 से अधिक सदस्य सत्ता पक्ष के ही थे। विपक्ष पुनः कमजोर पड़ गया। सत्तारूढ़ दल (इन्दिरा कांग्रेस) में ही फूट होने लगी तथा सदन में इसके सदस्य खेमा बदलने लगे। सातवीं एवं आठवीं लोकसभा में मार्क्सवादी कम्युनिस्ट पार्टी एक सशक्त विपक्ष के रूप में उभरकर सामने आई। अन्य महत्त्वपूर्ण उभरनेवाले दलों में तेलुगुदेशम, असम गण परिषद तथा डी.एम.के. आदि प्रमुख थे। 1989 के लोकसभा चुनावों के पश्चात् स्थिति विचित्र हो गई। किसी भी दल को स्पष्ट बहुमत नहीं मिला फिर भी कांग्रेस सबसे बड़ी पार्टी थी परन्तु जनता दल ने भारतीय जनता पार्टी, मार्क्सवादी कम्युनिस्ट, कांग्रेस (ओ.), तेलुगुदेशम आदि दलों के समर्थन से सरकार का गठन किया। कांग्रेस के राजीव गांधी नेता–विपक्षी दल हुए। मन्दिर-मंडल परिघटना[22] से स्थिति पुनः बिगड़ गई और अल्पकाल के लिए कांग्रेस के समर्थन से

चन्द्रशेखर (सजपा), जो जनता दल से निकले थे, प्रधानमन्त्री बन गए। कांग्रेस के समर्थन वापस लेने से मध्यावधि चुनाव 1991 में हुए।[23] दसवीं लोकसभा (1991) के चुनाव परिणामों के पश्चात् भी स्थिति स्पष्ट नहीं हुई। पुनः कांग्रेस संसद में सबसे बड़ा दल हुआ परन्तु इस बार नवीं लोकसभा की तुलना में कांग्रेस अधिक मजबूत था, भारतीय जनता पार्टी एवं जनता दल क्रमशः दूसरे और तीसरे स्थान पर रहे। फलतः लालकृष्ण आडवानी (भाजपा संसदीय दल के नेता) नेता–विपक्षी दल बने। भारतीय जनता पार्टी ने संसदीय दल के नेतृत्व में परिवर्तन किया तथा प्रखर सांसद श्री अटल बिहारी बाजपेयी लोकसभा में नेता–विपक्षी दल के पद को सुशोभित किया। 1996 के लोकसभा के चुनावों के बाद श्री बाजपेयी प्रधानमंत्री बने और श्रीमती सोनिया गांधी नेता–विपक्ष के पद पर आ गईं। परन्तु उनकी सरकार मात्र 12 दिन चली और वे पुनः नेता–विपक्ष बने। 1998 एवं 1999 में लोकसभा के मध्यावधि चुनावों के बाद भाजपा को बहुमत का समर्थन मिला फलस्वरूप नेता–विपक्षी दल पर श्रीमती सोनिया गांधी आसीन हुईं तथा आज भी हैं।

बिहार विधनसभा में विपक्ष

कमोबेश विपक्ष की स्थिति राज्यों के विधनसभाओं में लगभग संसद की सी ही रही। कई राज्यों में क्षेत्रीय राजनीतिक दलों तथा परिवर्तनशील मत-व्यवहार के कारण राज्य विधायिकाओं में विपक्ष की स्थिति सुधरी। इन राज्यों में विपक्षी दल भी बने। बिहार वैसे ही राज्यों में से एक है।

स्वतन्त्रता प्राप्ति के पूर्व 1937 में श्रीकृष्ण सिंह के प्रधानमन्त्रित्व काल में विपक्ष तो नगण्य ही था परन्तु द्वितीय विश्वयुद्ध में भारत को झोंकने का ब्रिटिश संसद के निर्णय के विरुद्ध जगजीवन राम, डॉ. राजेन्द्र प्रसाद आदि नेताओं ने जमकर विरोध की भूमिका निभाई तथा 1939 में इन सदस्यों ने त्यागपत्र दे दिया। 1952 के आम चुनावों के पश्चात् कांग्रेस को विशाल बहुमत प्राप्त हुआ। विपक्ष कमजोर होते हुए भी कर्पूरी ठाकुर जैसे सदस्यों के चलते अपनी उपस्थिति का भान कराता था। उल्लेखनीय है कि सभी समाजवादी नेता–विपक्ष का पल्ला पकड़े थे परन्तु उनकी स्थिति ऐसी नहीं थी कि विपक्षी दल के रूप में मान्यता प्राप्त हो।[24]

बिहार विधानसभा में नेता–विपक्षी दल के पद पर 1952 से आज तक 16 सदस्यों को ही मान्यता मिल पाई है जबकि 26 बार सरकार का गठन हो चुका है। इसका कारण किसी भी विपक्षी दल का सदन में सदस्यों की निर्धारित संख्या का नहीं होना रहा है। नेता–विपक्षी दल के सम्बन्ध में बिहार लेजिस्लेचर एक्ट 1977 की धारा 2 निम्न प्रकार उल्लिखित है :

'In this act 'Leader of the opposition' in relation to either House of the Legislature means a member of the Bihar Legislative Assembly or the Bihar Legislative Council, as the case may be, who is for the time being, the Leader in that House of the party in opposition to the Government having the greatest numerical strength and recognised as such by the Speaker of Bihar Legislative Assembly or Chairman of the Bihar LegislativeCouncil, as the case may be' ।[25]

इस धारा का अर्थ यह नहीं कि स्पीकर या अध्यक्ष की मान्यता ही नेता–विपक्षी दल दोनों के लिए पर्याप्त है बल्कि सदन में उस दल के सदस्यों की संख्या विपक्षी दलों से सर्वाधिक हो तथा सदन की रीति के अनुसार उस विपक्षी दल के सदस्यों की संख्या जितनी होनी चाहिए उतनी हो। नेता–विपक्षी दल को इस अधिनियम द्वारा वही वेतन एवं सुविधाएँ प्रदान की गई हैं जो एक मन्त्री को प्राप्त होता है।

स्वतन्त्रता प्राप्ति के बाद द्वितीय विधानसभा के गठन के पश्चात् नेता–विपक्षी दल के पद पर श्री एस.के. बागे 20 मई, 1957 से 15 मार्च, 1962 तक आसीन रहे। प्रथम विधानसभा में किसी भी विपक्षी दल के सदस्यों की संख्या पर्याप्त नहीं थी। तृतीय विधानसभा में श्री कामाख्या नारायण सिंह 16 मार्च, 1962 से 16 मार्च, 1967 तक नेता–विपक्षी दल रहे। चतुर्थ विधानसभा में 17 मार्च, 1967 से मार्च, 1969 तक श्री महेश प्रसाद सिंह ने नेता–विपक्षी दल के पद के लिए मान्यता प्राप्त की। मध्यावधि चुनाव के पश्चात् 1969 में 18 मार्च को श्री भोला पासवान शास्त्री 15.3.1970 तक नेता–विपक्षी दल रहे। प्रसिद्ध समाजवादी नेता श्री रामानन्द तिवारी को 16 मार्च, 1970 को नेता–विपक्षी दल के रूप में मान्यता मिली जो 15 मार्च, 1971 तक रहे। इनके पश्चात् लगभग एक वर्ष के लिए श्री दरोगा प्रसाद राय ने भी नेता–विपक्षी दल का पद भार ग्रहण किया।[26]

समाजवादी एवं प्रखर विपक्षी नेता श्री कर्पूरी ठाकुर को प्रथम बार 29.3.1972 को नेता–विपक्षी दल का दर्जा मिला परन्तु 1973 में श्री सुनील मुखर्जी को यह पद मिल गया। 1974 के बिहार छात्र आन्दोलन का नेतृत्व प्रदान करने हेतु कर्पूरीजी ने विधानसभा से त्यागपत्र दे दिया। राष्ट्रपति शासन (संकटकालीन स्थिति) की घोषणा के पश्चात् 1977 के चुनावों में जनता पार्टी की विजय के फलस्वरूप कर्पूरीजी मुख्यमन्त्री बने। पुनः कर्पूरीजी 1980 (आठवीं विधानसभा) में नेता–विपक्षी दल बने जो नवीं विधानसभा में भी अपने पद पर बरकरार रहे परन्तु 12.2.1988 की एक अधिसूचना के द्वारा उन्हें नेता–विपक्षी दल के पद से च्युत कर दिया गया। कर्पूरीजी ने तत्कालीन स्पीकर डॉ. शिवचन्द्र झा पर आरोप लगाया कि उन्हें दुर्भावना से नेता–विपक्षी दल के पद से अपदस्थ किया गया है। लोकदल में टूट राष्ट्रीय स्तर पर हुई थी परन्तु बिहार में उस टूट का असर क्षीण था। इसी की आड़ लेकर यह कहते हुए उनकी मान्यता रद्द कर दी गई कि श्री ठाकुर के समर्थकों (समर्थक विधानसभा सदस्यों) की संख्या विधानसभा में नेता–विपक्षी दल घोषित किए जाने लायक नहीं है। कर्पूरीजी ने सदन के बाहर अपना संघर्ष जारी रखा तथा राज्यपाल के समक्ष 39 लोकदल विधायकों का

साक्षात्कार कराया। इस पर कुछ निर्णय हो पाता कि इसके पूर्व ही श्री ठाकुर का देहावसान हो गया।[27]

1977 के आम चुनावों के पश्चात् कांग्रेस मुख्य विपक्षी दल के रूप में विधानसभा में आई और श्री रामलखन सिंह यादव को 30.6.1977 से फरवरी, 1978 तक यह गौरव प्राप्त हुआ। परन्तु कांग्रेस विधायक दल ने अपना नेता परिवर्तित कर डॉ. जगन्नाथ मिश्र को नेता चुना। फलस्वरूप मार्च, 1978 से जून, 1980 तक डॉ. मिश्र नेता–विपक्षी दल रहे।

कर्पूरीजी के मृत्यूपरान्त लोकदल ने युवा नेता श्री लालूप्रसाद को अपना नेता चुना जो 18.3.1989 से 7.12.1989 तक नेता–विपक्षी दल रहे। 1989 के लोकसभा निर्वाचन में श्री लालूप्रसाद लोकसभा के लिए चुन लिए गए। तत्पश्चात् 1 जनवरी, 1990 से 6 मार्च, 1990 तक श्री अनूप लाल यादव नेता–विपक्षी दल रहे इस समय तक जनता दल का गठन हो चुका था। 1990 के विधानसभा चुनावों (दसवीं विधानसभा के गठन) में जनता दल श्री लालूप्रसाद के नेतृत्व में सत्ता में आई और पुनः मार्च, 1990 में मई, 1994 तक डॉ. जगन्नाथ मिश्र नेता–विपक्षी दल के पद पर बने रहे। 1994 में उन्हें राज्यसभा के लिए चुन लिया गया फलस्वरूप श्री रामाश्रय प्रसाद सिंह जून, 1994 से मार्च, 1995 तक नेता–विपक्षी दल के पद पर आसीन रहे।

1995 में बिहार विधानसभा चुनावों (ग्यारहवीं विधानसभा के गठन पर) में भारतीय जनता पार्टी सबसे बड़ा विपक्षी दल बना। भा.ज.पा. के कुल 41 सदस्य विधानसभा के लिए चुने गए अन्य दलों को इससे कम सीटें प्राप्त हुईं। फलस्वरूप भा.ज.पा. विधायक दल के नेता श्री यशवन्त सिन्हा को नेता–विपक्षी दल के रूप में मान्यता मिल गई। परन्तु श्री सिन्हा 1996 के लोकसभा चुनाव में निर्वाचित हो गए और सुशील कुमार मोदी को नेता–विपक्ष का पद प्राप्त हुआ। फरवरी, 2000 तक सुशील कुमार मोदी नेता–विपक्ष के पद पर बने रहे। 3 मार्च, 2000 से एन.डी.ए. द्वारा सरकार बनाने के फलस्वरूप नेता–विपक्ष के पद पर लालूप्रसाद पुनः आसीन हुए परन्तु यह सरकार 10 मार्च, 2000 को अपदस्थ हो गई और सुशील मोदी पुनः नेता–विपक्षी दल बन गए।[28]

नेता–विरोधी दल की स्थिति

हम ऊपर चर्चा कर आए हैं कि संसदीय प्रजातन्त्र में विपक्ष की विधा कितनी महत्त्वपूर्ण है। विद्वानों ने विपक्ष की भूमिकाओं का भी निरूपण किया है। लास्की, मोरिस ड्यूबर्जर एवं शील्स आदि विद्वानों ने एकमत से स्वीकार किया कि विपक्ष के बिना प्रजातन्त्र नहीं बल्कि अधिनायकवाद की स्थापना हो सकती है। शील्स का मत है कि विपक्ष ही निर्धारण करता है कि सत्तारूढ़ दल संवैधानिक तरीके से अपना कार्य कर रहा है अथवा नहीं। राज्य की दमनकारी प्रवृत्ति पर प्रतिबन्ध लगाने, सत्तारूढ़ दल द्वारा उग्र, आतंकवादी एवं अमानवीय कृत्यों पर प्रतिबन्ध लगाने का कार्य विपक्ष का ही है। प्रशासन के दोषों को

उजागर करना तथा वैकल्पिक नीति को सुझाना भी विपक्ष का ही कार्य है। विपक्ष अपना कर्त्तव्य तभी निभा सकता है जब उसे स्वस्थ नेतृत्व प्राप्त हो तथा सदन में उसकी स्थिति सुदृढ़ हो। नेता–विपक्षी दल को कैबिनेट स्तर के मन्त्री की सुविधाएँ दी जाती हैं ताकि वह अपने कर्त्तव्य का निर्वाह कर सके तथा आम जनता के सम्पर्क में बना रहे और प्रधानमन्त्री या मुख्यमन्त्री के समान ही प्रभावकारी रह सके।[29]

नेता–विपक्षी दल का कर्त्तव्य केवल सर्वसम्मति कायम करवाना नहीं है बल्कि विपक्ष के सदस्यों की गतिविधियों का समन्वय करना भी है। उदाहरणार्थ, यदि सत्तारूढ़ दल की किसी नीति की आलोचना करनी है तो दक्षता एवं अनुभव के आधार पर विपक्ष के सदस्यों को विदेशी मामले, वित्तीय मामले, संसदीय मामले आदि विषयों में विभिन्न गतिविधियों द्वारा नीति निर्माण को प्रभावित करने हेतु विचार-विमर्श के लिए तैयार कराना तथा तदनुसार व्यवहार करवाना विपक्ष के नेता का ही कार्य है। विपक्ष के नेता का एक महत्त्वपूर्ण कार्य यह भी है कि वह सदन में संसदीय जीवन तथा संसदीय संस्थाओं की रक्षा करे। साथ ही सरकार के तीनों अंगों–विधायिका, कार्यपालिका और न्यायपालिका के बीच पृथक्करण को कायम रखे। सदन में संसदीय पद्धति के मूल्यों को कायम रखने में भी नेता–विपक्षी दल को भूमिकाएँ निभानी होती हैं। सदन के अध्यक्ष को नियमों, नियमनों एवं स्थापित पद्धतियों आदि के पालन के लिए सजग रखने का कार्य विपक्ष के नेता का ही है। आमतौर पर नेता–विपक्ष से यह भी आशा की जाती है कि वह सभाध्यक्ष को सदन की कार्यवाही सुचारु रूप से चलाने में सहयोग प्रदान करे ताकि विधायिका की स्वायत्तता बरकरार रह सके।

आमतौर पर विशेषाधिकार के मामले नेता–विपक्षी दल अधिक प्रभावी ढंग से उठा सकता है तथा उसे ही सदन के विशेषाधिकार तथा सदस्यों के विशेषाधिकार की रक्षा भी करनी पड़ती है। इतना ही नहीं सर्वाधिक महत्त्वपूर्ण संसदीय समिति–लोक लेखा समिति की बागडोर नेता–विपक्ष के हाथों में दी जाती रही है ताकि वह वित्तीय अनियमितताओं पर दृष्टि गड़ाए रखे।

संविधान की धारा 74 और 78 के आलोक में मन्त्रिपरिषद् की शक्तियाँ उल्लेखनीय हैं। मन्त्रिपरिषद् ने जो सलाह दी उसे किसी न्यायालय में नहीं परखा जा सकता। साथ ही संविधान संसद द्वारा परीक्षण के मामले पर मौन है। परन्तु यह मान लेना चाहिए कि उन सलाहों को जाँचने का अधिकार संसद को है। उसी आलोक में मधु दंडवते की मान्यता है कि ऐसी परिस्थिति में नेता–विपक्षी दल को उन सलाहों पर कड़ी नजर रखनी होगी ताकि कोई असंवैधानिक कार्य या अकरणीय कार्य न हो जाय यहाँ नेता–विपक्षी दल को कतिपय वैकल्पिक उपाय भी प्रस्तुत करना चाहिए। अतः उन्हें सतर्क रहना चाहिए। प्रोफेसर दंडवते ने सदन का नेता और नेता–विपक्षी दल के आपसी सम्बन्धों पर भी प्रकाश डाला है। इन दो नेताओं के बीच सन्तुलन एवं आपसी सद्भाव रहना चाहिए और यह भी नहीं भूलना चाहिए कि नेता–विपक्षी सरकार का विरोधी हो सकता है परन्तु राष्ट्र विरोधी नहीं हो सकता।[30] विरोध पक्ष का कार्य सत्ता पक्ष की बुराइयों

को देखना है। एक बार मोरारजी देसाई ने कहा था कि अच्छाइयों को गिनाने के लिए तो ट्रेजरी बेंच के सदस्य अत्यधिक संख्या में हैं ही बुराई ढूँढ़नेवालों की संख्या कम है तथा उन्हें दोषों को उजागर करना तथा दूर करना ही चाहिए। परन्तु उन्हें मानवीय लय और सदाचार का पल्ला नहीं छोड़ना चाहिए। विपक्ष को समय भी ज्यादा नहीं लेना चाहिए। उन्हें राष्ट्र विरोधी तथा लोकतन्त्र विरोधी नहीं होना चाहिए।

विपक्ष पर अध्ययन

निष्कर्षतः संसदीय पद्धति में विपक्ष न केवल अत्यन्त महत्त्वपूर्ण है अपितु संसदीय पद्धति का यह आवश्यक अंग भी है। उसमें नेता–विपक्ष की जिम्मेवारियाँ एवं कृत्य सदन नेता या प्रधानमन्त्री के सदृश ही हैं कम नहीं हैं। यही कारण है कि ब्रिटेन में 'हिज मेजेस्टीज ऑपोजीशन' कहकर पुकारा जाता है। नेता–विपक्ष के दायित्व कुछ बढ़ ही जाते हैं जबकि उसे विभिन्न राजनीतिक दलों में समन्वय कायम करना होता है तथा विपक्ष के सभी सदस्यों को सजग बनाना और मार्गदर्शन करना पड़ता।

संसदीय पद्धति की इतनी महत्त्वपूर्ण विधा ने राजवेत्ताओं का पर्याप्त ज्ञान अपनी ओर नहीं आकर्षित किया है। भारतीय संसदीय पद्धति में विपक्ष की भूमिका पर शोधात्मक प्रयासों की कमी सदा से खटकती रही है। कतिपय विदेशी, विशेषकर पश्चिमी विद्वानों ने भारतीय संसद में विपक्ष पर प्रकाश डाला जिसमें प्रमुख राबर्ट डब्लू स्टर्न,[31] एडवर्ड शील्स,[32] अन्जेल साउदरलैंड बर्जर,[33] डब्लू.एच. मोरिस जोंस[34] आदि प्रमुख हैं। इन अध्ययनों में सदन में विपक्ष की भूमिका का अनुभवपरक विश्लेषण नहीं है। इन अध्ययनों से विपक्ष तथा नेता–विपक्ष की बहुआयामी भूमिकाओं पर प्रकाश नहीं डाला गया है। भारतीय विद्वानों ने भी इस विधा में अध्ययन किए लेकिन यह समृद्ध एवं बहुआयामी नहीं है। उन विद्वानों में रजनी कोठारी[35] एवं फर्तयाल[36] प्रमुख हैं। इनके अतिरिक्त कई छोटे अध्ययन भी उल्लेखनीय हैं जिसमें रोहित देव, जे.एम. देव, आर. टी. जंगम, पर्वथी राजू, एम. सरस्वती का अध्ययन उल्लेखनीय है।[37] इन सारे अध्ययनों में नेता–विपक्षी दल पर कोई प्रकाश नहीं डाला गया है। यदा-कदा किसी व्यक्ति द्वारा नेता–विपक्षी दल पर भाषण जनरल ऑफ पार्लियामेंटरी इंफार्मेशंस में प्रकाशित होते रहे हैं।[38] इसके आलोक में नेता–विपक्षी दल की भूमिकाओं पर सम्पूर्ण अध्ययन की आवश्यकता है। राज्य स्तर पर भी विपक्ष की भूमिकाओं पर एक-दो अध्ययन देखने को मिलते तो हैं परन्तु नेता–विपक्षी दल पर कोई भी सम्पूर्ण अध्ययन अभी तक देखने को नहीं मिला है। जहाँ तक बिहार राज्य का प्रश्न है यहाँ निश्चित ही अभाव है। प्रस्तुत अध्ययन नेता–विपक्षी दल की भूमिकाओं के विभिन्न आयामों पर विश्लेषणात्मक प्रकाश डाल सकेगा।

बिहार प्रान्त की राजनीति का अध्ययन तो किया गया है परन्तु बिहार की प्रान्तीय राजनीति पर समृद्ध साहित्य की कमी है। इतना ही नहीं बिहार की संसदीय पद्धति में

विपक्ष की भूमिका को प्रतिष्ठित करनेवाले कर्पूरी ठाकुर की भूमिका पर एक भी अध्ययन दृष्टिगोचर नहीं होता है। कर्पूरीजी महान न्यायवादी थे तथा सामाजिक परिवर्तन के पोषक ही नहीं बल्कि इस प्रक्रिया के प्रणेता भी थे। उन्होंने सत्ता में रहकर सामाजिक न्याय की स्थापना और सामाजिक परिवर्तन का पोषण तो किया ही साथ ही विपक्ष के नेता के रूप में भी इस प्रगतिचक्र को बरकरार रखा। खेद इस बात का है कि उनकी भूमिकाओं से सम्बन्धित कतिपय साहित्य देखने को मिलते हैं। परन्तु उनमें से अधिकांश सम्पादित ग्रन्थ हैं और सम्पूर्ण चित्र प्रस्तुत करने में असफल हैं। उनके द्वारा विपक्ष के नेता के रूप में निभाई हुई भूमिकाओं के व्यवस्थित विश्लेषण पर एक भी साहित्य उपलब्ध नहीं है। इन आवश्यकताओं की पूर्ति प्रस्तुत पुस्तक करती है।

बिहार की राजनीतिक व्यवस्था को ठीक से समझने के लिए बिहार संसदीय प्रणाली में विपक्ष की भूमिका का मूल्यांकन करना आवश्यक है। बिहार में विपक्ष की भूमिका का मूल्यांकन कर्पूरीजी की भूमिका के अध्ययन के बिना हो ही नहीं सकता। अतः कर्पूरीजी के नेतृत्व में बिहार विधानसभा में विपक्ष की भूमिका का मूल्यांकन एवं निरूपण ही इस शोध का मूल उद्देश्य है। इस मूल उद्देश्य की प्राप्ति हेतु निम्नलिखित विशिष्ट बिन्दुओं पर प्रस्तुत अध्ययन में शोधात्मक परीक्षण किया गया है :

1. संसदीय प्रणाली में विपक्ष की भूमिका पर सैद्धान्तिक पक्षों का विवरण प्रस्तुत करना।
2. बिहार की राजनीति में सत्ता परिवर्तन के स्वरूप को इस प्रकार निरूपित करना ताकि यह पता चल सके कि किन परिस्थितियों में कर्पूरीजी का नेतृत्वात्मक प्रादुर्भाव हुआ।
3. कर्पूरीजी के जीवन-वृत्त पर प्रकाश डालना ताकि यह पता चल सके कि किन परिस्थितियों में उनकी संसदीय भूमिका पर क्या प्रभाव पड़ा।
4. विपक्ष के नेता के रूप में विधायक के कार्य-प्रणाली का निरूपण करना ताकि पता चल सके कि विपक्ष किस हद तक ट्रेजरी बैंच पर प्रभाव डाल सकता है।
5. कर्पूरीजी की नेता–विरोधी दल के रूप में निम्नलिखित संसदीय विधाओं में भूमिका का निरूपण करना–(क) प्रश्नकाल एवं शून्यकाल, (ख) राज्यपाल के अभिभाषण पर धन्यवाद प्रस्ताव, (ग) लोकमहत्त्व के मुद्दे उठाना, (घ) वित्तीय कार्यवाही, (च) विधायन में भूमिका, (छ) कर्पूरीजी की नेता–विरोधी दल के रूप में भूमिका का मूल्यांकन करना।

प्रस्तुत अध्ययन मुख्य रूप से तथ्य-संकलन के द्वितीयक स्रोतों पर निर्भर है तथा विपक्षी नेता की भूमिका के निरूपण हेतु कंटेंट एनालिसिस पद्धति का सहारा लिया गया है। इसके लिए बिहार विधानसभा में 1980-89 के दौरान के उपलब्ध वाद-वृत्त को आधार

बनाया गया है। अन्य द्वितीयक श्रोतों में पुस्तकें, शोध पत्रिकाएँ, समाचारपत्र तथा विधानसभा द्वारा प्रकाशित सामग्री का उपयोग किया गया है।

इन पद्धतियों से तथ्य संकलन एवं विश्लेषणों को खंडों में विभाजन किया गया है—सैद्धान्तिक, बिहार राजनीति और कर्पूरी ठाकुर तथा कर्पूरी ठाकुर का नेता—विपक्षी दल के रूप में भूमिका।

टिप्पणी एवं सन्दर्भ

1. कोर्टनी इलबर्ट, द पार्लियामेंट।
2. बार्कन, फाईनर, शील्स आदि के विचारों के संक्षिप्त विवरण हेतु। देखें, राधानन्दन झा, सम आस्पेक्ट्स ऑफ पार्लियामेंटरी प्रोसीडयोर, जानकी प्रकाशन, पटना, 1983
3. देखें, आई.पी. सिंह, 'डिकलाईन ऑफ इंडियन लेजिस्लेचर' दि हिन्दुस्तान टाइम्स, 20 दिसम्बर, 1989, पृ. 7
4. मॉरिस ड्यू वरजर, पॉलिटिकल पार्टीज, 1954
5. वर्णित एक्ट के प्रावधानों के विस्तृत विवरण हेतु देखें, नार्मन हिल एंड एच.डब्ल्यू. स्टोक, बैक ग्राउंड ऑफ यूरोपियन गवर्नमेंट्स।
6. एच.एल. फेजीला, रोल ऑफ ऑपोजीशन इन इंडियन पार्लियामेंट, इलाहाबाद चैतन्य पब्लिशिंग होम, 1971
7. गिलवर्ट कैम्पीयन, 'डेवलपमेंट इन पार्लियामेंटरी सिस्टम सिंस, 1918 शीर्ष लेखा ब्रिटिश गवर्नमेंट सिंस, 1918, शीर्षक पुस्तक में।
8. रोमानिया में 80,000 लोगों ने जानें दीं, चीन में होनामन एक वायर पर 20,000 छात्रों ने अपनी जानें दीं तथा श्रीमती गांधी की अधिनायकवादी शासन ने, जिसने विपक्ष का गला घोंट दिया था सैकड़ों छात्रों पर गोलियाँ बरसाईं, यातनाएँ दीं। इतना ही उदाहरण कम नहीं है।
9. इसका उदाहरण बिहार में ही 1967 से 1971 तक की स्थिति हैं। दूसरा उदाहरण 1979 में केन्द्र में चौधरी चरण सिंह द्वारा कांग्रेस के समर्थन से सरकार बनाना तथा कांग्रेस समर्थन से ही श्री चन्द्रशेखर द्वारा सरकार का गठन को ले सकते हैं। 1991 के मध्यावधि चुनाव के पश्चात् विभिन्न क्षेत्रीय दलों के समर्थन से पी.वी. नरसिंह राव द्वारा सरकार का गठन इसका ज्वलन्त उदाहरण है।
10. 1984-89 के काल में राजीव गांधी के नेतृत्व में यह स्थिति रही।
11. आईवर जेनिंग्स, द ब्रिटिश कांस्टीट्यूशन एंड पार्लियामेंट।
12. वही।
13. प्रजातन्त्र एवं राजनीति की सरल परिभाषा हेतु देखें ए.डी.एच. डॉक्टर, पॉलिटिकल साइंस।
14. ए.एल. पॉवेल, पब्लिक ओपिनियन एंड पॉपुलर गवर्नमेंट।
15. आईवर जेनिंग्स, कैबिनेट गवर्नमेंट।
16. जे. च्यूटर एडी, पार्लियामेंट एंड द लिबर्टी ऑफ द सबजेक्ट्स, हंसार्ड सोसाइटी का सिम्पोजियम, पार्लियामेंटरी गवर्नमेंट इन ब्रिटेन ए सिम्पोजियम।
17. एम.एन. कौल, पार्लियामेंटरी इंस्टीट्यूशंस एंड प्रोसीडयोर, नई दिल्ली, नेशनल पब्लिशिंग हाउस, 1979
18. हम पहले चर्चा कर आएँ है कि नेता—विरोधी दल वही होता है जो सर्वाधिक सदस्य संख्यावाले

दल का नेता होता है। विवाद की स्थिति में स्पीकर (लोकसभा या विधानसभा) का निर्णय निर्णायक होता है। इस सन्दर्भ में 1977 में बिहार में एक अधिनियम भी बना है।

19. देखें, लोकसभा सचिवालय का प्रकाशन नोटसऑन पार्लियामेंटरी यूसेज कस्टम्स एंड कंवेंसंस, 1952
20. संसदीय प्रक्रिया के नियमों के अनुसार नेता–विपक्षी दल को सदन में अगली पंक्ति में बैठने की सीट निर्दिष्ट की जाती है। देखें, एच.एल. फैजिला, रोल ऑफ ऑपोजीशन इन इंडियन पार्लियामेंट, इलाहाबाद, चैतन्य पब्लिशिंग हाउस, 1971 पृ. 59-61
21. सम्पूर्ण विवरण हेतु देखें, चन्द्र प्रकाश माम्भरी, जनता पार्टी : ए प्रोफाइल। इसके अतिरिक्त अन्य दलों के विवरण हेतु निम्नलिखित अध्ययन भी उल्लेखनीय हैं : 'एन.डी. पामर एवं आई. टिंकर' डिसीजन मेकिंग इन इंडियन पार्लियामेंट रिचार्ड एल. पार्क एचं टिंकर (सम्पादित) लीडरशिप एंड पोलिटिकल इंस्टीट्यूशन इन इंडिया।
22. मंडल कमीशन की अनुशंसाओं को अगस्त, 1990 को वी.पी. सिंह ने लागू किया जिसके बाद सम्पूर्ण देश आरक्षण विरोधी आन्दोलन से उथल-पुथल हो गया। दूसरी ओर मन्दिर निर्माण के लिए भाजपा नेता लालकृष्ण आडवाणी की रथयात्रा ने कुछ ऐसी स्थिति पैदा की कि सम्पूर्ण उत्तरी भारत में साम्प्रदायिक विभेद गहरा गया। पार्टियों की अपनी नीतियाँ स्पष्ट हो गई और वे चुनाव में आ डटे। इस सम्पूर्ण परिघटना को ही 'मंडल, मन्दिर परिघटना,' (फेनोमेना) की संज्ञा दी गई।
23. इन्हीं चुनावों के दौरान राजीव गांधी की तमिलनाडु के श्री पेरुम्बुदूर में निर्मम हत्या कर दी गई जिसके चलते चुनाव एक माह के लिए स्थगित कर दिया गया। चुनाव विश्लेषकों का मानना है कि इस हत्या के पश्चात् कांग्रेस को जनता की सहानुभूति मिली। फिर भी कांग्रेस को स्पष्ट बहुमत नहीं मिल पाया।
24. बिहार विधानसभा में दलों के बीच सत्ता हस्तान्तरण का विस्तृत विवरण हेतु विश्वनाथ प्रसाद वर्मा के दो अध्ययन उल्लेखनीय हैं–
    (1) इवोल्यूशन ऑफ पोलिटिक्स इन बिहार तथा
    (2) ए स्टडी ऑफ एसेम्बली इलेक्शंस इन बिहार 1985, दोनों ही जगजीवन राम संसदीय अध्ययन एवं राजनीतिक शोध संस्थान, पटना द्वारा क्रमशः 1988 एवं 1990 में प्रकाशित हैं।
25. देखें, बिहार विधान लेजिस्लेचर (लीडर ऑफ ऑपोजीशन सेलरी एंड एलाउंस) एक्ट, 1977
26. वी.पी. वर्मा, उपरोक्त।
27. ब्रिटानी संसद के परिपाटी के अनुसार ही भारत में भी स्पीकर के निर्णय को अन्तिम माना गया है। देखें, नॉर्मल हिल एवं स्ट्रोक, उपरोक्त।
28. नेता–विपक्ष की सूची यहाँ परिशिष्ट में दी जा रही है जो बिहार विधानसभा में अनौपचारिक तरीके से उपलब्ध की गई है।
29. मधु दंडवते, 'रोल एंड पोजीशन ऑफ द लीडर ऑफ ऑपोजीशन' द जर्नल ऑफ पार्लियामेंटरी इंफारमेशन, वर्ष 33, 3 सितम्बर, 1987, पृ. 329-336
30. वही।
31. राबर्ट डब्लू स्टर्न 'द प्रोसेस ऑफ ऑपोजीशन इन इंडिया' स्टडीज ऑफ पार्लियामेंटरी पॉलिटिक्स, लन्दन, यूनिवर्सिटी ऑफ शिकागो प्रेस, 1970 में।
32. एडवर्ड शील्स, 'ऑपोजीशन इन न्यू स्टेट्स ऑफ एशिया एंड अफ्रीका' गवर्नमेंट एंड ऑपोजीशन, 1-2 जनवरी, 1966
33. डब्लू.एच. मोरीसजोंस, 'डामिनेंस एंड पार्टीज देयर इंटररिलेशंस इन द इंडियन पार्टी सिस्टम' गवर्नमेंट एंड ऑपोजीशन, भो. 1-4, 1966
34. ए.एस. बर्जर, ऑपोजीशन इन डामिनेंट पार्टी सिस्टम, बम्बई, आक्सफोर्ड यूनिवर्सिटी प्रेस, 1969

35. रावर्ट डाल द्वारा सम्पादित रेजीम्स एंड ऑपोजीशन में रजनी कोठरी, 'इंडिया ऑपोजीशन इन कंसेंसुअल पॉलिटि, 'न्यू हेवेन माले यूनिवर्सिटी प्रेस, 1973
36. एच.एस. फर्तयाल, रोल ऑफ ऑपोजीशन इन इंडियन पार्लियामेंट, इलाहाबाद चैतन्य पब्लिशिंग हाउस, 1976
37. इन अध्ययनों में सर्वप्रथम कॉमन वेल्थ पार्लियामेंटरी एसोसिएशन द्वारा आयोजित लेम्चर्स सीरीज का संकलन उल्लेखनीय है। देखें, लेक्चर्स ऑन पार्लियामेंटरी प्रैक्टिस एंड प्रोसिड्योर, बम्बई कॉनवेल्स पार्लियामेंटरी एसोसिएशन का महाराष्ट्र ब्रांच 1965 एवं 1966। इसके अतिरिक्त (i) रोहित दवे 'ऑपोजीशन इन पार्लियामेंट' मॉमर्स, मई 29, 1971 (ii) जे.एम. देव 'पार्लियामेंट एंड ऑपोजीशन,' सोशलिस्ट इंडिया, अगस्त 11, 1973 (iii) जी.एस. हलप्पा द्वारा सम्पादित पुस्तक डाइलेमाज ऑफ डेमोक्रेटिक पॉलिटिक्स में एम. हैरिश, रोल ऑफ ऑपोजीशन इन इंडिया, बम्बई, मनकतलास, 1966
38. उदाहरणस्वरूप हम निम्नलिखित अध्ययन का उल्लेख कर सकते हैं–(i) सी.एम. जैन, स्टेट लेजिसलेचर इन इंडिया, नई दिल्ली, एस. चाँद एंड कं. 1972; (ii) एस.ए.एच. हकी, 'द ऑपोजीशन इन द स्टेट्स' सेमिनार आन स्टेट पालिटिक्स इन इंडिया, राजस्थान यूनिवर्सिटी, जयपुर 1971

परिशिष्ट

बिहार विधानसभा में नेता–विरोधी दल

1. श्री एस. के. बागे–20 मई 1957 से 15 मार्च 1962
2. श्री कामाख्या नारायण सिंह–16 मार्च 1962 से 16 मार्च 1867
3. श्री महेश प्रसाद सिंह–17 मार्च 1967 से मार्च 1969
4. श्री भोला पासवान शास्त्री–18 मार्च 69 से 15 मार्च 1970
5. श्री रामानन्द तिवारी–16 मार्च 1970 से 15 मार्च 1971
6. श्री दारोगा प्रसाद राय–16 मार्च 1971
7. श्री कर्पूरी ठाकुर–29 मार्च 1972
8. श्री सुनील मुखर्जी–1973
9. श्री रामलखन सिंह यादव 30 जून 1977 से 1978 फरवरी तक
10. डॉ. जगन्नाथ मिश्र–मार्च, 1978 से जून, 1980 तक
11. श्री कर्पूरी ठाकुर–30 जून 1980 से 12 फरवरी 1988 तक अधिसूचना संख्या–1022/89
12. श्री लालूप्रसाद–18 मार्च 1989 से 7 दिसम्बर 1989 (2761) दिनांक–27.3.89
13. श्री अनूप लाल यादव–1 जनवरी 1990 से 6 मार्च 1990 तक
14. डॉ. जगन्नाथ मिश्र 20.3.1990 से–
15. श्री रामाश्रय प्रसाद सिंह–29 जून 94 से 14 मार्च 95
16. श्री यशवन्त सिन्हा–10 अप्रैल 95 से...
17. श्री सुशील कुमार मोदी–1996–2000
18. श्री लालूप्रसाद–3 मार्च 2000 से 10 मार्च 2002
19. श्री सुशील कुमार मोदी–11 मार्च 2000 से आज तक

2

कर्पूरी ठाकुर (1924-1988)

(जीवन के विभिन्न आयाम)

प्रारम्भिक जीवन

भारतीय समाजवादी राजनीति के क्षितिज पर सर्वाधिक दीप्यमान सितारे को लोगों ने तब पहचाना जब 1967 में उसने अपनी ज्योति बिखेरी। भारतीय राजनीति, खासकर सामाजिक न्याय की स्थापना की राजनीति ने एक सरल किन्तु गम्भीर व्यक्तित्व की क्षमताओं को दीप्त किया। इस महान विभूति ने बिहार की धरा को तृप्त ही नहीं धन्य किया। वह विभूति और कोई नहीं, झोंपड़ी में रहनेवाला एक सरल और सामान्य दीखनेवाला आम आदमी के दिलों में जगह बनानेवाला 'सिद्धान्त का पुजारी' कमजोरों का रक्षक 'जननेता' कर्पूरी ठाकुर ही था। वह व्यक्ति अम्बेडकर, लोहिया और जयप्रकाश नारायण की श्रृंखला में अन्तिम कड़ी था। अपनी असाधारण कर्मठता, अद्भुत कर्त्तव्यनिष्ठा, अनुपम विनयशीलता एवं अप्रतिम तेजस्विता के बल से कर्पूरीजी ने राष्ट्रीय जीवन में जो प्रतिष्ठा पाई वह स्पृहणीय है। उनका सारा जीवन संघर्षमय रहा।

बिहार के समस्तीपुर जिलान्तर्गत पितौझिया गाँव में श्री गोकुल ठाकुर के घर 24 जनवरी, 1924 (कुछ लोगों का मानना है कि उनका जन्म सन् 1920 में हुआ था, परन्तु मैट्रिक प्रमाण पत्र में 1924 ही अंकित है) को एक बालक का जन्म हुआ। गोकुलजी एक सीमान्त किसान थे तथा अपना परम्परागत पेशा, नाई का काम करते थे। तत्कालीन परिस्थितियों के विपरीत उस बालक को गोकुल ठाकुर ने शिक्षा प्रारम्भ करा दी। उस बालक का नाम कर्पूरी ठाकुर रखा गया। कर्पूरीजी की प्रारम्भिक शिक्षा तिरहुत एकेडमी, समस्तीपुर में पूर्ण हुई। इसके बाद समस्तीपुर स्थित न्यू हाई स्कूल में उनका दाखिला कराया गया। यह विद्यालय कर्पूरीजी के गाँव पितौझिया से करीब 6 किलोमीटर की दूरी पर स्थित था और कर्पूरीजी को प्रतिदिन यह दूरी पैदल तय करनी पड़ती थी। इतना ही नहीं यह यात्रा वह नंगे पाँव ही किया करते थे। गरीब पिछड़ा परिवार के इस सदस्य को बासी खाना से ही गुजारा करना पड़ता या कभी-कभी वह भी नदारत हो जाता था[1]। कर्पूरीजी को रास्ते में पड़नेवाले एक शिक्षक के घर बैठकर अखबार पढ़ने की भी आदत पड़ गई थी। 1936 से 1939 तक विश्व स्तर पर राजनीतिक घटनाओं का बाजार गर्म

था। कर्पूरीजी ने एक स्कूल में 1936 में आठवीं कक्षा में दाखिला लिया था। उस दौरान अखबार पढ़ने की आदत[2] ने उन्हें रोम-बर्लिन, चीन, जापान आदि के अन्तर्राष्ट्रीय सम्बन्धों से अवगत करा दिया। उन्हीं दिनों बिहार में किसान आन्दोलन भी अपनी जवानी पर था। औद्योगिक क्षेत्र में मजदूरों के हड़ताल का सिलसिला जारी था। समाजवादियों एवं कांग्रेस जनों के बीच तनाव व्याप्त था। कांग्रेस में भी सुभाषचन्द्र बोस उग्रवादी स्वरूप दिखा चुके थे। इन सारी परिस्थितियों में कर्पूरीजी ने अखबार के माध्यम से रुचि पैदा कर ली और उनका मस्तिष्क एक समरस समाज का खाका बनाने में लग गया। फलस्वरूप भाषण एवं लेखन उनके अध्ययन का एक अंग बन गया। पितौझिया के बगल में ओईनी ग्राम था जहाँ 3-4 दिसम्बर, 1938 को समाजवादियों का सम्मेलन हुआ जिसमें आचार्य नरेन्द्र देव, राहुल सांकृत्यायन, रामवृक्ष बेनीपुरी भाग लेने आए थे। कर्पूरीजी ने इस सम्मेलन का गहराई से प्रेक्षण किया। उन्हीं दिनों एक महत्त्वपूर्ण घटना घटी। द्वितीय विश्वयुद्ध (1939 में) छिड़ चुका था और भारतीयों से बिना अनुमति लिये ब्रिटिश सरकार ने भारत को इस युद्ध में झोंक दिया था। उस निर्णय का विरोध व्यापक स्तर पर हुआ कांग्रेस और समाजवादी इस मुद्दे पर एकमत थे। जगह-जगह सभा और गोष्ठियाँ आयोजित की जातीं। इस परिवेश से कर्पूरीजी पृथक नहीं रह सके और छात्रों की सभाओं को आयोजित करवाते। इससे उनकी राजनीतिक दीक्षा का प्राथमिक प्रशिक्षण प्रारम्भ हो गया। वे देश की समस्याओं एवं सम्बन्धित साहित्य से इसी दौरान वाकिफ भी हुए। फलस्वरूप छात्र एवं अध्यापक दोनों उन्हें जानने लगे अर्थात् उनके सार्वजनिक जीवन का प्रारम्भ हो गया। वे कच्ची उमर में ही परिपक्व मस्तिष्क के व्यक्ति बन गए। महात्मा गांधी के विचारों से कर्पूरीजी काफी प्रभावित रहा करते थे। गांधी के अहिंसा के सिद्धान्त में उनकी अटूट आस्था बन गई। कहा जाता है कि इसीलिए उन्होंने मांसाहार का त्याग कर दिया।[3]

तीन वर्षों के बाद कर्पूरीजी ग्यारहवीं कक्षा में पहुँच गए। पढ़ाई भी करनी ही थी। कर्पूरीजी मैट्रिक की परीक्षा में द्वितीय श्रेणी से उत्तीर्ण हुए और उच्च शिक्षा के लिए दरभंगा स्थित सी.एम. कॉलेज में दाखिला लिया। निर्धनता के चलते वे अपना प्रवास दरभंगा में नहीं रख सकते थे, फलस्वरूप वे प्रतिदिन रेलगाड़ी से समस्तीपुर से दरभंगा आया-जाया करते थे। उनके रहन-सहन में कोई परिवर्तन नहीं आया—धोती-कुर्ता में नंगे पाँव कॉलेज जाया करते। परन्तु उनमें अन्तर्निहित प्रतिभा ने उन्हें साधारण नहीं रहने दिया। वहाँ वे वाद-विवाद में भाग लेते और छात्रों के बीच उन्होंने विशिष्ट स्थान बना लिया था। उन्हें 'यूथ-लाइब्रेरियन' की जिम्मेदारी भी सौंपी गई। छात्रों को संगठित करने और उन्हें नेतृत्व प्रदान करने के कई अवसर मिले। सृजनात्मकता और संगठन-क्षमता उनमें प्रचुर मात्रा में थी। उन्होंने अपने गाँव में भी एक नवयुवक संघ की स्थापना की और खुद भी राज्य स्तर पर छात्र महासंघ के सक्रिय सदस्य भी बन गए। राजनीतिक माहौल तो गर्म था ही इन संगठनात्मक गतिविधियों से कर्पूरीजी स्वतन्त्रता की लड़ाई की सम्भावना भी बन गए। स्वतन्त्रता आन्दोलन तीव्रतर होता जा रहा था।

स्वतन्त्रता सेनानी : रामगढ़ के कांग्रेस के महाधिवेशन में सुभाषचन्द्र बोस के नेतृत्व में उग्रवादियों ने कांग्रेस का परित्याग कर दिया था। बिहार प्रान्त के जयप्रकाश नारायण ने भी सुभाष का साथ दिया परन्तु शायद जयप्रकाशजी में उग्रवादिता का स्तर कम था। फलतः उन्होंने समाजवादी नेताओं से सुभाष की जगह गांधीजी के नेतृत्व को स्वीकार करने की अपील की। इधर राष्ट्रवादियों ने छिड़े द्वितीय विश्वयुद्ध की उथल-पुथल की स्थिति का लाभ उठाने के लिए अपना आन्दोलन तेज कर दिया। परन्तु गांधीजी अहिंसा के मार्ग पर उन्हें चलने के लिए मर्यादित करते रहे। जयप्रकाश, रामवृक्ष बेनीपुरी, सहजानन्द सरस्वती आदि सभी समाजवादी नेताओं ने अपनी मुहिम जारी रखा। अंग्रेजी सरकार ने इन्हें गिरफ्तार कर लिया। स्थिति बिगड़ती गई, राष्ट्रवादी अंग्रेजों की बर्बरता के शिकार बनते जा रहे थे, अहिंसा अब शक्ति न होकर विवशता होती जा रही थी। सिद्धान्ततः गांधीजी अहिंसा का मार्ग त्यागना नहीं चाहते थे परन्तु परिस्थितियाँ इस कदर होती जा रही थीं कि उन्हें हिंसा की मौन स्वीकृति देनी पड़ी। बम्बई कांग्रेस अधिवेशन आयोजित हुआ। 8 अगस्त को कार्यकारिणी की बैठक की गई और उसी दिन गांधीजी ने मन्त्र दिया 'करो या मरो' (डू ऑर डाइ)। इस मन्त्र की खुलेआम 'भारत छोड़ो आन्दोलन' की घोषणा 9 अगस्त को कर दी गई। बस क्या था सारा राष्ट्र बारूद की ढेर की तरह भभक गया। जो आन्दोलनकारी जहाँ थे वहीं से ब्रितानी सरकार को उखाड़ फेंकने को कार्यरूप देना शुरू कर दिए। कर्पूरीजी कहाँ चूकनेवाले थे। उन्होंने आन्दोलनकारी छात्रों को संगठित किया और क्रान्ति पथ पर उसी दिन अग्रसर हो गए। कांग्रेस की निचली इकाइयों ने 'भारत छोड़ो आन्दोलन' में क्या करना है और क्या नहीं करना है की सूची जारी कर दिया और उसका व्यापक प्रचार-प्रसार भी किया गया—जिसमें बिजली के तार, फोन के तार, रेलवे लाइन आदि काटने, सभी सरकारी दफ्तरों पर राष्ट्रीय तिरंगा फहराने, अंग्रेजी आदेशों का बहिष्कार करने, न्यायालय एवं सरकारी दफ्तरों का बहिष्कार करने का संकल्प लिया गया था। सिंघवारा (दरभंगा) में छात्रों का नेतृत्व करते हुए कर्पूरीजी ने भारत छोड़ो आन्दोलन का सूत्रपात कर दिया और आन्दोलन में सभी करनीय कार्यों का प्रारम्भ कर दिया। अर्थात् कर्पूरी भीं स्वतन्त्रता के बिगुल पर समर में कूद पड़े। कालीकिकर दत्त ने सिंघवारा में कर्पूरीजी द्वारा निभाए गए नेतृत्व का वर्णन भी किया है।[4] अंग्रेजी सरकार अपना धैर्य और साख खो चुकी थी, बल प्रयोग (लाठी और बन्दूक) ही उसका सम्बल रह गया था। अंग्रेजी सरकार ने इस आन्दोलन के प्रति-उत्तर में अपना दमनचक्र चलाया। कर्पूरीजी उनके गोली का शिकार होना मूर्खता मानते थे और (गोरिल्ला लड़ाई में विश्वास करते थे। फलतः कर्पूरी जी नेपाल की सरहद में घुस जाते और फिर निकलकर आन्दोलन को तीव्र करते। परन्तु ऐसा बहुत लम्बा चलना सम्भव नहीं था। वे पितौझिया चले आए और शिक्षक की नौकरी पकड़ ली।

उन्हीं दिनों जयप्रकाशजी हजारीबाग जेल से भाग निकले और 'आजाद दस्ता' का गठन किया गया। जयप्रकाश की शर्त थी कि इस दस्ता का वही सदस्य हो सकता है जो गोरिल्ला युद्ध करना चाहता हो। दस्ता अपना एक गुप्त कार्यालय चलाता जिसका

संचालन एक डिक्टेटर करता। स्थानीय स्तर पर समस्तीपुर में रामावतार शर्मा को डिक्टेटर बनाया गया और कर्पूरीजी उसके सक्रिय सदस्य बने। उनके ऊपर गुप्त कार्यालय से पोस्टर लेकर गाँव-गाँव में बांटने तथा युवकों को संगठित करने की जिम्मेवारी सौंपी गई। वशिष्ठ नारायण सिंह और रामबुझावन सिंह के सान्निध्य में कर्पूरीजी का भूमिगत स्वतन्त्रता संग्राम जारी रहा।

परन्तु अंग्रेजी सरकार की खुफिया इतनी कमजोर भी नहीं थी। 23 अक्टूबर, 1943 को जब बशिष्ठ नारायण, रामबुझावन एवं कर्पूरी स्कूल में गहरी निन्द्रा में थे कि पुलिस ने रात्रि में दो बजे इन्हें धर दबोचा। पितौझिया विद्यालय परिसर से पकड़े गए इन तीनों आन्दोलनकारियों को दरभंगा जेल भेज दिया गया। वहाँ दुर्दान्त अपराधियों की तरह इनके साथ व्यवहार किया जाता। वहाँ से पुनः उन्हें भागलपुर कैम्प जेल ले जाया गया। वहाँ भी कर्पूरीजी ने संघर्ष का ही रास्ता अपनाया। जेल में ही भूख हड़ताल करने की ठानी गई। तय हुआ कि बारी-बारी से वे तीनों भूख हड़ताल पर बैठेंगे कर्पूरीजी ने पहल किया। भूख हड़ताल के बीस दिन गुजर जाने के पश्चात् भी अंग्रेजी हुकूमत ने इस ओर ध्यान नहीं दिया। कर्पूरीजी मरणासन्न हो गए। 28वें दिन जेल के अधिकारियों ने देखा कि स्थिति बिगड़ जाएगी इसलिए कैदियों की सभी माँगों को मानते हुए कर्पूरीजी का अनसन तोड़वाया। डॉक्टरों की सलाह पर कर्पूरीजी सामिष भोजन लेने लगे। इस घटना के बाद जेल में कर्पूरीजी सभी राजनीतिक कैदियों के चहेते बन गए। वशिष्ठ नारायण सिंह ने लिखा भी है, "इस त्याग और बलिदान ने यह प्रमाणित कर दिया कि अपने दृढ़ निश्चय और अतुलनीय त्याग के कारण यह व्यक्ति एक दिन अवश्य देश के नेतृत्व की बागडोर सँभालेगा।"[5] कर्पूरीजी उस जेल में लगभग 13 महीने रहे। वे नित्य व्यायाम करते तथा सभी स्वतन्त्रता सेनानियों के साथ साहित्य का पठन-पाठन करते। आचार्य हवलदार त्रिपाठी लिखते हैं, "नित्य नियमित अगली सुबह जेल के भीतरी मैदान में स्वतन्त्रता सेनानी पंक्तिवद्ध हो खड़े हो जाते और कर्पूरी हमें विभिन्न प्रकार से हर ढंग की कड़ी-से-कड़ी कवायद और कसरत कराते तथा श्रम से श्लथ कर देते और फिर चाय जलपान, स्नान के लिए विश्राम देते। तत्पश्चात् हमारा अध्ययन कक्षा आरम्भ होता। कभी रूस की तो कभी फ्रांस की क्रान्ति का इतिहास, कभी लेनिन, ट्रावस्की और कभी माओत्से तुंग की जीवन गाथा कर्पूरीजी सुनाते। फिर किसी दिन समाजवाद क्या है, समाजवाद और कम्युनिस्ट में अन्तर क्या है, पूँजी क्या है श्रम क्या है आदि अनेक विषयों का विधिवत् पाठ हम ढाई सौ स्वतन्त्रता सेनानी सुना और पढ़ा करते थे।"[6] नवम्बर, 1945 में कर्पूरीजी को जेल से रिहा कर दिया गया। यद्यपि कर्पूरीजी की स्वतन्त्रता संग्राम की भूमिका इतनी छोटी नहीं है परन्तु क्षण-क्षण को कलमबद्ध करना एक लेखक के बस की बात नहीं है। बिहार के भूतपूर्व राज्यपाल पी. वेंकट सुब्बैया ने लिखा है, "सन् 1942 के राष्ट्रीय आन्दोलन में एक कर्मठ योद्धा के रूप में उन्होंने महत्त्वपूर्ण भूमिका निभाई।"[7] उनके राजनीतिक प्रतिद्वन्द्वी एवं उन पर घात करनेवाले राजनीतिज्ञ ने भी उनकी प्रशंसा में लिखा, "श्री ठाकुर स्वतन्त्रता संग्राम के सेनानी,

समाजवादी आन्दोलन के अग्रणी, कुशल प्रशासक तथा सजग विरोधी बल के नेता के रूप में बिहार एवं देश की सेवा करते हैं।"[8]

प्रजातान्त्रिक समाजवादी राजनीति

यद्यपि कर्पूरीजी जेल में ही कांग्रेस सोशलिस्ट के सदस्य हो गए थे किन्तु विधिवत् सक्रिय सदस्यता का भार कर्पूरी ठाकुर ने लिया मार्च, 1946 के पश्चात्। बिहार राज्य में समाजवादी विचारधारा के संयोजन और गरीब दलितों के हित के लिए जुझारू संघर्ष करने में कर्पूरी इस कदर लिप्त हुए कि मृत्युपर्यन्त व्यक्तिगत जीवन से न जुड़ सके। सोशलिस्ट पार्टी का जिलावार गठन प्रारम्भ हुआ—सर्वप्रथम दरभंगा जिला के मन्त्री के रूप में कर्पूरीजी को जिम्मेवारी सौंपी गई। 1947 तक कर्पूरी जिला सोशलिस्ट पार्टी के मन्त्री बने रहे। इस अवधि में कर्पूरीजी इलयासनगर और विक्रम पट्टी के जमींदारों पर बकाश्त-आन्दोलन का नेतृत्व करते रहे और 60 बीघे जमीन को गरीबों में बँटवाकर उन्होंने अपनी क्षमता का प्रदर्शन किया। सन् 1947 में सोशलिस्ट पार्टी ने रामानन्द मिश्र के नेतृत्व में भारतीय किसान पंचायत की स्थापना की। अब प्रान्तीय स्तर पर कर्पूरी ठाकुर जैसे राजनेता की आवश्यकता महसूस की गई और कर्पूरीजी को पंचायत सचिव और बाद में प्रधान सचिव बनाया गया। कर्पूरीजी का नेतृत्व पाते ही अखिल भारतीय किसान पंचायत एक सुदृढ़ संस्था के रूप में उदित हुई। अन्ततः कर्पूरी ठाकुर ने सामाजिक न्याय की दिशा में अग्रसर होने के लिए कांग्रेस का परित्याग करना आवश्यक समझा और 1948 में सोशलिस्ट पार्टी को अलग एवं स्वतन्त्र अस्तित्व मिला। बिहार प्रान्त के सोशलिस्ट पार्टी का नेतृत्व वास्तविक तौर पर कर्पूरी ठाकुर के हाथ में रहा। 1948 से 1953 तक कर्पूरीजी सोशलिस्ट पार्टी के प्रान्तीय सचिव रहे और इस अवधि में गाँव-गाँव घूमकर पार्टी की जड़ें मजबूत करते रहे, साथ ही समाजवादी सिद्धान्त को जन-जन तक पहुँचाते रहे। 1952 के प्रथम विधानसभा चुनाव में कर्पूरीजी ताजपुर विधानसभा क्षेत्र के लिए सोशलिस्ट पार्टी के टिकट पर चुन लिये गए इसके पूर्व कांग्रेस और समाजवादियों के बीच मार्च, 1948 का नासिक अधिवेशन ही अन्तिम मिलन-स्थल था और समाजवादियों ने कांग्रेस से नाता तोड़ लिया। परन्तु समाजवादी पार्टी भी अपना आकार स्थिर न रख सकी। उन दिनों अर्थात् प्रथम आम चुनाव के समय पुराने कांग्रेसी नेता आचार्य जे.बी. कृपलानी ने जवाहरलाल नेहरू से मतभेद कर किसान मजदूर प्रजा पार्टी का गठन कर लिया। इस पार्टी का मुख्य उद्देश्य गांधीवादी समाजवाद की स्थापना करना था। परन्तु प्रथम आम चुनाव के पश्चात् यह महसूस किया जाने लगा कि समाजवादी पुनः एक खेमे में आएँ और सितम्बर, 1952 में इन दोनों पार्टियों—सोशलिस्ट पार्टी और किसान मजदूर प्रजा पार्टी का विलय कर प्रजा सोशलिस्ट पार्टी (पी.एस. पी.) का गठन हुआ। वह पार्टी और भी मजबूत हुई जब सुभाषवादी फारवर्ड ब्लाक भी पी.एस.पी. में आ मिला। इस प्रकार इस पार्टी ने अपना सिद्धान्त मार्क्सवादी और

गांधीवादी, समाजवाद को अपनाया। प्रजा सोशलिस्ट पार्टी की राष्ट्रीय कार्यकारिणी ने राज्य कार्यकारिणी की घोषणा कर दी। पच्चीस सदस्यीय कार्यकारिणी की अध्यक्षता अबुल कयात चाँद को सौंपी गई। इन पच्चीस सदस्यों में रियासत करीम (सचिव) के अतिरिक्त जयप्रकाश नारायण, कर्पूरी ठाकुर, गंगाशरण सिंह, बसावन सिंह आदि प्रमुख थे, 1 अक्टूबर, 1952 में पी.एस.पी. की प्रान्तीय कार्यकारिणी की बैठक हुई जिसमें कई कमेटियाँ बना दी गईं, जैसे—लेबर कमेटी, संसदीय कमेटी, यूथ कमेटी, महिला कमेटी, मुस्लिम पब्लिक रिलेशन कमेटी आदि। प्रत्येक कमेटी का संयोजक नियुक्त किया गया जिमसें कर्पूरी ठाकुर को अहम भूमिका दी गई।[10] 29 जनवरी, 1954 को मधुबनी में पी. एस.पी. का वार्षिक प्रान्तीय अधिवेशन हुआ और जयप्रकाश बाबू ने सक्रिय राजनीति से संन्यास लेने की घोषणा कर सर्वोदय आन्दोलन में लग गए। परन्तु पी.एस.पी. की राजनीतिक गतिविधियाँ चलती रहीं और कर्पूरी ठाकुर पार्टी, जनता और देश के पुनरुत्थान में लगे रहे। 1952 के चुनावों के बाद कर्पूरीजी ने विदेशों का भी भ्रमण किया। यूरोप और पश्चिम एशिया से लौटने के पश्चात् कर्पूरीजी पुनः सोशलिस्ट यूथ कन्वेंसन के अन्तर्राष्ट्रीय प्रतिनिधि की हैसियत से वियना तथा यूगोस्लाविया गए और मार्शल टीटो से विचार-विमर्श किया। इसके अतिरिक्त उन्होंने आस्ट्रेलिया, चेकोस्लोवाकिया, लेबनान, मिस्र और इजरायल जैसे देशों का भी भ्रमण किया।

1957 में प्रजा सोशलिस्ट पार्टी के प्रतिनिधि के रूप में कर्पूरीजी पुनः ताजपुर विधानसभा क्षेत्र से चुन लिये गए। इसके पूर्व प्रजा सोशलिस्ट पार्टी के गठन के बाद डॉ. लोहिया के नेतृत्व में सोशलिस्ट पार्टी जीवित रही। इस बीच डॉ. अशोक मेहता को पी.एस.पी. से निष्कासित कर दिया गया क्योंकि उन्होंने कांग्रेस सरकार द्वारा दिया गया योजना आयोग के उपाध्यक्ष का पद स्वीकार किया था। जयप्रकाश बाबू पहले ही राजनीति से संन्यास ले चुके थे। अब पी.एस.पी. का सिंचन एवं पालन-पोषण कर्पूरीजी को ही करना था। प्रान्तीय स्तर पर कर्पूरीजी सचिव और राष्ट्रीय स्तर पर कार्यकारिणी के सदस्य के रूप में पार्टी का संचालन करते रहे। विधानसभा में कर्पूरीजी जीवन्त भूमिका निभाते रहे।

1962 में तृतीय आम चुनाव सम्पन्न हुआ और कर्पूरीजी पुनः ताजपुर से पी.एस. पी. के टिकट पर चुनाव जीत गए। कहना नहीं होगा कि कर्पूरीजी ने पार्टी के लिए जी-जान से कार्य किए। 1962 के आम चुनावों के बाद एक महत्त्वपूर्ण परिवर्तन यह आया कि प्रजा सोशलिस्ट पार्टी और लोहिया के नेतृत्ववाली सोशलिस्ट पार्टी के नेताओं ने विलय के प्रयास शुरू कर दिए। यह प्रयास 29 जून, 1964 को संयुक्त सोशलिस्ट पार्टी के जन्म के साथ सफलीभूत हुआ।[11] परन्तु सूरज नारायण सिंह, बसावन सिंह, त्रिपुरारी सिंह, वी.पी. सिन्हा आदि समाजवादी नेताओं ने इस विलय का विरोध किया और मात्र छः माह के बाद ही संयुक्त सोशलिस्ट पार्टी (एस.एस.पी.) में टूट आ गई, परन्तु कर्पूरीजी ने लोहिया के नेतृत्व में रहना पसन्द किया। इसी समय से कर्पूरी ठाकुर लोहिया के विचारों एवं नेतृत्व से प्रभावित होकर समाजवादी विचारों के परिमार्जन में लग गए। रामानन्द

तिवारी और कपिलदेव सिंह ने कर्पूरीजी का साथ दिया। इन लोगों ने सांस्कृतिक क्रान्ति का बिगुल फूँका और लक्ष्य था—प्रजातान्त्रिक समाजवादी भारत की स्थापना का।

1967 में चौथा आम चुनाव हुआ। कर्पूरीजी पुनः 28 हजार मतों से ताजपुर विधानसभा क्षेत्र से संयुक्त सोशलिस्ट पार्टी के उम्मीदवार के रूप में विजयी हुए। 1967 का चुनाव बिहार की राजनीति के लिए एक महत्त्वपूर्ण चुनाव था। अकेले संसोपा से 69 उम्मीदवार विधानसभा के लिए चुने गए। गैर कांग्रेसवाद की विजय हुई। परन्तु विभिन्न दलों में बँट जाने के चलते समाजवादी राजनीति दुर्बल होती जा रही थी। 1970 आते-आते राजनीतिक उथल-पुथल और समाजवादी राजनीतिक दलों के बीच उत्तरोत्तर बढ़ती दरार के कारण समाजवादी राजनीति बिहार में चरमरा गई। पुनः 9 अगस्त, 1971 के पश्चात् ऐसी स्थिति आई कि गैर कांग्रेसी दलों (समाजवादी राजनीति के समर्थक दलों) के बीच एकता बनाने के अतिरिक्त कोई विकल्प नहीं था। फलतः द सोशलिस्ट पार्टी का गठन किया गया।[12] इसमें प्रमुख संसोपा, प्रसोपा और इंडियन नेशनलिस्ट पार्टी प्रमुख घटक थे। परन्तु उन्हीं दिनों चौधरी चरण सिंह ने इस गठबन्धन में समाजवादी राजनीति एवं पिछड़ों का उत्थान का भविष्य नहीं देखा और भारतीय लोकदल का गठन कर लिया। राजनारायण की तरह कर्पूरी ठाकुर ने भी लोकदल में ही रहना श्रेयस्कर समझा। वास्तविकता तो यह थी कि लोहिया के विचारों का बीड़ा कर्पूरी ने उठाया। इसके पूर्व 22 दिसम्बर, 1970 को कर्पूरीजी ने बिहार के मुख्यमन्त्री का भार अपने ऊपर लिया और जून 1971 तक उसका निर्वाह किया। 1969 में बहुमत न होते हुए भी कांग्रेस ने सरकार का गठन किया था। कर्पूरीजी उन दिनों संसोपा के राष्ट्रीय अध्यक्ष थे उन्होंने टाटा फैक्ट्री के मजदूरों के लिए 28 दिनों का आमरण अनशन भी सफलतापूर्वक किया था। इस राजनीतिक उथल-पुथल को प्रेवीट और इलाउ[13] द्वारा प्रतिपादित मापदंडों (सामाजिक पर्यावरण की जटिलता, जनसमर्थन का परिमाण, राजनीतिक भर्ती में अर्थ की भूमिका आदि) के आधार पर विश्लेषित करें तो हम पाते हैं कि बिहार के राजनीतिक मेट्रिक्स में एक राजनीतिज्ञ या राजनेता या दल का अध्यक्ष के लिए विशेष तरह की क्षमता, मुद्दों और समाजसेवा की भावना से ओत-प्रोत होने जैसे गुणों का होना आवश्यक था। कर्पूरीजी अकेले इन शर्तों के अतिरिक्त त्याग की शर्त भी पूरी करते थे। कर्पूरीजी अपनी उन्हीं क्षमताओं के सहारे बिहार में समाजवादी प्रजातान्त्रिक राजनीति के तहत कमजोर वर्गों एवं जनसाधारण का कल्याण करते रहे। अपनी नेतृत्व-क्षमता के चलते ही कर्पूरीजी 22 दिसम्बर, 1970 से बिहार के मुख्यमन्त्री बने।

तानाशाही के विरुद्ध लड़ाई

1972 में पुनः विधानसभा के लिए चुनाव हुए। कर्पूरीजी पूर्व की भाँति ताजपुर के प्रतिनिधि के रूप में भारतीय लोकदल से विधानसभा के सदस्य बने। परन्तु 1972 के चुनाव में कांग्रेस को सफलता मिली और केदार पांडेय के नेतृत्व में कांग्रेस की सरकार

बनी। कर्पूरीजी सत्ता-भार से मुक्त हो गए। अब उनके लिए जनता में जागृति फैलाने और संगठन तथा समाजवादी विचार के प्रचार-प्रसार का मार्ग सुगम और प्रशस्त हो गया। उन्होंने सम्पूर्ण देश का दौरा किया। जगह-जगह भाषण दिए, लोगों से सम्पर्क स्थापित किए तथा अभिजनवादी समाज में भी समाजवादी विचारों को प्रतिष्ठित किया। कांग्रेस शासन द्वारा स्थापित वे अभिजनवादी समाज की बुराइयों को उजागर करने तथा सामाजिक परिवर्तन लाने का कार्य करते रहे।[14] उन दिनों छात्रों में जागृति लाने की आवश्यकता थी। छात्र-आन्दोलन का सूत्रपात 18 मार्च, 1974 में हो चुका था। बिहार छात्र आन्दोलन पटना सचिवालय एवं विधानमंडल भवन पर छात्र समस्याओं को लेकर शुरू हुआ था और आमूल सामाजिक परिवर्तन की दिशा में चल पड़ा था। यह आन्दोलन कांग्रेस द्वारा कालेधन के दुरुपयोग और पक्षपात को मिटा देने के लिए था जिसके सहारे कांग्रेस सुविधाजनक ढंग से सत्तारूढ़ थी। कांग्रेस के लिए आन्दोलन खतरा बनता जा रहा था क्योंकि उसमें इन खामियों को उजागर किया जा रहा था। भारत की प्रधानमन्त्री ने अब्दुल गफूर को मुख्यमन्त्री के पद पर बैठाकर दूर-नियन्त्रण द्वारा बिहार में दमन चक्र चलाना शुरू कर दिया।[15] छात्रों की शक्ति पहचानते हुए आमूल सामाजिक परिवर्तन की सम्भावनाओं का एहसास किया और छात्रों की माँग पर आन्दोलन का नेतृत्व जयप्रकाश नारायण ने सँभाल लिया। जयप्रकाश बाबू छात्र आन्दोलन का नेतृत्व सँभालने के पश्चात सभी विपक्षी दल के विधायकों से इस्तीफा देने की माँग की। कर्पूरीजी सर्वप्रथम आगे आए और विधानसभा की सदस्यता से त्यागपत्र दे दिया। 21 से 24 जून, 1975 के दौरान जनसंघ, अकाली दल, संगठन कांग्रेस, भारतीय लोक दल की राष्ट्रीय समितियों की संयुक्त बैठक हुई, जिसमें कर्पूरीजी ने न केवल भाग लिया बल्कि सक्रिय भूमिका निभाई। उन्होंने आन्दोलन को तेज करने के लिए कार्यक्रम भी प्रस्तुत किए। 26 जून को आपातस्थिति लागू कर दी गई और जयप्रकाश नारायण सहित सभी प्रमुख नेताओं को गिरफ्तार कर लिया गया। कर्पूरीजी उस दिन पूर्णिया में थे जिससे गिरफ्तार होने से बच गए। आपातकाल में मिसा (मेंटेनेंस ऑफ इंटर्नल सेक्यूरिटी एक्ट) के तहत लोगों को पकड़-पकड़कर बन्द ही नहीं किया जाता था, उन्हें यातनाएँ भी दी जाने लगीं। इसका प्रतिरोध करना भी आवश्यक था। परन्तु प्रतिरोध के क्रम में आन्दोलन की शक्ति को अवरुद्ध करना भी मूर्खता थी क्योंकि सभा, जुलूस और प्रदर्शन करने का तात्पर्य यह था कि अपने को यातनाओं का शिकार स्वयं बनाना अतः कर्पूरी ठाकुर ने भूमिगत रहकर आन्दोलन की आग को प्रज्वलित रखना ही उचित समझा।[16] वे नेपाल की सीमा में प्रवेश कर गए। वीरपुर के निकट जंगल में उन्होंने सशस्त्र क्रान्ति की योजना तैयार की। पूरे उन्नीस महीने भागदौड़, अभाव और यातनाओं के बीच जिन लोगों ने अपने-अपने इलाकों में संघर्ष के लगातार गुप्त कार्यक्रम किए उनके बीच कर्पूरीजी ने एकता के सूत्र के रूप में कार्य किया। कर्पूरीजी ने भूमिगत दौरों की शुरुआत वीरपुर के कोसी बरान के निकट सत्येन्द्र कुँवर के घर छिपकर की। जयप्रकाश, चन्द्रशेखर, राजनारायण, मोरारजी तथा जॉर्ज फर्नांडीस जैसे नेता गिरफ्तार हो गए थे। अतः वे हर क्षण चौकस

रहते पुलिस और गुप्तचरों की भनक लगते ही वहाँ से नेपाल की सीमा में प्रवेश कर जाते।[17] जून, 1975 को उन्हें नेपाल की सीमा में प्रवेश करना पड़ा जहाँ वे दो महीने तक राजविराज, हनुमाननगर, विराटनगर आदि स्थानों पर अपना निवास बदल-बदलकर बिहार में भूमिगत आन्दोलनकारियों का मार्गदर्शन करते रहे। नेपाल की पुलिस एवं गुप्तचरों से छुपे तो नहीं रह सके नेपाल सरकार द्वारा भी कर्पूरी ठाकुर पर कई अप्रजातान्त्रिक प्रतिबन्ध लगा दिए गए—समाचार प्रतिनिधियों, विदेशी दूतावास के कर्मचारियों, नेपाल के राजनीतिक नेताओं एवं कार्यकर्त्ताओं से मिलने-जुलने पर प्रतिबन्ध लगा दिया गया साथ ही किसी प्रकार का लेख लिखने वक्तव्य जारी करने, नेपाल के बाहर पत्र-व्यवहार करने आदि पर भी प्रतिबन्ध लगा दिया गया। नेपाल में उनके मिलनेवालों पर भी जुल्म ढाए गए। प्रो. एस.एन. वर्मा ने कर्पूरीजी को आग्रह कर अपने घर ठहराया जिसके दंडस्वरूप प्रोफेसर वर्मा को सात साल पुरानी नौकरी से निकाल दिया गया तथा उन्हें दस महीनों तक जेल की हवा भी खानी पड़ी। इतना ही नहीं जो नाई कर्पूरीजी की दाढ़ी बनाया करता था उसे भी पुलिस ने तंग किया। अन्ततः तंग आकर कर्पूरीजी वेश बदलकर भारत लौट आए।

5 सितम्बर, 1975 को वे काठमांडू से मद्रास के लिए रवाना हो गए। बीच में कलकत्ता में उनकी मुलाकात रघुनाथ झा और राजो सिंह से हुई। मद्रास में मीनु मसानी नानाजी देशमुख, जॉर्ज फर्नांडीस आदि नेताओं के साथ कर्पूरी एक बैठक में भाग लेनेवाले थे। परन्तु मसानी, देशमुख आदि नेता गिरफ्तार कर लिये गए। फिर भी कर्पूरीजी की मुलाकात जॉर्ज फर्नांडीस, सी.जे.के. रेड्डी, देवरस आदि से हुई। एक अत्यन्त गोपनीय बैठक में आपातकाल स्थिति पर विचार-विमर्श किया गया तथा यह निर्णय लिया गया कि सभी गैर कांग्रेसी राजनीतिक दलों को तोड़कर एक ही दल बना लेना चाहिए ताकि तानाशाही शासन को मुँहतोड़ जवाब दिया जा सके। इसके लिए साइक्लोस्टाइल समाचार बुलेटिन देश-भर में प्रसारित करने का निर्णय लिया गया। मद्रास में दस दिनों के प्रवास के पश्चात् बैंगलोर के लिए रवाना हो गए जहाँ उन्हें के.एस. हेगड़े, वीरेन्द्र पाटिल, देवरस, रामकृष्ण हेगड़े आदि नेताओं से विचार-विमर्श हुए। बैंगलोर में अल्प प्रवास के बाद कर्पूरीजी बम्बई चले गए। बम्बई में कर्पूरीजी ने एक मौलवी का छद्म भेष धारण किया और एन.जी. गोरे, एस.एम. जोशी, सुंन्दर सिंह भंडारी, सुब्रह्मण्यम स्वामी तथा दिग्विजय नारायण सिंह आदि नेताओं से मिलकर दमनकारी तानाशाही शासन के विरुद्ध आन्दोलन की आग को प्रभावकारी बनाए रखने सम्बन्धी विचार-विमर्श किया। वहाँ राष्ट्रीय स्तर पर सत्याग्रह, अखबार निकालने तथा व्यापक जन सम्पर्क कायम करने सम्बन्धी महत्त्वपूर्ण निर्णय लिये गए। इतना ही नहीं वहाँ यह भी तय किया गया कि लुका-छिपी का खेल छोड़कर अब खुले में सभाओं का सम्बोधन किया जाए। सभाएँ की गईं और सफलता भी मिली। जन सहयोग और समर्थन लोगों ने खुलकर दिया।

वे बम्बई से दिल्ली चले आए परन्तु दिल्ली उनके लिए सर्वथा असुरक्षित थी। पाँच

दिन दिल्ली में काटने के पश्चात् कर्पूरी कुली के भेष में लखनऊ चले आए। सत्यदेव त्रिपाठी की मदद से छद्म भेष में ही चन्द्रभानु गुप्त से मुलाकात की। खुफिया पुलिस देखती रह गई और चन्द्रभानु गुप्त से आन्दोलन सम्बन्धी बातें कर वे गोरखपुर के लिए रवाना हो गए, जहाँ कमलेश नामक व्यक्ति के साथ रात बिताई और सड़क के रास्ते नेपाल में प्रवेश कर गए। काठमांडू में नेपाल पुलिस की नजर में आ गए। फलतः उन्होंने काठमांडू छोड़ने का निर्णय लिया। वे कभी टैक्सी से कभी ट्रक से तो कभी गरीब असहाय बनकर जनकपुर पहुँचे। जनकपुर में बैद्यनाथ झा से मिलकर कभी होटल तो कभी देहात में हरिश्चन्द्र यादव के घर में रुके। इसी प्रकार 11 अक्टूबर, 1975 को वे पुनः कलकत्ता लौट गए। वहाँ, उनसे शिवनन्दन पासवान, लक्ष्मी साहू, मुंशीलाल राय, मंजय लाल आदि बिहार आन्दोलन के कार्यकर्ता उनसे निर्देश लेते रहे। बंगाल में भी तानाशाही के विरुद्ध संघर्ष करने हेतु उन्होंने अनिल भट्टाचार्य, आभा माईटी, निर्मलेन्दु डे, सुरेश्वर दत्ता, देवदास घोष आदि को मार्गदर्शन प्रदान किया। कलकत्ता प्रवास के दौरान कर्पूरीजी बैरिस्टर अजीत राय के सम्पर्क में आए तथा जयप्रकाश बाबू के स्वास्थ्य पर विचार-विमर्श हुआ। जे.पी. का स्वास्थ्य जेल में दिनोदिन खराब होता जा रहा था अतः आन्दोलन को तीव्रतर बनाने की बात सोची जाती। कांग्रेसी विक्षुब्ध नेताओं से भी सम्पर्क किया जाने लगा। विजय सिंह नाहर को कर्पूरीजी ने अपने पक्ष में कर लिया आर.एस.पी. के त्रिदिव चौधरी को भी आन्दोलन में सक्रिय बनाया गया। 15 अक्टूबर, 1975 को कर्पूरीजी हैदराबाद के लिए रवाना हो गए। वे हैदराबाद में इन्दिरा गांधी के तानाशाही के विरुद्ध कांग्रेस नेताओं को संगठित करना चाहते थे। यद्यपि कांग्रेस के वरिष्ठ नेता–जो तानाशाही शासन के खिलाफ थे–श्री कामराज की मृत्यु हो गई थी फिर भी वे उनके सहयोगी एवं परिवारवालों की शक्ति का उपयोग करना चाहते थे। वे हैदराबाद गए जहाँ बदरी विशाल वित्ती से मिले और अपना काम कर पुनः कलकत्ता लौट आए।

कलकत्ता में 21 अक्टूबर को वामपन्थी दलों एवं विरोधी दलों के नेताओं के साथ कर्पूरीजी ने बम्बई प्रस्ताव पर विचार-विमर्श किया तथा उसके कार्यान्वयन हेतु उत्साहित किया। ज्योति वसु तथा प्रमोददास गुप्ता आदि नेताओं से मिलकर भाकपा, समाजवादी दल, जनसंघ संगठन कांग्रेस आदि दल के नेताओं को एक मंच पर संगठित किया। वहाँ से कटक गए परन्तु उनके साथी वहाँ पहले ही गिरफ्तार किए जा चुके थे। उन्होंने सिलीगुड़ी के रास्ते नेपाल में प्रवेश कर राजीवराज में बिहारी आन्दोलनकारियों की बैठक का सम्बोधन किया। कुछ दिन वहाँ रुककर कर्पूरीजी 9 नवम्बर को बोकारो चले आए तथा बोकारो से कलकत्ता गए। 11 दिसम्बर को लोक संघर्ष समिति की बैठक के लिए वे बम्बई पहुँचे। इस प्रकार कर्पूरीजी देश के इस छोर से उस छोर तक भ्रमण कर तानाशाही के विरुद्ध संग्राम का संचालन करते रहे। इस दौरान श्री ठाकुर कलकत्ता को ही अपना मुख्यालय बनाए हुए थे। बिहार पुलिस को इसकी खबर लग गई कि कर्पूरीजी को कलकत्ता में पकड़ा जा सकता है। वे कुछ दिन दार्जिलिंग में भी रहे। जून-जुलाई,

1976 में वे पुनः कलकत्ता चले आए जहाँ रविराय ने सुझाव दिया कि चौधरी चरण सिंह से मिलकर आगे की योजना बनानी चाहिए।

पुलिस और गुप्तचरों की नजरों से बचते-बचाते कर्पूरीजी ने चौधरी चरण सिंह के घर में जाकर आन्दोलन से सम्बन्धित मसले पर डेढ़ घंटे तक विचार-विमर्श किया तथा उनके सुझाव के अनुसार 24 जुलाई, 1976 को भारतीय लोकदल की कार्य समिति की बैठक में अपना विचार रखने के लिए दिल्ली गए। दिल्ली के कनाट प्लेस में कर्पूरीजी को भोजन के लिए अपनी घड़ी भी बेचनी पड़ी थी। दिल्ली से गया गए तथा पुनः बनारस चले आए 17 अगस्त से 3 सितम्बर, 1976 तक वे बनारस में ही रहे। उसके बाद वे कलकत्ता चले गए। कलकत्ता और दिल्ली की अफरातफरी में कर्पूरीजी बीमार भी पड़े परन्तु साथियों एवं युवकों ने उनकी सेवा-सुश्रूषा की। ठाकुरजी पीलू मोदी तथा सत्येन्द्र नारायण सिंह आदि से सम्पर्क बनाए हुए थे। जॉर्ज फर्नांडीस को तो कलकत्ता में गिरफ्तार कर लिया गया। कर्पूरीजी पर दस हजार रुपए का इनाम भी रखा गया था। जो भी हो कर्पूरीजी ने सभी विरोधी पार्टियों को एक मंच पर लाने के लिए एड़ी से चोटी का प्रयास जारी रखा था। इधर चौधरी साहब ने भी कर्पूरी ठाकुर को सुझाव दिया कि वे अब लुका-छिपी बन्द करें और खुलकर सामने आ जाएँ।

13-14 नवम्बर को जे.पी. के निवास स्थान पर पटना में सभी विरोधी दलों की बैठक बुलाई गई। उसमें जनसंघ, भालोद और समाजवादी पार्टी को संगठन कांग्रेस में मिल जाने की बात सोची। परन्तु अशोक मेहता को यह मंजूर नहीं था। वे किसी नए दल की बात करते थे। इधर संगठन कांग्रेसी दल में शामिल होने से इनकार कर रहा था। जे.पी. ने भी स्पष्ट निर्देश नहीं दिए। बैठक समाप्त हो गई। परन्तु कर्पूरीजी के प्रयास जारी रहे।[9] जनवरी, 1977 को रामअवतार राय के घर पर रविराय आदि की उपस्थिति में बैठक हुई और निश्चय किया गया कि एक पार्टी की घोषणा की जाएगी।

18 जनवरी, 1977 को आपातस्थिति में ढिलाई की घोषणा की गई और चुनाव की भी घोषणा कर दी गई। विरोधी नेताओं को एक-एक कर जेल से छोड़ा जाने लगा। 21 जनवरी को नई पार्टी का ऐलान कर दिया गया तथा नई पार्टी का नाम जनता पार्टी रखा गया। 24 जनवरी को कर्पूरीजी दिल्ली में जे.पी. से मिले। उन्होंने कर्पूरीजी को निर्देश दिया कि 30 जनवरी को पटना में विशाल जनसभा का आयोजन करने हेतु गिरफ्तारी से बचे रहें। कर्पूरी कलकत्ता चले गए। 29 जनवरी को पंजाब मेल से पटना सिटी स्टेशन पर उतरकर जे.पी. के घर से जे.पी. के निजी सचिव अब्राहम के घर कर्पूरीजी गए। पटना के गांधी मैदान में 30 जनवरी को विशाल जन समूह उमड़ पड़ा था। कहा जाता है कि पटना का गांधी मैदान पहली बार ठसाठस भरा था लगभग दस लाख लोग इकट्ठा हो गए। जे.पी. ने जब कर्पूरी के मंच पर उपस्थित होने की घोषणा की तो सभी अवाक् रह गए। पुलिस कर्पूरीजी को गिरफ्तार करने के लिए बेचैन हो गई। सभा के बाद में जे.पी. के निवास की ओर जाते समय रास्ते में पुलिस ने घेर लिया और बिना वारंट ही कर्पूरीजी को जबर्दस्ती गिरफ्तार कर लिया। साथियों को लाठियों से बुरी

तरह पीटा गया। परन्तु तानाशाह सरकार कर्पूरीजी को 13 दिनों तक ही जेल में रख सकी कर्पूरीजी आजाद हो गए तथा चुनाव की तैयारी में लग गए।

सत्ता और विपक्ष का नेतृत्व

चुनाव की घोषणा के पश्चात् जनमानस पर विजय पाना आवश्यक था। जनता आपात-स्थिति में किए जा रहे जुल्मों तथा नागरिक स्वतन्त्रता के हनन से पहले ही त्रस्त थी। जे.पी. के आह्वान पर बच्चा-बच्चा कांग्रेसी सरकार को उखाड़ फेंकने के लिए उद्यत था। चारों विरोधी दल जनसंघ, भालोद, समाजवादी तथा संगठन कांग्रेस—जनता पार्टी के नाम तथा चुनाव चिह्न पर लड़ने को राजी हो गए। दिन-रात काम चलने लगा। युवा नेताओं जिनमें प्रमुख लालूप्रसाद यादव थे, के सहायोग से कर्पूरीजी चुनाव की तैयारी में गहनता से जुट गए। मार्च, 1977 में संसदीय चुनाव हुआ और कर्पूरीजी ने समस्तीपुर से अपना नामांकन भरा। इसी बीच जगजीवन राम, एक कांग्रेसी बट ने कांग्रेस छोड़कर कांग्रेस फॉर डेमोक्रेसी नामक पार्टी का गठन किया और जनता पार्टी के झंडे के नीचे चुनाव के मैदान में अपने साथियों के साथ आ डटे। 1977 का चुनाव परिणाम चौंका देनेवाला था। स्वातन्त्र्योत्तर भारत का यह महत्त्वपूर्ण ऐतिहासिक मोड़ था। कर्पूरीजी समस्तीपुर से भारी मतों से विजयी घोषित किए गए। पूरे उत्तर भारत में कांग्रेस का नामोनिशान मिट गया। अप्रैल, 1977 में चारों घटकों का विधिवत् विलय हो गया और जनता पार्टी विधिवत् राजनीतिक दल के रूप में गठित हो गया। कुछ ही माह पश्चात् जून, 1977 में विधानसभा चुनाव हुए। विधानसभा चुनावों में जनता पार्टी को पूर्ण बहुमत मिला। स्वातन्त्र्योत्तर काल की राजनीति में समाजवादी विचारों के समर्थकों की यह पहली बड़ी जीत थी। बड़ी संख्या में जनता पार्टी का विधायक दल बना। परन्तु नेतृत्व की समस्या उठ खड़ी हुई। जनता विधायिका दल को एक कुशल नेतृत्व की आवश्यकता थी। केन्द्रीय जनता पार्टी और बिहार के जनता पार्टी विधायकों में बिहार के नेतृत्व के मामले को लेकर विवाद था। एक पक्ष कर्पूरी ठाकुर को नेतृत्व सौंपना चाहता था तो दूसरा पक्ष सत्येन्द्र नारायण सिन्हा को। कर्पूरीजी जैसे जुझारू व्यक्तित्व के लिए यह कब गवारा होता कि संघर्ष का मैदान छोड़कर भागते। सत्ता की राजनीति में कर्पूरी ठाकुर कूद पड़े। एक राजनीतिक द्वन्द्व शुरू हुआ। बात यहाँ तक आई कि बिहार के जनता पार्टी के विधायकों पर ही यह निर्णय छोड़ दिया जाए। नेतृत्व पद के लिए चुनाव कराया गया। कर्पूरीजी और सत्येन्द्र बाबू मैदान में उतरे। जनता पार्टी के विधायकों में कर्पूरी ठाकुर का बहुमत सिद्ध हो गया। कर्पूरीजी ने सर्वशक्तिमान जनता को महत्त्व दिया और खुले गांधी मैदान में मुख्यमन्त्री पद का शपथ ग्रहण किया। कर्पूरी को मुख्यमन्त्रित्व सँभालने के बाद विधानमंडल की सदस्यता हासिल करनी थी। ताजपुर क्षेत्र उनके लिए उपलब्ध नहीं था। फुलपरास विधानसभा क्षेत्र से विजयी विधायक ने कर्पूरीजी के लिए स्थान खाली किया और कर्पूरी आशानुरूप भारी मतों से विधानसभा के लिए चुन लिये

गए। फुलपरास यादव बाहुल्य क्षेत्र है जहाँ से कांग्रेस ने रामजयपाल यादव को उम्मीदवार बनाया था। परन्तु कर्पूरीजी के व्यक्तित्व के समक्ष कांग्रेस की एक न चली और 89 हजार मतों से पराजित हुई।

कर्पूरीजी ने सरकार का नेतृत्व सँभालने के पश्चात् विक्षुब्धों या दूसरे शब्दों में सत्येन्द्र नारायण सिन्हा के समर्थकों को दल में समन्वित रखा तथा सत्ता में सन्तुलन बनाए रखा। कर्पूरीजी ने अपने पहले मुख्यमन्त्रित्व काल में पहला कदम साहित्य और संस्कृति की ओर बढ़ाया। उन्होंने हिन्दी तथा इसकी गरिमा को स्थापित करने का प्रयास किया। न केवल सरकारी कामकाज में हिन्दी को आवश्यक बनाया बल्कि मैट्रिक परीक्षा में अंग्रेजी के कारण अनुत्तीर्ण होनेवाले छात्रों के लिए अंग्रेजी के बिना उत्तीर्ण होने का प्रावधान करवा दिया था। 1977 में दोबारा मुख्यमन्त्री बनने के पश्चात् उन्होंने सरकारी काम-काज में हिन्दी को अनिवार्य बना दिया। सभी भारतीय प्रशासनिक अधिकारी तथा भारतीय आरक्षी अधिकारियों सहित निम्न स्तर पर भी हिन्दी को प्रतिष्ठित कराया गया। मैट्रिक तक की शिक्षा को निःशुल्क कर दिया गया ताकि ज्यादा-से-ज्यादा बच्चे तथा गरीब तबके के बच्चे प्रारंभिक शिक्षा प्राप्त कर सकें। कर्पूरीजी के नेतृत्व में ही पहली बार ऐसा हुआ कि छः हजार अभियन्त्रण डिग्री प्राप्त बेरोजगारों को एकमुश्त नौकरी प्रदान कर दी। आर्थिक सुधार की दिशा में उन्होंने भूमि सुधार के कार्यान्वयन में गति बढ़ाई और अलाभकर जोतवाली भूमि पर से कर माफ कर दिया।

सामाजिक न्याय की दिशा में कर्पूरी ठाकुर ने एक साहसिक कदम उठाया। उन्होंने सर्वथा न्यायोचित आरक्षण नीति को लागू किया। उन्होंने मुँगेरीलाल कमेटी तथा काका कालेलकर कमेटी की अनुशंसाओं के अध्ययन के बाद अपनी सूझबूझ का परिचय देते हुए पिछड़ी जातियों के पिछड़ेषन के अनुपात में आरक्षण प्रतिशत निर्धारित कर अपने न्यायपूर्ण होने को साबित कर दिया। 1978 में हरिजन एवं आदिवासियों के अतिरिक्त पिछड़ी जातियों एवं कमजोर वर्गों के लिए सरकारी नौकरियों में 26 प्रतिशत आरक्षण लागू किया। 12 प्रतिशत अत्यन्त पिछड़ी जातियों के लिए, 8 प्रतिशत पिछड़ी जातियों के लिए, 3 प्रतिशत महिलाओं के लिए तथा 3 प्रतिशत आर्थिक रूप से पिछड़े लोगों के लिए नौकरियों में आरक्षण नीति को लागू किया। इस प्रकार उन्होंने आनुपातिक पिछड़ेपन के लिए आनुपातिक आरक्षण नीति लागू कर 'सामाजिक न्यायिक व्यवहारवादी' होने का परिचय दिया।

यह स्वाभाविक था कि जिन वर्गों को सामाजिक-राजनीतिक सत्ता पर आधिपत्य खत्म होने की बात आई, वे आरक्षण नीति का विरोध करते। उच्च वर्गों की ओर से कर्पूरीजी की घोर भर्त्सना तथा निन्दा की गई। परन्तु वे भूल गए कि आरक्षण का मुद्दा जनता पार्टी के घोषणा पत्र में प्रमुख स्थान रखता था। जनसंघ घटक के सदस्य इस नीति के विरोध में कर्पूरीजी से क्षुब्ध हो गए और उन विधायकों ने कर्पूरीजी का साथ छोड़ने का निर्णय ले लिया। इसी बीच केन्द्रीय राजनीति में काफी परिवर्तन आने लगे थे। सभी घटक अपने को ही जनता पार्टी की बुनियाद मानने लगे थे। फलतः चरण

सिंह के नेतृत्व में सरकार का खुलकर विरोध हुआ। इस स्थति का फायदा उठाते हुए कुछ विधायकों ने बिहार राजनीति को नया मोड़ प्रदान किया। इस प्रकार कर्पूरीजी को 18 महीने पश्चात् सरकार से त्यागपत्र देना पड़ा। परन्तु प्रान्तीय राजनीति पर स्पष्ट प्रभाव यह पड़ा कि पिछड़ी जाति के लोगों ने पहली बार अपने को संगठित करने की जरूरत महसूस की। यही वह स्थिति है जब लगभग 48 प्रतिशत पिछड़ी जाति के लोग संगठित हुए। कर्पूरीजी 18 महीने तक मुख्यमन्त्री रहे।

अब जनता विधायक दल का नेतृत्व रामसुन्दर दास के हाथों में सरक गया। उधर मोरारजी देसाई के स्थान पर चौधरी चरण सिंह ने कांग्रेस के समर्थन से प्रधानमन्त्रित्व का भार सँभाला। जनता पार्टी टूट चुकी सभी घटक पुनः स्वतन्त्र अस्तित्व में आ गए। चौधरी साहब के लोकदल में कर्पूरीजी बने रहे। अप्रैल, 1979 में रामसुन्दर दास ने मुख्यमन्त्रित्व सँभाला ही था कि 1980 में चुनावों की घोषणा हो गई। 1980 के विधानसभा चुनाव में कर्पूरीजी पुनः विधानसभा के सदस्य बने। चरण सिंह के साथ कर्पूरीजी को घुटन होने लगी। इसका कारण यह था कि 1980 के चुनाव के दौरान ही चौधरी साहब की तानाशाही प्रक्रिया उन्हें कतई पसन्द नहीं आई। चुनावों में करारी पराजय के बाद तो चौधरी साहब और भी तानाशाही दर्शाने लगे थे। कर्पूरीजी 1982 में चरण सिंह से विद्रोह कर प्रजातान्त्रिक ढर्रेवाली लोकदल का नेतृत्व अपने हाथ में ले लिया। जॉर्ज फर्नांडीस, मधुदंडवते, देवीलाल तथा बिहार के यादव, कर्पूरी ठाकुर के साथ हो लिये और लोकदल (कर्पूरी) का गठन हो गया।

लोकदल के राष्ट्रीय अध्यक्ष के रूप में कर्पूरीजी ने बिहार विधानसभा में प्रवेश किया। कांग्रेस को बहुमत प्राप्त हुआ परन्तु विपक्षी दलों में लोकदल सबसे बड़ी पार्टी थी। फलतः कर्पूरीजी को विपक्ष का नेता घोषित कर दिया गया। उन दिनों कर्पूरीजी को विपक्ष के विभिन्न दलों का नेतृत्व ही नहीं करना था बल्कि उनके बीच समन्वय एवं सामंजस्य भी बनाए रखना था। जिसका निर्वाह उन्होंने बखूबी किया। चौधरी चरण सिंह से मतभेद होने के कारण लोकदल (केन्द्र) का गठन हुआ। जनता पार्टी और लोकदल के एकता के प्रयास में कर्पूरीजी सफल नहीं हुए फलतः लोकदल (क.) का नेतृत्व लेकर विपक्ष की भूमिका निभाते रहे।

इसी बीच भारतीय इतिहास की एक महत्त्वपूर्ण परन्तु दुःखद दुर्घटना घटी। श्रीमती गांधी तत्कालीन प्रधानमन्त्री की निर्मम हत्या 31 अक्टूबर, 1984 को कर दी गई। सम्पूर्ण देश की राजनीतिक स्थिति एवं जनमानस का ध्यान बदल गया। श्री राजीव गांधी प्रधानमन्त्री बने और चुनावों का दौर पुनः शुरू हुआ।

1984 में लोकसभा चुनाव तथा 1985 में विधानसभा चुनाव हुए। इस बार कर्पूरीजी समस्तीपुर लोकसभा क्षेत्र से पहली बार चुनाव हारे। परन्तु पुनः दो महीने पश्चात् 1985 में कर्पूरीजी सीतामढ़ी जिले के सोनबरसा विधानसभा क्षेत्र से चुनाव जीतकर विधानसभा में प्रवेश कर गए। उन्हीं दिनों अगस्त, 1985 में कर्पूरीजी भयंकर हार्ट अटैक से पीड़ित हो गए। परन्तु उनकी दृढ़ इच्छाशक्ति के चलते वे जीवित ही नहीं रहे बल्कि स्वस्थ भी

हो गए। कर्पूरीजी जनता पार्टी और लोकदल की एकता के लिए सतत् प्रयत्नशील रहे परन्तु असफल रहे। असफलता के बावजूद लोकदल (दमकिपा) के 46 सदस्य विधानसभा में थे और विपक्ष की सबसे बड़ी पार्टी थी। कर्पूरीजी विपक्ष के नेता बने रहे। उक्त चुनाव में विपक्षी दलों के महारथी राजकुमार पूर्वे (भाकपा), राजमंगल मिश्र (जनता पार्टी), गणेश शंकर विद्यार्थी (माकपा) और इन्दर सिंह नामधारी (भाजपा) चुनाव हार गए थे। कर्पूरीजी ही एक मात्र विपक्षी राजनीति के पतवार बने। अन्ततः फरवरी, 1988 में कर्पूरीजी का देहान्त हो गया।

टिप्पणी एवं सन्दर्भ

1. राजेन्द्र शर्मा, 'कर्पूरीजी का जीवन संग्राम', कर्पूरी ठाकुर अभिनन्दन ग्रन्थ, पटना, कर्पूरी ठाकुर अभिनन्दन ग्रन्थ समिति, 1986
2. राष्ट्रीय जनता दल के नेता एवं मन्त्री डॉ. रामचन्द्र पूर्वे ने इसका विवरण स्वयं कर्पूरीजी से सुना था।
3. श्री उमानाथ 'श्री कर्पूरी ठाकुर व्यक्तित्व और कृतित्व' कर्पूरी ठाकुर अभिनन्दन ग्रन्थ, उपरोक्त, पृ. 15
4. देखें, (i) कालीकींकर दत्त, *बिहार में स्वातन्त्र्य आन्दोलन का इतिहास,* (अनुवादित), बिहार हिन्दी ग्रन्थ अकादमी, पटना, 1975, पृ. 61-66 तथा (ii) विमल प्रसाद, गांधी-नेहरू एवं जे.पी. दिल्ली चाणक्य पब्लिकेशंस, 1985, पृ. 180-82
5. वशिष्ठ नारायण सिंह, 'त्याग एवं ओज का अप्रतिम नेता कर्पूरी' कर्पूरी ठाकुर अभिनन्दन ग्रन्थ में, पृ. 85
6. आचार्य हवलदार त्रिपाठी 'सहृदय' 'कर्पूरी ठाकुर का अधूरा वर्ण चित्र' कर्पूरी ठाकुर अभिनन्दन ग्रन्थ में, पृ. 60
7. कर्पूरी ठाकुर अभिनन्दन ग्रन्थ, उपरोक्त, पृ. 3
8. शिवचन्द्र झा तत्कालीन अध्यक्ष, बिहार विधानसभा ने यह उक्ति लिपिबद्ध की है। देखें, कर्पूरी ठाकुर अभिनन्दन ग्रन्थ, पृ. 3
9. विस्तृत विवरण के लिए देखें, थॉमस ए रुश्च 'डिनेमिक्स ऑफ सोशलिस्ट लीडरशिप इन इंडिया' पार्क एवं टिंकर द्वारा सम्पादित पुस्तक लीडरशिप एंड पोलिटिकल इंस्टीट्यूशंस इन इंडिया।
10. बी.एस.पी. के स्टेट एनुअल कान्फरेंस मधुबनी की रिपोर्ट देखें।
11. बेंजामीन एन स्कोरनफील्ड, 'द बर्थ ऑफ इंडियाज संयुक्त सोशलिस्ट पार्टी,' पैसिफिक एफेयर्स, भोलुम, 38
12. देखें, सोशलिस्ट पार्टी के वार्षिक अधिवेशन (बुलन्दशहर में जनवरी 5-8, 1972 को आयोजित) के महासचिव की रिपोर्ट।
13. देखें, के प्रेविट और हेंज इलाऊ, पोलिटिकल मेट्रिक्स एंड पोलिटिकल रिप्रेजेंटेशन, 'द अमेरिकन पोलिटिकल साइंस रिव्यू, जून, 1969, पृ. 427 से 44
14. वी.पी. वर्मा, ए स्टडी ऑफ पार्लियामेंटरी एलेक्संस इन बिहार 1984, पटना, 1985
15. अजित भट्टाचारजी, जयप्रकाश नारायण ए पोलिटिकल बायोग्राफी, नई दिल्ली, विकास,

पब्लिशिंग हाउस, 1975, पृ. 176

16. नूर अहमद, सन् 1975 के आपातकाल में कर्पूरी ठाकुर, कर्पूरी ठाकुर अभिन्दन ग्रन्थ, उपरोक्त, पृ. 17-36
17. रवीन्द्र कुमार वर्मा, 'कास्ट एंड बिहार पोलिटिक्स', इकोनॉमिक एंड पोलिटिकल वीकली, मई 4, 1991
18. देखें, विश्वनाथ प्रसाद वर्मा, एसेम्बली एलेक्संस इन बिहार, 1985, ज.रा.सं.अ. एवं रा.शो., पटना, 1990 पृ. 66

3

राज्यपाल का अभिभाषण

विधायिका का कार्य राज्यपाल के अभिभाषण से प्रारम्भ होता है। वर्ष के सर्वप्रथम सत्र में दोनों सदनों (विधानसभा एवं विधानपरिषद्) के संयुक्त बैठक में राज्याध्यक्ष की हैसियत से राज्यपाल का अभिभाषण होता है। यह अवसर राज्याध्यक्ष के लिए गरिमामय तो होता ही है विधायिका के लिए भी शुभ अवसर होता है। इस अभिभाषण में उस वर्ष (जिस वर्ष में सर्वप्रथम सत्र आहूत होता है) में सरकार द्वारा अपनाई जानेवाली नीतियों एवं कार्यक्रमों की रूपरेखा प्रस्तुत की जाती है साथ ही विगत वर्ष के सरकार की उपलब्धियों एवं कार्यकलापों का सिंहावलोकन भी किया जाता है। चूँकि यह सरकार के कार्यक्रमों एवं नीतियों की प्रस्तुति होती है, इसलिए उसकी विषयवस्तु सरकार द्वारा ही तैयार की गई होती है। राज्यपाल द्वारा उक्त अभिभाषण के पाठन के पश्चात् दोनों सदनों की प्रथम बैठक में इस अभिभाषण की प्रतियाँ सदस्यों के बीच बाँट दी जाती है अर्थात् सचिवों द्वारा सदन पटल पर रखा जाता है। इस पर दोनों सदनों में वाद-विवाद होता है जो 'धन्यवाद प्रस्ताव' के रूप में किसी सदस्य द्वारा प्रस्तावित किया जाता है तथा किसी अन्य सदस्य द्वारा समर्थित किया जाता है।[1]

धन्यवाद प्रस्ताव के वाद-विवाद की परिधि विस्तृत होती है जिसमें किसी एक या सभी प्रशासनिक पक्षों पर विवाद उठाया जा सकता है। इस अवसर के दौरान सदस्य को सभी प्रकार के मुद्दे उठाने की स्वतन्त्रता दी जाती है। यहाँ तक कि इन विषयों पर भी वाद-विवाद संशोधन प्रस्ताव के जरिए किया जा सकता है जिनकी चर्चा अभिभाषण में नहीं की गई हो। परन्तु एक सीमा यह निर्धारित की गई है कि उन विषयों को नहीं उठाया जा सकता जो राज्य के क्षेत्राधिकार की परिधि से बाहर हों तथा वैसा विषय जिसमें राज्यपाल का नाम आता है। इसके पीछे कारण यह है कि राज्यपाल के अभिभाषण में सरकार की नीतियों एवं कार्यक्रमों की चर्चा होती है न कि राज्यपाल की। इस अभिभाषण में वर्णित विषयों की सम्पूर्ण जवाबदेही सरकार की होती है। अभिभाषण पर धन्यवाद प्रस्ताव के बाद विवाद के दौरान उठाए गए प्रश्नों एवं मुद्दों पर सदन का नेता अर्थात् मुख्यमन्त्री स्पष्टीकरण या उत्तर देते हैं। जिसके पश्चात् धन्यवाद प्रस्ताव पर अनुसंशित संशोधन का निपटारा कर मतदान कराया जाता है तथा पारित कराया जाता है। पारित होने पर इसकी सूचना राज्यपाल को विधानसभा एवं विधानपरिषद् के

अध्यक्षों द्वारा भेज दी जाती है।[2]

संसदीय प्रणाली की इस विधा का भी उद्भव इंग्लैंड में ही हुआ तथा इसका प्रयोग न केवल संसदीय शासन प्रणाली में बल्कि अध्यक्षीय शासन प्रणाली में भी किया जाने लगा है। प्रारम्भ में तेरहवीं शताब्दी में सम्राट को यह बताना होता था कि सभासदों को क्यों एकत्रित किया गया और इसी क्रम में सम्राट अपनी आगामी नीतियों पर विचार प्रस्तुत करता था। कालान्तर में मन्त्रिमंडल अपनी प्रशासनिक नीतियों एवं कृत्यों के लिए आम सभा (हाउस ऑफ कॉमंस) के प्रति उत्तरदायित्व का निर्वाह करने लगा जिसका अनुकरण सभी संसदीय प्रणालियों में किया गया। परन्तु इन नीतियों एवं कार्यक्रमों का प्रतिपादन सम्राट को अन्य देशों के सन्दर्भ में राज्याध्यक्ष को करना पड़ता है।[3]

आईवर जेनिंग्स ने 1941 में लॉर्ड जॉन रसेल की उक्ति को उद्धृत किया है, "I thought that it was generally understood that the speech from the throne was the speech of Ministers...the speech was the result of advise of ministers and ministers alone are responsible for it."[4]

इस उद्धरण का तात्पर्य यह है कि राज्यपाल का अभिभाषण, राज्यपाल का अभिभाषण न होकर सरकार की नीतियों एवं कार्यक्रमों की रूपरेखा का प्रतिपादन है जिसके लिए सरकार (विशेषकर मन्त्रिपरिषद्) उत्तरदायी होता है। अतः नेता–विपक्ष की भागीदारी इस अवसर पर अवलोकनीय एवं परीक्षनीय है।

संसदीय प्रणाली की यह एक गम्भीरतापूर्ण गरिमा की विधा है जिमसें राज्याध्यक्ष विधायकों के रूबरू (समक्ष) आकर सरकार की नीतियों का प्रतिपादन करता है तथा सरकार (मन्त्रिमंडल) के उत्तरदायित्वों के परीक्षण हेतु सदस्यों को मौन आमन्त्रण देता है। इसकी गरिमा उसी बात से स्पष्ट हो जाती है कि सदस्यों को उक्त अभिभाषण पर सीधे टीका-टिप्पणी करने की छूट नहीं दी जाती। टिप्पणी हेतु धन्यवाद प्रस्ताव का उपयोग किया जाता है। धन्यवाद प्रस्ताव में जो संशोधन के मुद्दे उठाए जाते हैं उनमें अभिभाषण के किसी शब्द को छाँटने से सम्बन्धित न होकर कतिपय मुद्दों को संशोधन के जरिए सम्मिलित करने का प्रस्ताव रखा जाता है और उक्त विषय पर अभिभाषण के उल्लेख नहीं होने पर क्षोभ व्यक्त किया जाता है, इतना ही नहीं–धन्यवाद प्रस्ताव को सभी सदस्यों द्वारा एकमत से पारित कर दिया जाता है।

इस बात के उल्लेख का उद्देश्य यहाँ यह उजागर करना है कि राज्यपाल के अभिभाषण पर धन्यवाद प्रस्ताव में सरकार की आलोचना करने के क्रम में विपक्षी सदस्यों को अत्यन्त अनुशासित रहना पड़ता है। सदस्यों को किसी प्रकार की टोका-टाकी की छूट नहीं दी गई है। यदि ऐसा होता है तो राज्यपाल का अभिभाषण स्वतः पारित एवं स्वीकृत मान लिया जाएगा। चूँकि अभिभाषण सरकारी नीतियों का संक्षिप्त परन्तु समष्टि प्रस्तुति है इसलिए धन्यवाद प्रस्ताव के संशोधन में किसी सदस्यों को मर्यादित तरीके से सरकार की नीतियों की सम्पूर्णता पर आलोचना करनी होती है, न कि किसी खास घटना, चाहे वह गम्भीर ही क्यों न हो, पर आलोचनात्मक टिप्पणी की स्वतन्त्रता

नहीं होती है।[5] शायद इसीलिए इंग्लैंड की संसदीय प्रणाली में यह व्यवस्था है कि एक संसदीय दल केवल एक ही संशोधन को लाए।[6] ऐसी स्थिति में विपक्षी दल के नेता की भूमिकाओं की मर्यादित गहनता का परीक्षण होता है जिसमें वह किसी प्रकार सरकार की नीतियों का बिना किसी घटना एवं राज्यपाल के अभिभाषण को अपने भाषण में लाकर आलोचना कर पाता है। कर्पूरीजी की विपक्षी दल के नेता के रूप में उसी संसदीय कौशल का परीक्षण हमारा ध्येय है।

भारतीय संविधान की धारा 176 के तहत विधायिका का यह दायित्व है कि राज्यपाल के अभिभाषण पर विवाद के लिए पर्याप्त समय आवंटित करे तथा रूल्स ऑफ प्रोसेजियोर में इसका समुचित उपबन्ध किया जाए।[7] आमतौर पर विधायिका में इस विवाद के लिए पर्याप्त समय भी दिया जाता है। इंग्लैंड में तो एक दिन के बैठक का एक अंश सम्राट के अभिभाषण पर विवाद के लिए रखा जाता है तथा शेष अवधियों में अन्य कार्यवाही चलाई जाती है। भारत में तो कई दिनों का पूर्ण सभावधि राज्याध्यक्ष के अभिभाषण पर विवाद के लिए आवंटित किया जाता है। जॉन वी. स्टीवर्ट ने इस विवाद पर 26 दिनों (1926 में) तक के समय की चर्चा की थी।[8]

राज्यपाल के अभिभाषण पर वाद-विवाद के दौरान मोटे तौर पर सरकारी दायित्वों की समीक्षा की जाती है। इंग्लैंड में सम्राट का अभिभाषण अत्यन्त संक्षिप्त होता है जिसमें गृह, वित्त एवं विदेश नीति पर एक-एक पैराग्राफ तथा एक-एक पैराग्राफ विधायन एवं वित्तीय क्रियाकलापों पर होता है। परन्तु विवाद इसके ठीक विपरीत लम्बा होता है क्योंकि सदस्यगण कभी दल की ओर से या कभी छूट गए विषयों को सम्मिलित करने हेतु भाषण के रूप में विवाद छेड़ते हैं। एक बार विंस्टन चर्चिल ने हाउस ऑफ कॉमंस में कहा :

"The debate on the address in reply to the king's speech has sometimes been called 'grand inquest of the nation' and when we consider the gracious speech it is our duty to weigh and measure both what it contains and what it omits"[9]

चूँकि भारतीय संसदीय पद्धति में उन सभी औपचारिकताओं का अनुकरण किया जाता है जो इंग्लैंड की संसद में निभाया जाता है इसलिए बिहार विधानसभा में विपक्षी दल की भूमिका को इस आलोक में आकलित करना होगा।

वास्तव में धन्यवाद प्रस्ताव में जो संशोधन पेश किए जाते हैं वे मन्त्रिमंडल की नीतियों एवं कार्यक्रमों को अस्वीकृत करने के उद्देश्य से पेश किए जाते हैं। यदि सरकार की हार धन्यवाद प्रस्ताव में हो जाती है तो सरकार को त्यागपत्र दे देना चाहिए। परन्तु हैरॉल्ड विल्सन ने स्पष्ट किया कि ऐसा हो जाने पर सरकार गिरती नहीं बल्कि सरकार विश्वास प्रस्ताव लाकर अपना बहुमत सिद्ध करती है। अतः विपक्ष का दायित्व है कि वह न केवल सरकार की नीतियों एवं कार्यक्रमों की आलोचना करे अपितु सत्तारूढ़ दल को जनहित में कार्य करने हेतु बाध्य करे और ऐसा न होने पर सरकार को अपदस्थ

करने का प्रयास करे।

कतिपय विद्वानों का मत है कि विपक्ष को सरकार के विरुद्ध अनवरत प्रतिरोध प्रस्तुत करना चाहिए ताकि वह जनता की बातें सदन में रख सके और सरकारी कृत्यों पर जनहित की दृष्टि रख सके। रॉडनी बारकन ने ठीक ही कहा, "In the first place opposition may mean total resistance to the form and lasis of the state and a determination to overthrow it by whatever means.."[10] सदन में 'टोटल रेजिस्टेंस' (Total resistance) का अवसर राज्यपाल के अभिभाषण पर विवाद के दौरान ही मिलता है या फिर अविश्वास प्रस्ताव पर विवाद के दौरान। आईवर जेनिंग्स ने विपक्ष के कृत्यों पर प्रकाश डालते हुए लिखा है कि "attacks upon the government and upon individual ministers are the functions of the opposition"[11]

इस प्रकार स्पष्ट है कि विपक्ष को सरकार की आलोचना का अवसर धन्यवाद प्रस्ताव के माध्यम से मिलता है।

हमें कर्पूरीजी द्वारा नेता–विपक्षी दल की भूमिका की राज्यपाल के अभिभाषण पर वाद-विवाद के दौरान सम्पादन का मूल्यांकन करना है। उन्होंने धन्यवाद प्रस्ताव पर उठे विवाद में बढ़-चढ़कर भाग लिया तथा सरकार को हर मोर्चे पर आलोचना के घेरे में लिया। उन्होंने आँकड़ों एवं अन्य जानकारी के आधार पर सरकार की नीतियों की कड़ी निन्दा की। हर्मन फाईनर की कसौटी पर कर्पूरीजी खरे उतरे। उसने विधायक के दायित्वों के सम्बन्ध में लिखा है, "He needs sensitiveness to the life, difficulties, aspirations and future emerging problems of the world outside the assembly. He needs not perfect knowledge but knowledge enough to challange and criticise the executive and the officials and opponents."[12]

10 जुलाई, 1980 को राज्यपाल के अभिभाषण पर धन्यवाद प्रस्ताव पर बोलते हुए कर्पूरीजी ने अपने ज्ञान के आधार पर सरकारी पत्र की कड़ी आलोचना की, उन्होंने कहा, "माननीय सदस्य श्री भोला सिंह बोल रहे थे...कि 1977 में जब कांग्रेस पार्टी के हाथ से राज्यसत्ता चली गई जनता पार्टी के हाथ में आई तो इंफ्लेशन या मुद्रास्फीति शून्य था। जो लोग प्रोफेसर नहीं हैं वे सदन में ऐसा बोलते हैं तो मुझे आश्चर्य नहीं। मगर आजकल के प्रोफेसर भी क्या पढ़ते हैं हमको बात समझ नहीं आती है। मैं कहना चाहता हूँ कि 1 अप्रैल, 1976 और 1977 में 12.5 परसेंट को शून्य कह दिया गया।"[13] प्रोफेसर राजकृष्ण का हवाला देते हुए कर्पूरीजी ने कहा कि 1973-77 में इंफ्लेशन बढ़ा था 28 से 29 प्रतिशत तक वर्तमान स्थिति पर प्रकाश डालते हुए उन्होंने कहा, "दैनिक उपयोग की सारी वस्तुओं का दाम बढ़ गया है जनवरी, 1980 से जब से नई प्रधानमन्त्री आई हैं। मुझे अफसोस है श्री भोला सिंह जी ने इस सत्य पर पर्दा डाल दिया।[14] आँकड़ों का सहारा लेकर कर्पूरीजी ने कहा कि दाम सरकारी गलत नीति के चलते और बढ़ेगा। उन्होंने दाम बढ़ने के प्रमाणस्वरूप टाइम्स ऑफ इंडिया की प्रति सदन में पेश की। डीजल

की आपूर्ति में सरकार की अकर्मण्यता की ओर इंगित करते हुए उन्होंने कहा, "तो अध्यक्ष महोदय इन आँकड़ों से स्पष्ट है कि कोई भी सुधार डीजल की आपूर्ति में जब से नई प्रधानमन्त्री पदासीन हुई हैं, नहीं हुआ है। बिहार के मामले में उनका जो प्रचार था–गलत था, बेबुनियाद था और लोगों को ठगने के लिए था।"[15] कर्पूरीजी ने बिहार प्रान्त की बिगड़ती आर्थिक स्थिति पर प्रकाश डाला। किसानों की गिरती प्रतिव्यक्ति आय, खेतिहर मजदूरों में भूमिहीनता में वृद्धि, बिजली की इंस्टाल्ड कैपेसिटी के द्वारा ग्रामीण विद्युतीकरण, सिंचाई क्षमता के सृजन की अपर्याप्तता (मात्र 21.22 फीसदी), छोटे किसानों के विकास हेतु राशि के प्रावधान में ह्रास, विकास कार्यक्रमों में अपर्याप्त धनराशि का आवंटन आदि मुद्दों पर सरकार की आलोचना करते हुए उन्होंने कहा, "अध्यक्ष महोदय आज प्रशासन नाम की कोई चीज नहीं है। प्रशासन कोई काम नहीं कर रहा है। चाहे कोई भी मुख्यमन्त्री हो सच्चाई यह है कि नीचे से ऊपर तक कोई प्रशासन नहीं है। मैं कहना चाहता हूँ कि आप छोटी योजनाओं से गरीबी-बेकारी खत्म नहीं कर सकते हैं। आपके पास जो योजना का आकार है उससे आप सात जन्म में भी बिहार की गरीबी नहीं दूर कर सकते...योजना को सही रूप से खर्च करने के लिए आपको प्रशासन को सक्षम बनाना होगा, अनुशासनपूर्ण बनाना होगा, ईमानदार बनाना होगा।"[16] कमजोर विधि व्यवस्था की नब्ज टटोलते हुए कर्पूरीजी ने राज्य में गड़बड़ी की ओर ध्यान दिलाने हेतु कई घटनाओं का जिक्र किया जिसमें थाना के अधिकारियों, दंडाधिकारियों (हरिजनों पर कातिलाना हमले एवं पीट-पाट, हत्या एवं अपराध के सम्बन्ध में) के भ्रष्टाचार एवं जुल्म करने की प्रवृत्ति की ओर इंगित किया गया। माननीय विधायक को प्रशासनाधिकारी के समक्ष पीटे जाने की घटना का हवाला देते हुए सरकार की बुरी कानून एवं व्यवस्था की आलोचना की। उन्होंने कहा, "चाहे जो कुछ भी हो, कांग्रेस राज जैसा बना हुआ है अन्धेर और अत्याचार के हालात भरे हुए हैं–खून की घटनाएँ, लूट-पाट की घटनाएँ जिस तरह से हो रही हैं, जिस तरह जघन्य अपराध हो रहे हैं और ये बढ़ते ही जा रहे हैं, गरीबों पर अत्याचार बढ़ता जा रहा है। यह बिहार में विस्फोटक स्थिति है अतः आँख खोलकर प्रशासन कीजिए...।"[17] 7 फरवरी, 1980 को राज्यपाल के अभिभाषण पर विवाद में श्री रघुनाथ झा द्वारा विधानसभा भंग किए जाने की माँग पर प्रतिक्रिया व्यक्त करते हुए कर्पूरीजी ने स्पष्ट शब्दों में कहा कि एक चुनाव में हार जाने से दल अपना अस्तित्व या जनाधार नहीं खोता।[18] उन्होंने कांग्रेस द्वारा मत प्राप्ति के प्रतिशत में ह्रास की ओर ध्यान आकर्षित करते हुए कहा कि कांग्रेस जहाँ-जहाँ सत्ता में है को त्याग पत्र दे देना चाहिए। उन्होंने संविधान की मौलिक विशेषता का सन्दर्भ देते हुए कहा कि राज्य सरकारों पर केन्द्रीय सरकार का दबाव एवं केन्द्रीय सत्ताधारी दल की मनमानी–संघवाद के विरुद्ध होता है। हमारा देश एक संघ है इसे एकात्मक की तरह नहीं चलाया जा सकता। राज्यों की स्वायत्तता का हनन नहीं किया जा सकता उनके शब्दों में, "उपाध्यक्ष महोदय, यह कहा जाता है कि चूँकि हम लोग हार गए इसलिए विधानसभा का विघटन हो जाना चाहिए तो यह कबूल कर लेना चाहिए

कि अपने देश में संघीय शासन व्यवस्था नहीं चलेगी और हमारे संविधान का आधार संघीय प्रणाली नहीं बल्कि फेडरल स्ट्रक्चर के बदले यूनीटरी स्ट्रक्चर होगी। अगर संघ को समाप्त करना है तो फिर जो पार्टी दिल्ली में हुकूमत करेगी केन्द्र में भी बहुमत करेगी और उसी पार्टी की सरकार अन्य राज्यों में होनी चाहिए। मैं तो यह मानता हूँ कि कांग्रेस (आई) की तरफ से यह माँग करना कि जहाँ-जहाँ हम लोगों की पराजय हुई है, वहाँ-वहाँ विधानसभाओं का विघटन कर दिया जाए, संविधान के मूल आधार पर चोट करना है, प्रहार करना है।"[19] उन्होंने सरकार खासकर केन्द्र सरकार को चेतावनी दी कि यदि ऐसा हुआ तो आन्दोलन का आह्वान किया जाएगा। सरकार पर अंकुश रखने हेतु सरकार पर जनता का भय दिलाना विपक्ष का कर्त्तव्य होता है। वार्कन के शब्दों का सन्दर्भ समीचीन है, "The word opposition may refer to resistance to the group faction or dynasty in command of a state and to a denial of the legitimacy"[20]

कर्पूरीजी ने केन्द्र में सत्ताधारी कांग्रेस (आई) को चेतावनी देते हुए कहा, "अगर विधानसभा भंग हुई तो फिर हम लोगों को नारा लगाना होगा कि विधानसभा भंग होगी तो लोकसभा भी भंग होगी और मैं कहना चाहता हूँ कि विरोधी दल के एक सिपाही की हैसियत से कि बुलन्द आवाज में कि अगर आपने विधानसभा को भंग कराया तो भारत में जितने दल होंगे कांग्रेस (आई) के सिवा उनका एक संयुक्त मोर्चा बनेगा और जोरों का आन्दोलन होगा, नारा लगेगा कि विधानसभा भंग होगी तो लोकसभा भी भंग होगी।"[21] कर्पूरीजी ने राज्य की स्वायत्तता एवं संवैधानिक संस्था विधानसभा की गरिमा के प्रति कांग्रेस को सचेत रहने को याद दिलाते हुए कहा, "विधानसभाएँ केन्द्र का गुलाम नहीं हैं। विधानसभा में जो सदस्य चुनकर आए हैं मन्त्री बने हैं तो कोई केन्द्र के दिल्ली के चपरासी नहीं हैं। विधानसभा की अपनी एक हैसियत है। उपाध्यक्ष महोदय, संविधान में विधानसभा की वही हैसियत है जो लोकसभा की है। विधानसभा की अपनी एक मर्यादा है। प्रधानमन्त्री की भी मर्यादा है तो हिन्दुस्तान के अन्य प्रान्तों में मुख्यमन्त्रियों की अपनी मर्यादा है, उनकी सरकार की मर्यादा है।"[22]

राज्यपाल के अभिभाषण पर धन्यवाद प्रस्ताव में संशोधन पेश करते हुए निम्नलिखित विषयों पर खामोश नहीं होने की बात कही : 1. "कि आज बिहार में कांग्रेस (आई) का राज नहीं है बल्कि डकैती, खून, बलात्कार, लूट-पाट, हिंसा एवं अराजकता का राज है। 2. कि जानलेवा महँगाई उत्तरोत्तर बढ़ती जा रही है, रुपए का मूल्य उत्तरोत्तर घटता जा रहा है जिसके परिणामस्वरूप विगत चौदह महीनों में आम लोग पहले से अधिक गरीब बन गए हैं। 3. कि वर्तमान मन्त्रिमंडल में भ्रष्टाचार पराकाष्ठा पर पहुँचा हुआ है। 4. कि सरकार ने भ्रष्टाचार के कई संगीन और गम्भीर मामलों को वापस लेने का निर्णय किया है जो स्वच्छ प्रशासन के सिद्धान्तों पर एक करारी चोट है। 6. कि अभी कुछ ही महीने पूर्व स्वीकृत हुई योजना के कार्यान्वयन से गरीबी, बेकारी, गैर बराबरी और असन्तुलन में वृद्धि होगी और अन्य राज्यों की तुलना में बिहार पहले से भी अधिक पीछे पड़ जाएगा। 7. कि कृषि, पशुपालन, कुटीर उद्योग, ग्रामीण उद्योग,

लघु उद्योग एवं वन सम्पदा आधारित उद्योग को सर्वोच्च प्राथमिकता देकर बिहार के अर्थतन्त्र को तेजी से विकसित किया जाएगा और कालबद्ध इस राज्य के कार्यक्रम के अन्तर्गत गरीबी, बेकारी, पिछड़ेपन और असन्तुलन को समाप्त किया जाएगा।"[23] कर्पूरीजी ने अपनी बातों को साबित करने के लिए घटनाओं एवं आँकड़ों की चर्चा की तथा स्थानीय प्रशासन एवं पुलिस अधिकारियों की अकर्मण्यता एवं भ्रष्टाचार में लिप्त रहने की बात पर काफी बल दिया।

कर्पूरीजी द्वारा धन्यवाद प्रस्ताव में संशोधन को प्रस्तुत किए जाने में वृहदता का भान होता है। संशोधन प्रस्तुत करते हुए कर्पूरीजी सरकार की समीक्षा एवं आलोचना में ज्यादा-सें-ज्यादा विषयों का समावेश करते थे ताकि सरकार की न केवल गहन आलोचना को बल्कि ज्यादा-से-ज्यादा शिकायतों को एकमुश्त सदन के समक्ष रख दिया जा सके और विपक्षी सदस्यों को विवाद के लिए बड़े-से-बड़ा चित्रपट उपलब्ध हो सके। कर्पूरीजी की यह खासियत थी कि वह विपक्षी विभिन्न दलों में सामंजस्य स्थापित कर सरकार पर सशक्त अंकुश बनाए रखते थे ताकि साथी विपक्षी सदस्यों को विवाद में भाग लेने हेतु ज्यादा-से-ज्यादा विषय मिल सके। मार्च, 1982 में राज्यपाल के अभिभाषण पर धन्यवाद प्रस्ताव में कर्पूरीजी ने 45 संशोधन पेश किए जिसमें सरकार के लगभग सभी पक्षों एवं विभागों के विषय निहित थे।[24] 1982 के मार्च में गांधीसेतु पटना हाजीपुर गंगा पुल का अपूर्ण स्थिति में ही प्रधानमन्त्री द्वारा उद्घाटन कराने, सरकारी खर्च पर एवं उद्घाटन में अन्धाधुन्ध सरकारी धन का दुरुपयोग करने की सरकार की आलोचना करते हुए कर्पूरीजी ने कहा, "मैं ऐसा मानता हूँ कि प्रधानमन्त्री का अपमान है, बिहार की जनता के प्रति अन्याय किया गया है। लेकिन जो कुछ भी हुआ है सरकार ने निर्लज्जता का कार्य किया है। इस तरह का उद्घाटन दुनिया में कहीं नहीं हुआ है जैसा यहाँ हुआ है। इसलिए मैं माँग करता हूँ कि इस सरकार को अपनी गलती, अपने गलत कारनामों के चलते तुरन्त अपने पद से हट जाना चाहिए। अध्यक्ष महोदय, जो कुछ इस सरकार ने किया है, यदि यह सरकार रहती है तो इस तरह का कार्य करती रहेगी, क्योंकि इसको गलत कार्य करने में मजा मिलता है।"[25]

कर्पूरीजी ने मुजफ्फरपुर जिला प्रशासन पर झूठी सूचना देने तथा राज्यपाल की यात्रा को भ्रष्टाचार पर पर्दा डालने हेतु टालने के षड्यन्त्र की चर्चा करते हुए कहा कि जिला प्रशासन ने ऐसा भ्रष्टाचार में लिप्त बिहार विश्वविद्यालय के कुलपति की साँठगाँठ में किया उन्होंने सदन को बताया कि हवाई अड्डा पर बाढ़ एवं असुरक्षा का झूठा बहाना बनाकर जिला प्रशासन ने राज्यपाल के मुजफ्फरपुर यात्रा के कार्यक्रम को रोकने का प्रयास किया जबकि राज्यपाल निर्धारित समय पर अपनी सभा आयोजित करने में सफल हुए। कर्पूरीजी ने जिला प्रशासन पर रोष व्यक्त करते हुए कहा, "मैं सरकार से माँग करता हूँ कि मुजफ्फरपुर के तत्कालीन जिलाधिकारी को अविलम्ब मुअत्तल किया जाए और सारी बातों की जाँच की जाए और जाँच-पड़ताल के बाद सरकार उस कलक्टर को जो कलक्टर रहने लायक नहीं है ठीक उसी तरह जिस तरह मंसूरी में एक आई.ए.एस.

प्रोबेशनर को सेवा से हटा दिया गया है उसी प्रकार मुजफ्फरपुर के तत्कालीन जिलाधिकारी को भी नौकरी से हटा देना चाहिए।"[26] इसी भाषण में उन्होंने राजकीय प्रेस गुलजारबाग में मनोरंजन कर के टिकटों की छपाई में गोलमाल जो अंकेक्षण विभाग बिहार के प्रतिवेदन को उजागर करते हुए 7 करोड़ रुपए सरकारी घाटे की ओर ध्यान दिलाया और कहा, "इसलिए मैं कहना चाहता हूँ कि चूँकि ऑडिट रिपोर्ट है उसे सदन के समक्ष पेश किया जाए और जाँच-पड़ताल के बाद इस सम्बन्ध में समुचित कार्रवाई करें क्योंकि अगर हमारी सरकार के खजाने में रुपया नहीं आता है जितना रुपया आना चाहिए तो सरकार जैसा करती है विकास के लिए धन का अभाव और विकास का काम आगे नहीं बढ़ सकेगा।"[27] हिन्दी दैनिक प्रदीप में प्रकाशित खादी बोर्ड द्वारा गड़बड़ी किए जाने की रपट के आधार पर कहा, "जहाँ एक ओर विशेष रिपोर्ट प्रकाशित हुई उसका मैंने अध्ययन किया। उन्होंने जो प्रतिवाद किया और वह प्रकाशित हुई उनका मैंने अध्ययन किया। दोनों को मिलाकर पढ़ने के बाद फिर जो 20, 21, 22 मार्च का प्रदीप में लेख प्रकाशित हुआ उन पर नजर डाली है और मैं इस निष्कर्ष पर पहुँचा हूँ कि उसमें भयंकर गोलमाल है।"[28]

विभिन्न गाँवों में कानून व्यवस्था की बुरी स्थिति का हवाला देते हुए बिगड़ती स्थिति की ओर सदन का ध्यान आकृष्ट किया तथा सरकार की निन्दा की। साथ ही कांग्रेस सरकार के दौरान हुए अपराधों का आँकड़ा प्रस्तुत करते हुए कर्पूरीजी ने कहा, "ये आँकड़े साबित कर सकते हैं कि बिहार में विधि व्यवस्था की हालत क्या है। बिहार में लूट मार, ट्रेनों में डकैती, राहजनी, चोरी और डकैती किस तरह की जा रही है, कोई आज अपने को सुरक्षित नहीं पाता है यह सबको मालूम है लेकिन तो भी आप अपनी झूठी उपलब्धि का बखान करने से थकते नहीं हैं।"[29]

राज्य की आर्थिक स्थिति पर सरकार की कटु आलोचना करते हुए कहा, "आप जानते हैं कि 1979 में भीषण अकाल पड़ा था, भयंकर सूखा पड़ा था, राष्ट्रव्यापी सूखा पड़ा था इसलिए 1980 में स्थिति कुछ बिगड़ी थी...स्थिति बिगड़ने के दो कारण थे—एक तो चावल के दाम में दोगुना वृद्धि और दूसरा 1979-80 में भयंकर सूखा...लेकिन मैं तब दंग रह गया जब माननीय मुख्यमन्त्री ने एन.डी.सी. की बैठक में कहा कि जनता पार्टी और लोकदल की सरकार होने से सबकुछ खत्म हो गया, उन लोगों ने सबकुछ लुटा दिया जिसके कारण स्थिति खराब हो गई, इस प्रकार सच्चाई कुछ और प्रकाश में कुछ और बातें हैं। इससे देश नहीं बनता है न इससे देश कभी बनेगा।"[30] किसान के हितों का मामला उठाते हुए सरकार की किसान नीति की भरपूर भर्त्सना कर्पूरीजी ने की और कहा, "इसी तरह पाट का दाम कम कर दिया गया है। पाट उपजानेवाले जिले कटिहार, पूर्णिया आदि के रहनेवाले जो सदस्य हैं वे कोई सज्जन यह नहीं कह सकते हैं कि पाट उपजानेवाले किसानों का गला नहीं काटा गया है। हम लोग कहते हैं कि गन्ना और पाट का दाम कम नहीं कीजिए लेकिन कोई देखनेवाला नहीं है। इस सरकार पर उसका कोई असर पड़नेवाला नहीं है। उन्होंने गन्ने और पाट का दाम गिरा दिया किसानों को

घाटा पहुँचाने के लिए।"[31] कृषि योजनाओं पर आवंटन में कटौती करने के विरोध में बोलते हुए कर्पूरीजी ने कहा, "मैं बतलाना चाहता हूँ कि ये किस-किस मद में कटौती कर रहे हैं—ग्रामीण विकास में, छोटे और ग्रामीण उद्योग में, सामाजिक शिक्षा में—जिसमें कटौती करने का बीड़ा उन्होंने उठाया है। उन्होंने भारत सरकार को लिख दिया है कि हम उसमें कटौती करें।...क्रॉप हस्टबैंडरी में उन्होंने रखा था 6 करोड़ 10 लाख उसको बदलकर अब रखेंगे 5 करोड़ 66 लाख, 1 करोड़ उन्होंने स्वाहा कर दिया। एग्रीकल्चर फाइनेंशिंग इंस्टीट्यूशंस के लिए पहले रखा 1 करोड़ 21 लाख, उसको काटकर अब उन्होंने रखा है 54 लाख। कम्युनिटी डेवलपमेंट एवं पंचायत के लिए पहले रखा 4 करोड़ 30 लाख अब उसमें कटौती करके रखा है 2 करोड़ 87 लाख इसके अतिरिक्त सिंचाई में भी काफी कटौती की गई थी। इस प्रकार सरकार को किसानों का दुश्मन मानता हूँ, ग्रामीण उद्योग का शत्रु मानता हूँ शिक्षा का दुश्मन उनको मैं मानता हूँ। इस सरकार ने कृषि के क्षेत्र में कुछ भी करने का निर्णय नहीं लिया। अध्यक्ष महोदय, अफसोस के साथ मैं कहना चाहता हूँ कि समय नहीं है बजटवाले भाषण में मैं इनका धुरी-धुरी उड़ा दूँगा।"[32] अन्ततः उन्होंने सरकार की सर्वांगीण आलोचना करते हुए कहा, "अध्यक्ष महोदय, मैं कहना चाहता हूँ कि इस सरकार में अराजकता है, अनुशासनहीनता है, मर्यादाहीनता है, लूट-पाट, डकैती की संख्या में उत्तरोत्तर वृद्धि हुई है। जिस सरकार में भयंकर भ्रष्टाचार हो, उस सरकार को धन्यवाद देना मैं पहले दरजे का अपराध मानता हूँ। इसलिए मैं सरकार को धन्यवाद देने का काम नहीं कर सकता हूँ। अध्यक्ष महोदय, मैं एक कविता सुनाना चाहता हूँ :

यह गहन प्रश्न है कैसे रहस्य समझाएँ ?
दस-बीस या अधिक हों तो हम नाम गिनाएँ
हर कदम पर यहाँ खड़ा पातक है
हर तरफ लगाए घात बड़ा घातक है।
घातक है जो देखता—सदृश दिखाता है।
लेकिन कमरे में गलत दुम्म लिखता है।"[33]

उपरोक्त विष्यवस्तु के विवेचन से निम्नलिखित बातें स्पष्ट होती हैं :

1. नेता—विपक्षी दल के कर्त्तव्य सरकार की आलोचना के साथ-साथ विभिन्न विपक्षी दलों के बीच सामंजस्य स्थापित करना, सरकार की नीतियों की आलोचना करते हुए निराकरण का सुझाव देना तथा सरकार की चुनौतियाँ पेश करना प्रमुख हैं।
2. कर्पूरीजी ने नेता—विपक्षी दल के कर्त्तव्यों का निर्वाह बखूबी किया है।
3. कर्पूरीजी ने राज्यपाल के अभिभाषण के धन्यवाद प्रस्ताव पर संशोधन के दौरान विपक्षी सदस्यों के समक्ष विषय वैभिन्नता को रखकर सरकार का सिंहावलोकन का विपक्ष को मौका दिलाने में सफल रहे हैं।
4. कर्पूरीजी के संशोधन वृहद् एवं सरकार की सर्वांगीण समीक्षा के विस्तृत अवसर

प्रदान करनेवाले संशोधन रहे हैं।

5. कर्पूरीजी ने वाद-विवाद में अपने ज्ञान का भरपूर उपयोग किया है तथा सरकार की तथ्यों एवं आँकड़ों के आधार पर आलोचना की है।
6. सरकार के अकृत्यों एवं भ्रष्टाचार पर उनकी कड़ी नजर रही है।
7. सामान्य प्रशासन एवं प्रशासनिक भ्रष्टाचार के अतिरिक्त उनके विवाद से नीतिगत आलोचना दृष्टिगोचर हुई है।
8. सर्वाधिक महत्त्वपूर्ण बात यह रही है कि कर्पूरीजी ने अधिकतर कमजोर वर्ग एवं अभिवंचित वर्गों के हित की रक्षा हेतु बुलन्द आवाजें उठाई हैं।
9. कर्पूरीजी द्वारा सामाजिक न्यास स्थापना की दिशा में सरकार पर अपनी पैनी दृष्टि रखे रहने का संकेत मिलता है।

इन निष्कर्षों को और अधिक स्पष्ट करने तथा उनके द्वारा लाए गए संशोधनों की वृहदता को उजागर करने हेतु इस अध्याय के अन्त में 1982 में उनके द्वारा दिए गए संशोधनों की सूची परिशिष्ट के रूप में दी जा रही है।

परिशिष्ट

2 जुलाई, 1980 को कर्पूरीजी द्वारा दिए गए संशोधन :

श्री कर्पूरी ठाकुर—प्रस्ताव के अन्त में निम्नलिखित शब्द जोड़े जाएँ, किन्तु खेद है कि राज्यपाल के अभिभाषण में निम्नलिखित विषयों का उल्लेख नहीं है :

1. कि राष्ट्रपति शासनकाल में उनकी अध्यक्षता में ऊपर से लेकर नीचे तक जितने बड़े पैमाने पर विभिन्न विभागों में कांग्रेस (आई) को चुनाव में जिताने के उद्देश्य से अफसरों का तबादला हुआ वह पहले कभी किसी राष्ट्रपति शासन काल में न तो देखा गया और न ही सुना ही गया,
2. कि बिहार में सरकार जैसी कोई चीज नहीं है और जो कुछ ठठरी है वह पक्षपात, भ्रष्टाचार, अकर्मण्यता, अयोग्यता एवं अन्याय-अत्याचार आदि रोगों से ग्रस्त,
3. कि विधि व्यवस्था उत्तरोत्तर बिगड़ती गई है और अपराधों की संख्या बढ़ती गई है,
4. कि विगत चुनाव में प्रशासन ने भयंकर पक्षपात, धाँधली और जुल्म करके विरोधी दलों के उम्मीदवारों को हरवाया, कांग्रेस (आई) के उम्मीदवारों को अनेक क्षेत्रों में जितवाया और जनतन्त्र का गला घोंटा,
5. कि विधानसभा के चुनाव में बड़े पैमाने पर उत्पात, हिंसा और गड़बड़ी हुई तथा सरकारी रिपोर्ट के मुताबिक 58, मगर गैरसरकारी रिपोर्ट के मुताबिक उससे अधिक व्यक्तियों की जानें गईं,
6. कि पटना जिला के पुनपुन थाने के पिपरा गाँव में चौदह हरिजन जला दिए गए

और मार दिए गए तथा सभी सामान सहित उनके घर फूँक दिए गए,

7. कि 1979-80 की योजना की स्वीकृत राशि में से लगभग 10,196 करोड़ रुपए बिना खर्च किए रह गए,
8. कि इस समय ग्रामीण विकास हेतु उपलब्ध लगभग 24 करोड़ रुपए की राशि में से महज 4 करोड़ रुपए का ही 1979-80 में किया गया,
9. कि ग्रामीण भूमिहीन मजदूरों के लिए विकसित गृह स्थल देने एवं उस पर गृह निर्माण न्यूनतम आवश्यक कार्यक्रम के अन्तर्गत योजना आयोग द्वारा 1979-80 में स्वीकृत डेढ़ करोड़ रुपए में से एक पैसे का उपयोग नहीं हुआ,
10. कि बिहार की गरीबी, बेकारी, पिछड़ापन, राज्य के अन्दर असन्तुलन एवं राष्ट्रीय स्तर पर क्षेत्रीय असन्तुलन को समाप्त करने के लिए छः हजार करोड़ से अधिक राशि को छठी पंचवर्षीय योजना बिहार में कार्यान्वित करना होगा,
11. कि पूरे प्रशासनिक क्षेत्र को अत्यन्त सुसंगठित, ईमानदार, सक्षम, अनुशासनपूर्ण, उत्तरदायी और जनता के प्रति तथा समाजवादी लक्ष्यों के प्रति प्रतिबद्ध बनाना होगा,
12. कि बिजली का संकट इधर कुछ महीनों से सर्वत्र जैसा बढ़ता जा रहा है उससे होनेवाली क्षति एवं असुविधा का अनुमान लगाना अत्यन्त कठिन है,
13. कि उजड़े पिछड़े और गरीब गाँवों के उद्धार तथा ग्रामीणों की मनुष्योचित जीवन की गारंटी देने के लिए कृषि के विकास, सिंचाई विद्युत की आपूर्ति, गृह उद्योग—ग्रामोद्योग की सर्वत्र स्थापना, शिक्षा, स्वास्थ्य, देहाती खेलकूद, स्वच्छता, सड़क, परिवहन, मनोरंजन आदि कार्यक्रमों को युद्ध स्तर पर कार्यान्वित किया जाएगा,
14. कि हरिजनों आदिवासियों, पिछड़े, अल्पसंख्यकों, कमजोर वर्ग के लोगों और सभी गरीबों पर जोर जुलम खत्म होंगे, उन्हें रोजगार मिलेंगे, उनकी मजदूरी और आमदनी बढ़ेगी और सब तरह के अधिकार एवं सुविधा देकर उन्हें समाज में समानता एवं पूर्ण प्रतिष्ठा दी जाएगी,
15. कि पूर्ण मद्य निषेध को समाप्त कर महात्मा गांधी के सपने को चकनाचूर कर दिया जाएगा और गरीबों, विद्यार्थियों के वर्तमान एवं भविष्य को चौपट कर दिया जाएगा,
16. कि महात्मा गांधी के सपने को साकार करने के लिए अन्त्योदय योजना को शर्मनाक पैमाने पर जोर-शोर से चलाया जाएगा,
17. कि देहातों के लाखों मजदूरों और गरीबों को काम देने, उन्हें गेहूँ के रूप में पर्याप्त मजदूरी देने तथा सड़क, बाँध, तटबन्ध आदि के निर्माण हेतु काम के लिए भोजन योजना को राज्य के प्रत्येक गाँवों में चलाया जाएगा,
18. कि बेकार इंजीनियरों, डॉक्टरों, तकनीकी लोगों और प्रशिक्षित शिक्षकों को बड़े पैमाने पर बहाली की जाएगी,

19. कि दिशाहीन, उद्देश्यहीन एवं कार्य-विहीन युवकों को दिशा दी जाएगी, रोजगार दिया जाएगा, अनुशासित एवं कर्त्तव्यनिष्ठ बनाया जाएगा,
20. कि पंचायती राज की अविलम्ब स्थापना की जाएगी,
21. कि जहाँ-जहाँ नगरपालिकाओं का चुनाव नहीं हुआ है वहाँ-वहाँ शीघ्र चुनाव कराए जाएँगे।

22 मार्च, 1982 को कर्पूरीजी द्वारा दिए गए संशोधन

श्री कर्पूरी ठाकुर—मैं प्रस्ताव करता हूँ कि प्रस्ताव के अन्त में निम्नलिखित शब्द जोड़े जाएँ :

किन्तु खेद है कि राज्यपाल के अभिभाषण में निम्नलिखित विषयों का जिक्र नहीं है :

1. कि 11 फरवरी, 1982 के मुजफ्फरपुर के जिलाधिकारी ने राज्यपाल को धोखे में रखा, हवाई अड्डा के बिल्कुल ठीक होने के सम्बन्ध में गलत सूचना दी तथा उनका प्रोग्राम फेल करना चाहा एवं राज्यपाल के आदेश के बावजूद राज्य सरकार ने उक्त जिलाधिकारी को आज तक निलम्बित नहीं किया,
2. कि साल सीड का ठेका देने के मामले में राज्य सरकार ने भयंकर घोटाला करके इस गरीब तथा पिछड़े राज्य को करोड़ों रुपए का घाटा पहुँचाया,
3. कि रीगा चीनी मिल के मैनेजर द्वारा गन्ना उत्पादकों तथा नागरिकों पर दिनांक 27 दिसम्बर, 1981 को गोली चलाई गई जिसके फलस्वरूप श्री सुरेन्द्र प्रसाद सिंह, बी.ए. तथा श्री रफीक मियाँ, गरीब दर्जी की मृत्यु हो गई,
4. कि सीतामढ़ी जिला के रीगा मिल क्षेत्र में गन्ना उपजानेवाले किसानों के ऊपर दमन चक्र चलाया गया और गन्ना उत्पादकों तथा विरोधी दल के कार्यकर्ताओं को गिरफ्तार कर दो-दो बार काफी दिनों तक जेल में बन्द किया गया,
5. कि प्रोफेसर रघुवंश प्रसाद सिंह, विधायक अपने साथियों और गन्ना उत्पादकों के साथ बहुत दिनों से जेल में बन्द हैं तथा उन पर सीतामढ़ी जेल में लाठी प्रहार भी किया गया,
6. कि गन्ना उत्पादकों को 40 अथवा 35 रुपए प्रति क्विंटल गन्ना का मूल्य देने की कौन कहे, विगत वित्तीय वर्ष में भुगतान किए गए साढ़े बाईस रुपए प्रति क्विंटल गन्ना-मूल्य को इस साल घटाकर साढ़े बीस रुपए प्रति क्विंटल कर दिया गया,
7. कि सारे प्रशासन में भ्रष्टाचार, पक्षपात, जातीयता, अनियमितता, मर्यादाहीनता, बेईमानी, भाई-भतीजावाद तथा भोगवाद का नंगा नाच हो रहा है,
8. कि गंगा पुल का निर्माण कार्य पूरी तरह सम्पन्न किए बगैर और आवागमन को चालू किए बगैर 2 मार्च को लगभग एक करोड़ रुपए विभिन्न मदों पर खर्च कर पुलों का फर्जी उद्घाटन कराया गया,

9. कि सम्पूर्ण राज्य की विधि व्यवस्था बिल्कुल चौपट हो चुकी है और डकैतियों, हत्याएँ, लूट-पाट, दंगा-फसाद, बलात्कार एवं अन्य अपराधकर्मों की घटनाओं से समस्त जनता त्राहि-त्राहि कर रही है,
10. कि 19 मार्च, 1982 को बिहार के कोने-कोने से आए हुए छात्रों और युवजनों पर भयंकर लाठी प्रहार हुआ तथा अश्रुगैस के गोले छोड़े गए जिसके फलस्वरूप भारी संख्या में छात्र और नौजवान जख्मी हो गए,
11. कि पृ. 18 पर राज्यपाल के अभिभाषण में ही इन शब्दों में, "आप महानुभावों से आग्रह है कि इस अवसर पर समारोह में भाग लेने की कृपा करें" निमन्त्रण देकर वर्तमान मन्त्रिमंडल ने अपनी मूर्खता, भद्र्दे फूहड़पन और मजाक का परिचय दिया है,
12. कि जीवनोपयोगी वस्तुओं का अभाव तथा महँगाई चरम सीमा पर है और सभी गरीबों, मजदूरों, निश्चित आय समूहों तथा आम आदमियों की जिन्दगी दूभर हो रही है,
13. कि देहाती क्षेत्रों के लिए जन-वितरण प्रणाली सम्पूर्ण रूप से थोक (टोटल फ्रौड) फ्रॉड है, क्योंकि वहाँ की दुकानों में सामानों की उपलब्धि प्रायः शून्य रहती है। जहाँ तक शहरों का सवाल है, वहाँ भी सामग्री की उपलब्धि न तो पर्याप्त है और न समयबद्ध ही,
14. कि यह मन्त्रिमंडल जनतन्त्र का शत्रु है और निर्वाचित 587 पंचायत समितियों के चोर दरवाजे से सदस्यों का मनोनयन करके पंचायती राज की हत्या सरकार उसी प्रकार करने जा रही है जिस तरह जिला परिषद् की हत्या की जा चुकी है,
15. कि भूमि सुधार के कार्यक्रमों का कार्यान्वयन सिर्फ बोल में है, काम में नहीं,
16. कि बिजली के घनघोर संकट के कारण खेतों, उद्योगों, दुकानों, विद्यार्थियों, शिक्षकों तथा आम लोगों को आवश्यकतानुसार पर्याप्त बिजली उपलब्ध नहीं हो रही है,
17. कि विश्वविद्यालयों की स्थिति जितनी आज गम्भीर है, उतनी पहले कभी किसी काल में नहीं थी वहाँ भयंकर पक्षपात, धाँधली, भ्रष्टाचार, जातीयता, अनुशासनहीनता एवं स्वेच्छाचारिता का साम्राज्य है,
18. कि गरीबी और गैर बराबरी मिटाने का ढोल जोर-जोर से जरूर पीटा जा रहा है, लेकिन सब काम उलटा हो रहा है, फलस्वरूप उसमें वृद्धि जारी है।
19. कि सही ठोस तथा कालबद्ध योजनाओं के अभाव में दिनानुदिन बेकारी बढ़ती जा रही है,
20. कि वर्तमान वित्तीय वर्ष में सारे राज्य में अतिवृष्टि के कारण भदई की फसल, हथिया के अभाव में धान की फसल तथा बिजली की अनुपलब्धि तथा सिंचाई की कमी से रवी की फसल और अभी हाल में अनावश्यक एवं असमय वृष्टि

से दलहन की फसल को भारी क्षति पहुँची है जिसके परिणामस्वरूप देहाती क्षेत्रों में करोड़ों लोग भुखमरी के कगार पर पहुँच गए हैं,

21. कि यह मन्त्रिमंडल इतना मिथ्यावादी है कि इसने 19 जनवरी, 1982 के सफल 'भारत बन्द' को विफल करार दिया गया और सरकारी तन्त्र का दुरुपयोग करके बन्द के दिन दमन-चक्र चलाया और हजारों लोगों को गिरफ्तार किया,
22. कि मधुबनी जिला में भूतही बलान नदी के पूर्वी तटबन्ध का निर्माण कार्य पूरा नहीं होने के कारण 54 गाँवों के लोगों की जान, माल, प्रगति, विकास सब खतरे में पड़ा हुआ है,
23. कि पूर्णिया, कटिहार, सहरसा, मधेपुरा तथा उत्तरी भागलपुर जिले के लाखों-लाख पाट उत्पादकों को पाट का उचित मूल्य नहीं दिलाकर करोड़ों रुपए का घाटा पहुँचाया गया है,
24. कि सहरसा जिला के मुरली बसन्तपुर पंचायत के भरना गाँव में आठ मुसलमानों की हत्या की निष्पक्ष जाँच कराने की, हत्यारों के विरुद्ध सख्त कार्रवाई करने से सरकार के आज तक इनकार किया है,
25. कि खेतिहर मजदूरों को न्यूनतम मजदूरी दिलाने के बारम्बार आश्वासनों को आज तक पूर्ण रूप से कार्यान्वित नहीं किया है,
26. कि चतुर्थ वेतन पुनरीक्षण समिति की अनुशंसाओं को लागू कराने के लिए सारे राज्य के जजों और न्यायिक सेवा अधिकारियों ने 23, 24 तथा 25 फरवरी को कलम बन्द हड़ताल की तथा 5 मार्च से उन्होंने 'वर्क-टू-रूल' आन्दोलन चला रखा है तथा 22 मार्च से वे अनिश्चितकालीन हड़ताल पर जानेवाले हैं। जो इस राज्य का ही नहीं, बल्कि सारे राष्ट्र के जीवन में एक अभूतपूर्व घटना है,
27. कि राज्य में जूनियर डॉक्टरों की हड़ताल 23 दिनों से चल रही है और सरकार की उदासीनता तथा उपेक्षा भाव के कारण आज तक कोई समझौता नहीं हो पाया है जिसके परिणामस्वरूप अस्पतालों और गरीबों की हालत अत्यन्त दयनीय है,
28. कि श्री आभास कुमार चटर्जी, आई.ए.एस. के प्रति घोर अन्याय अन्धेर किया गया और वह भी महज इसलिए कि उन्होंने राज्य पथ परिवहन निगम के अध्यक्ष तथा मुख्यमन्त्री के गलत आदेशों का पालन करने से इनकार कर दिया और उनके गलत कारनामों का विरोध किया था,
29. कि अपवादों को छोड़कर सामान्यतः विद्यालयों एवं महाविद्यालयों से पठन-पाठन चौपट हो चुका जिसके परिणामस्वरूप राजकीय विद्यालयों के मुकाबले पब्लिक स्कूलों की भरमार हो गई है,
30. कि 'उत्पादकता का वर्ष' सिर्फ नाम के लिए है, क्योंकि बिजली और सिंचाई के अभाव में कृषि तथा उद्योग, दोनों के उत्पादन में ह्रास हो रहा है और बहुत सारे छोटे-छोटे कारखाने बन्द हो गए हैं,

31. कि हजारों-हजार राजकीय सिंचाई नलकूप खराब पड़े हैं और पर्याप्त आवंटन नहीं देकर सरकार न सिर्फ नलकूपों को, बल्कि मानवों को भी, भूखों मार रही है,
32. कि बिहारशरीफ में 19 जनवरी को 'भारत बन्द' के अवसर पर श्री रामाशीष को निषेधाज्ञा के उल्लंघन में 188 दफा के अन्तर्गत गिरफ्तार करके सरकार ने दो महीने तक उन्हें जेल में बन्द रखा, उनकी नागरिक स्वतन्त्रता का हनन किया और जेल में उनके साथ अत्याचार किया,
33. कि राजनीतिक दलों के कार्यकर्ताओं की हत्याओं की बाढ़ आ गई है और इस बाढ़ को रोकने में यह सरकार अक्षम रही है,
34. कि कृषि को सर्वोच्च प्राथमिकता दी जाएगी और किसानों को फसलों का लाभकारी मूल्य दिया जाएगा,
35. कि कृषि के अतिरिक्त पशुपालन, कुटीर उद्योग, ग्रामीण उद्योग, लघु उद्योग एवं वन सम्पदा आधारित उद्योगों को प्राथमिकता देकर बिहार के अर्थतन्त्र को तेजी से विकसित किया जाएगा तथा कालबद्ध कार्यक्रम के अन्तर्गत इस राज्य से गरीबी, बेकारी, गैर-बराबरी, पिछड़ेपन और असन्तुलन को समाप्त किया जाएगा,
36. कि सभी बेघरों को घर दिया जाएगा,
37. कि 1985 के मार्च तक छः वर्ष से 14 वर्ष की आयु सीमा के बालकों और बालिकाओं को अनिवार्य शिक्षा देने का लक्ष्य पूरा कर लिया जाएगा,
38. कि लगभग साढ़े सात हजार जन स्वास्थ्य रक्षकों को फिर से बहाल किया जाएगा और जन स्वास्थ्य रक्षक योजना सारे बिहार के प्रत्येक गाँव में कार्यान्वित की जाएगी,
39. कि किसानों, मजदूरों, हरिजनों, आदिवासियों, पिछड़े वर्गों, अल्पसंख्यकों तथा छात्र-युवजनों पर सारे राज्य में बार-बार भयंकर अन्याय, अत्याचार हुए हैं और आज भी हो रहे हैं,
40. कि विभिन्न परियोजनाओं में मिट्टी काटनेवाले मजदूरों और ईंट पाथनेवाले मजदूरों को मजदूरी बढ़ाई जाएगी,
41. कि झुग्गी-झोंपड़ियों में बसनेवालों की स्थिति के सुधार तथा उनके पुनर्वास की घोषणाओं के बावजूद योजनाबद्ध तरीके से उन्हें उजाड़ा जा रहा है और आज तक उसके लिए वैकल्पिक व्यवस्था की योजना नहीं बनाई गई है,
42. कि छोटानागपुर-सन्थालपरगना में कोयला खदानों के विस्तार हेतु अर्जित की गई और अर्जित की जा रही जमीनों के चलते जो हजारों आदिवासी, हरिजन और पिछड़े वर्गों के लोग विस्थापित हो गए हैं उनके पुनर्वास, नौकरी और व्यावसायिक दर पर मुआवजा की व्यवस्था के बाद ही उनकी जमीन पर हस्तान्तरण संस्थानों के लिए किया जाएगा,

43. कि छोटानागपुर-सन्थालपरगना में लघु-सिंचाई परियोजनाओं, सड़कों तथा पुल के निर्माण तथा वन सम्पदा आधारित उद्योगों की प्राथमिकता दी जाएगी,

44. कि सर्व श्री द्वारिका प्रसाद कुशवाहा, निमाई महतो तथा सन्तोष महतो आदि को अन्यायपूर्वक राष्ट्रीय सुरक्षा अधिनियम के अन्तर्गत जेल में सड़ाया जा रहा है,

45. कि कुमारदुभी इंजीनियरिंग वर्क्स का अधिग्रहण अभी तक नहीं कर सरकार ने मजदूरों के साथ विश्वासघात किया है और अपना वचन भंग किया है,

श्री महेन्द्र नारायण झा—अध्यक्ष महोदय, आपने सदन की भावना को देखकर आश्वस्त किया था कि एक घंटा में सुना देंगे। लेकिन दो घंटा होने जा रहा है। माननीय विरोधी दल के नेता को बैठने के लिए कहा जाए। मामला गम्भीर है, पूरे लोकतन्त्र को कलंकित किया गया है। फैसला सुना दिया जाए।

अध्यक्ष—यह कंस्टीट्यूशन पोआएंट है, इनको नहीं रोक सकते हैं। संशोधन पढ़ने के बाद सुना देंगे।

श्री कर्पूरी ठाकुर—(46) कि पुनपुन नदी के हमीद नगर के समीप वराज बनाने की वर्षों से लम्बित योजना को शीघ्रातिशीघ्र कार्यान्वित कर पटना तथा गया जिला के लाखों-लाख किसानों को सिंचाई लाभ पहुँचाया जाएगा,

47. कि नक्सलपन्थियों एवं उग्रपन्थियों के नाम पर अपने राज्य के बहुतेरे गाँवों में गरीबों, मजलूमों और शोषित-पीड़ितों को घोर दमन-दलन-अत्याचार का शिकार बनाया गया है,

48. कि बिहार में अस्थायी जनगणना कर्मचारी लगभग 1700 की संख्या में छँटनी के शिकार बनाए गए हैं जिसके चलते उनके और उनके परिवार के सदस्यों के समक्ष भुखमरी की समस्या उत्पन्न हो गई है,

49. कि समतामूलक, कृषि-आधारित, ग्राम-लघु उद्योग प्रधान, समृद्ध समाज की स्थापना की जाएगी।

टिप्पणी एवं सन्दर्भ

1. लोकसभा संचालन नियमावली की धारा 3 में 20 तक यह उल्लिखित है।
2. उपरोक्त नियमावली की धारा 247
3. राधानन्दन झा, सम आस्पेक्ट्स ऑफ पार्लियामेंटरी प्रोसेइयोर, जानकी प्रकाशन, पटना, 1983
4. आईवर जेनिंग्स, कैबिनेट गवर्नमेंट, पृ. 402
5. राजस्थान उच्च न्यायालय ने एक फैसले में कहा, "देखें, ए.आई.आर. 1967, पृ. 123-126
6. राधानन्दन झा, उपरोक्त।
7. डी.डी. बसु इंट्रोडक्शन टू द कांस्टीट्यूशन ऑफ इंडिया, इ.ई. ई. नई दिल्ली
8. जॉन बी स्टुअर्ट, द कनाडियन हाउस ऑफ कॉमंस, पृ. 217

9. हाउस ऑफ कॉमंस वाद वृत अक्तूबर 27, 1948, पृ. 102-03
10. रॉडनी बारकर, स्टडीज इन ऑपोजीशन, पृ. 5
11. आइवर जोनिंग्स, कैबिनेट गवर्नमेंट, तृतीय संस्करण, पृ. 499
12. हर्मन फाइनर, द थ्योरी एंड प्रैक्टिस ऑफ मॉडर्न गवर्नमेंट, चतुर्थ संस्करण, भारतीय मुद्रण, पृ. 384
13. बिहार विधानसभा वाद वृत खंड 2, 2 जुलाई, 1900, पृ. 29-33
14. वही।
15. वही, पृ. 40-41
16. वही, पृ. 44-45
17. लोकसभा चुनाव 1980 में कांग्रेस की जीत हुई थी परन्तु राज्य में जनता पार्टी की सरकार थी।
18. बिहार विधानसभा वाद वृत, भाग-2 7 फरवरी, 1980
19. वही, पृ. 64-66
20. रॉडकनी वारकर, उपरोक्त।
21. बिहार विधानसभा वाद वृत, भाग-2, 7 फरवरी, 1980 पृ. 67
22. वही।
23. वही, 16 मार्च, 1981
24. बिहार विधानसभावाद वृत, भाग-2 22 मार्च, 1982, पृ. 34-40
25. वही, 23 मार्च, 1982, पृ. 2
26. वही, 23 मार्च, 1982, पृ. 4
27. वही, पृ. 5
28. वही, पृ. 6
29. वही, पृ. 9
30. वही, पृ. 10-11
31. वही, पृ. 12
32. वही, पृ. 14
33. वही, पृ. 14-15

4

प्रश्नकाल एवं शून्यकाल

संसदीय पद्धति में सदन में प्रश्न पूछने की परम्परा या विधा सबसे पुरानी है तथा साथ ही यह भी कहा जा सकता है कि शून्यकाल में विवाद उठाने की परम्परा सबसे नई है। इन दोनों विधाओं में सदन सरकार को सूचना एवं स्पष्टीकरण देने के लिए उत्तरदायी बनाता है। इन दोनों ही विधाओं के सम्बन्ध यह हैं कि ये सदन की कार्यवाही में साथ होते हैं अर्थात् प्रश्नकाल के तुरन्त बाद शून्यकाल शुरू हो जाता है। शून्यकाल प्रश्नकाल का पूरक भी बन जाता है जब अस्वीकृत प्रश्न के मामले को शून्यकाल में उठाया जाता है। अतः इन दो संसदीय विधाओं को यहाँ एक ही अध्याय में रखा गया है।

प्रश्नकाल का उद्भव एवं विकास

जहाँ तक प्रश्नकाल का संसदीय पद्धति में उद्भव का प्रश्न है इसे विकसित होने में लगभग दो सौ साल लगे हैं। ब्रिटेन के हाउस ऑफ कॉमंस में पहली बार 1721 में प्रश्न पूछा गया था। प्रारम्भ में तो मन्त्रियों की अनुपस्थिति में यह अर्थहीन हो जाता था परन्तु बाद में पूर्व सूचना देने की प्रथा चल पड़ी।[1] इंडियन काउंसिल एक्ट 1861 के तहत सदन में प्रश्न पूछने की प्रथा नहीं थी हालाँकि इसी कानून द्वारा 1892 में प्रश्न पूछे जाने का प्रावधान किया गया परन्तु पूरक प्रश्न पूछने की स्वतन्त्रता नहीं थी। 1909 में बने कानून में पूरक प्रश्न पूछने की स्वतन्त्रता दी गई परन्तु पूरक प्रश्न वही सदस्य कर सकते थे जिन्होंने प्रश्न किए हों। गवर्नमेंट ऑफ इंडिया एक्ट 1919 द्वारा संसदीय भागीदारी का क्षेत्र वृहद् किया गया तथा सभी सदस्यों को पूरक प्रश्न करने की छूट दी गई। तब से प्रश्न एवं पूरक प्रश्न भारतीय संसदीय पद्धति के अंग बन गए।[2]

बिहार विधायिका में प्रश्नकाल में क्रमिक विकास का स्वरूप कुछ वैसा ही है जैसा संसद के सम्बन्ध में ऊपर लिखा गया है। सदस्यों की भागीदारी से क्षेत्र में उत्तरोत्तर वृद्धि की जाती रही। प्रारम्भ में बिहार प्रान्त की राजनीतिक स्थिति संसदीय प्रश्नों के विकास के अनुरूप नहीं था। बिहार भी बंगाल लेजिस्लेटिव काउंसिल का ही अंग था। बंगाल लेजिस्लेटिव काउंसिल के सदस्य ज्यादातर ब्रिटिशर्स होते थे या सम्भ्रान्त भारतीय परिवारों से आते थे जो अंग्रेजी शासन के प्रति प्रतिबद्ध होते थे फलतः संसदीय प्रश्नों की परिपाटी

के विकास को बल नहीं मिला। 1892 के एक्ट द्वारा प्रथम बार प्रश्न पूछने के अधिकार प्रदान किए गए।[3] प्रारम्भ में एक वर्ष में लगभग 5 से 8 बैठकें ही होती थीं फलतः प्रश्नों की संख्या भी कम ही होती थी। उस समय प्रश्नों का औसत और भी कम था। उदाहरणार्थ, 1893 में 13/4 प्रश्न प्रति बैठक और 1893 में 2 1/4 प्रश्न प्रति बैठक पूछे गए।[4] 22 मार्च, 1912 को बिहार और उड़ीसा प्रान्त का विधिवत् गठन हो गया और बंगाल लेजिस्लेटिव काउंसिल के आधार पर बिहार एवं उड़ीसा लेजिस्लेटिव कॉउंसिल का गठन किया गया तथा प्रश्नों के सम्बन्ध में बंगाल लेजिस्लेचर के अनुरूप ही प्रावधान किए गए।[5] प्रत्येक बैठक का प्रथम आधा घंटा प्रश्नों के उत्तर के लिए मुकर्रर किया गया। लोकमहत्त्व के विषयों पर सूचना प्राप्त करने के उद्देश्य से प्रश्न पूछे जाने लगे। गवर्नमेंट ऑफ इंडिया एक्ट 1919 द्वारा विधायी कॉउंसिलों में भारतीय सदस्यों की संख्या को बढ़ाने का प्रावधान किया गया तथा उत्तरदायी सरकार गठित करने के उद्देश्य से स्वशासी संस्थाओं का विकास होने लगा। प्रान्तों को अधिक स्वायत्तता दी गई। बिहार में विभिन्न सामान्य एवं विशेष क्षेत्रों से 76 निर्वाचित सदस्यों की संख्या हो गई तथा दिनानुदिन निर्वाचकों की संख्या में वृद्धि हुई। इस प्रकार 1919 के एक्ट लागू होने के बाद बिहार विधायिका में स्वरूपात्मक परिवर्तन स्वाभाविक हो गए। बिहार विधायिका ने प्रश्नों के लिए दस दिनों की पूर्व सूचना की व्यवस्था की। मौखिक उत्तरवाले प्रश्नों का पृथक्करण तारांकित कर दिया गया जिसे आज हम तारांकित प्रश्न कहते हैं। इस सम्बन्ध में सभाध्यक्ष को वृहद् अधिकार दिए गए कि वे प्रश्न को स्वीकार या अस्वीकार कर सकते थे। इसी काल में अतारांकित एवं पूरक प्रश्न पूछे जाने की परिपाटी का विकास हुआ।[6] साथ ही प्रश्नों की संख्या में भी काफी वृद्धि हुई।

1935 तक बिहार उड़ीसा की संयुक्त विधायिका थी। प्रथम बार 1936 में बिहार में द्विसदनीय विधायिका की व्यवस्था की गई।[7] गवर्नमेंट ऑफ इंडिया एक्ट 1935 द्वारा प्रान्तीय स्वायत्तता की व्यवस्था की गई। 1937 में प्रथम बार बिहार विधानसभा का गठन हुआ। नई विधानसभा में संसदीय पद्धतियों का भी विकास हुआ। उत्तरोत्तर विकास के क्रम में प्रश्नोत्तर काल में भी काफी परिवर्तन आए। स्वातन्त्र्योत्तर काल में प्रश्न की स्वीकृति के मामले में अध्यक्ष की शक्तियों को बरकरार रखा गया। बिहार लेजिस्लेटिव एसेम्बली रूल्स 37, 40, 41, 42 और 38 में प्रश्नों के विषय एवं स्वीकृति हेतु प्रावधान किए गए हैं। अब प्रश्नों के लिए 15 दिनों की पूर्व सूचना की आवश्यकता समझी गई और प्रावधान किए गए। इतना ही नहीं अनसूचित प्रश्न एवं अन्य पूरक प्रश्नों के लिए प्रावधान किए गए। सदस्य की अनुपस्थिति में उसके द्वारा अधिकृत सदस्य द्वारा प्रश्न प्रस्तुत किए जाने की भी व्यवस्था की गई।

प्रश्नों की उत्तरोत्तर महत्ता एवं संख्या बढ़ती गई। पाँचवीं विधानसभा के गठन तक हजार से हजारों प्रश्न सदन में पूछे गए। 1967-68 में 2684 प्रश्न पूछे गए जबकि 1969-71 में 8119 प्रश्न।[8] प्रश्नों की संख्या में चार वर्षों में ही चौगुनी वृद्धि इस बात का द्योतक है कि प्रश्नों की महत्ता काफी बढ़ी है।

एक नजर संसदीय प्रश्नों के प्रकार्यों पर डालने से ज्ञात होता है ये एक से अधिक कार्य सम्पन्न करते हैं, जैसे—1. सूचना सदन को देना, 2. शिकायतों को दूर करने का आश्वासन, 3. सरकार की आलोचना, 4. सरकार को जनता के प्रति संवेदनशील रखना, 5. कुप्रशासन पर अंकुश रखना, 6. प्रशासन को संवेदनशील रखना, 7. बैंक बेंचर्स विधायकों को अवसर प्रदान करवाना, 8. विभागीय मन्त्रियों की व्यक्तिगत जिम्मेवारी को उजागर करवाना आदि।[9] प्रश्नों के प्रकार्यों में एक और अत्यन्त ही महत्त्वपूर्ण प्रकार्य उजागर हुआ है वह है 'हितोच्चारण' का। झा एवं पाठक के अध्ययन में यह निष्कर्ष निकला है कि विभिन्न हितों का निरूपण एवं हित रक्षा का प्रमुख साधन विधायिका ही है जिसमें प्रश्नों की विधा की भूमिका सर्वाधिक महत्त्व की होती है।[10] संसदीय प्रश्न प्रशासन पर निगरानी रखने की एक तकनीक है जो कि विश्व के सभी संसदों में पाया जाता है। प्रश्नों द्वारा सरकार अपने कृत्यों एवं कृत्यों के प्रति उत्तरदायी बनाती है। मोटे तौर पर सदन के सदस्यों को सूचना प्राप्त करने की स्वतन्त्रता होती है खासकर लोकमहत्त्व के मामलों में। यह शाश्वत एवं अबाधित अधिकार सदस्यों को प्राप्त होता है क्योंकि जन प्रतिनिधि की भूमिका निभाने हेतु इसकी आवश्यकता पड़ती है। इस प्रकार प्रश्नों का मौलिक उद्‌देश्य लोकमहत्त्व के विषय पर सूचना प्राप्त करना तथा तथ्यों को उजागर करना ही है। प्रश्नों का विषय कुछ भी हो सकता है जो कि पूर्व में सीमित था।

जैसा कि विदित है प्रत्येक दिन के बैठक का पहला घंटा प्रश्नों के लिए होता है। इस काल में सदस्यगण जन प्रतिनिधि के रूप में जनता की शिकायतों को उभारने का कार्य करते हैं। इस प्रकार सरकार के लिए यह परीक्षा का काल होता है। इसी के कारण मन्त्रियों को अपने विभाग पर पकड़ बनाए रखना होता है। इसीलिए प्रश्नकाल सर्वाधिक रोचक संसदीय विधा है, खासकर आम जनता के लिए। इसी काल में गर्माहट एवं हँसी का माहौल भी बनता रहता है। विपक्ष के लिए यह सर्वाधिक अवसर प्रदान करनेवाला काल है। प्रश्नों को आमतौर पर मन्त्रियों को सम्बोधित किया जाता है।

बिहार विधानसभा में प्रश्नों का स्वरूप

बिहार विधानसभा के प्रश्नों को मोटा-मोटी दो श्रेणियों में रख सकते हैं—वैसे प्रश्न जो सरकार से कार्रवाई की अपेक्षा करते हैं तथा दूसरा वैसे प्रश्न जो सरकार से सूचना प्राप्त करने के उद्‌देश्य से पूछे जाते हैं।

सारणी 1

तारांकित प्रश्नों की संख्या

सदनकाल	*कार्रवाई की अपेक्षा*	*सूचना पाने हेतु*	*कुल*
1967-68	1289	708	1997
1969-71	2717	1308	4025
कुल	**4006**	**2016**	**6022**

सारणी 2

अतारांकित एवं अल्पसूचित प्रश्नों की संख्या

सदनकाल	*कार्रवाई की अपेक्षा*	*सूचना पाने हेतु*	*कुल*
1967-68	421	266	687
1969-71	969	441	1410
कुल	**1390**	**707**	**2097**

स्रोत : बी.के. झा एवं बी.एन. पाठक, पूर्वोक्त

सारणी 1 और 2 में दृष्टान्त के तौर पर 1967 से 1971 तक के प्रश्नों के आधार पर उनके प्रकृति पर प्रकाश डालने का प्रयास किया गया है। हम पाते हैं कि कार्रवाई (एक्शन सीकींग) हेतु प्रश्नों की तादाद सूचना की अपेक्षा रखनेवाले प्रश्नों से ज्यादा है अर्थात् प्रश्नों के माध्यम से लोकशिकायतों एवं प्रशासन के कुशासन की ओर सरकार द्वारा ध्यान दिए जाने एवं कार्रवाई किए जाने के लिए सरकार को प्रेरित किया जाता है। कुल प्रश्नों को सरकार के विभिन्न विभागों से सम्बन्धित होने की बात पर यदि ध्यान दिया जाए तो पाते हैं कि ये प्रश्न समाज के ज्वलन्त मसलों से ज्यादातर सम्बन्ध रखते हैं। निम्नलिखित सारणी 3 से प्रश्नों के विषयों पर प्रकाश पड़ता है।

सारणी 3

1967 से 1971 के बीच पूछे गए प्रश्नों के विषय एवं सम्बन्धित विभाग	*प्रश्नों की संख्या*
शिक्षा	1382
राजस्व	746
लोक निर्माण	715
सामुदायिक विकास एवं पंचायत	654
सिंचाई एवं नदी-घाटी	574
स्वास्थ्य	536
कृषि एवं सिंचाई (लघु)	474
आपूर्ति एवं वाणिज्य	385
सहकारिता एवं चीनी उद्योग	296
विद्युत	264
स्वायत्त शासन	219
वित्त	184
कल्याण	182
लोक-स्वास्थ्य अभियन्त्रण	178
परिवहन	106
श्रम एवं योजना	105
उद्योग एवं तकनीकी शिक्षा	92
अन्य सभी विभाग	432
मुख्यमन्त्री कार्यालय	589
कुल	**8119**

स्रोत : झा एवं पाठक, उपरोक्त

सारणी 3 से यह स्पष्ट हो जाता है कि उक्त काल (1967-71) में शिक्षा एक अहम समस्या रही तथा कृषि, सिंचाई एवं लोक निर्माण से सम्बन्धित समस्याओं से जनता ग्रसित थी।

कर्पूरीजी द्वारा सदन में उठाए गए प्रश्नों की संख्या पर दृष्टिपात करें तो कर्पूरीजी की प्रश्नकाल में सक्रियता का पता चलता है। सारिणी 4 में स्थिति स्पष्ट हो जाएगी कि कर्पूरीजी प्रश्न काल को कैसे जीवन्त बनाए रहते थे।

सारणी 4

प्रश्न का प्रकार	*संख्या*
तारांकित प्रश्न	163
अतारांकित प्रश्न	321
पूरक प्रश्न	24

स्रोत : बिहार विधानसभा वाद-वृत (प्रश्नोत्तर)

उनके प्रश्नों में सर्वाधिक लगभग 44 प्रतिशत प्रश्न कमजोर वर्गों के हितों से सम्बन्धित थे। कमजोर वर्गों में पीड़ित वर्ग, सामाजिक रूप से पिछड़े एवं दलित वर्ग, महिलाएँ मजदूर वर्ग गरीब तबके के विद्यार्थी के हितों के प्रति सरकार को सदा सजग रखते थे। उनके प्रश्नों में दूसरा स्थान उन विषयों का होता था जो सरकार की अकर्मण्यता एवं कुकृत्यों से सम्बन्धित मामलों में होता था। इसमें ज्यादातर सरकार द्वारा दमनकारी एवं अकल्याणकारी नीतियों पर आक्षेप होता था तथा उनके निराकरण की माँग होती थी। सरकार के तन्त्र द्वारा भ्रष्टाचार से सम्बन्धित मामले भी कर्पूरीजी द्वारा उठाए गए प्रश्नों में होते थे।

शून्यकाल

विधायिका के सदस्यों द्वारा उठाए गए लोकमहत्त्व के मामले ही प्रजातान्त्रिक अभिव्यक्ति के लक्षण हैं। सत्ता पक्ष या सरकार को लोकहित के प्रति सजग रखने तथा प्रजातान्त्रिकता के प्रति सजग रखने हेतु सदस्यों को अपने विधायी कर्त्तव्यों का पालन करना होता है। अपने क्षेत्र की समस्याओं एवं लोकमहत्त्व के मुद्‌दों को सदन के समक्ष रखना भी उनकी विधायी भूमिका है। इन कार्यों के संचालन एवं विधायकों के प्रभावपूर्ण कर्त्तव्यपालन हेतु नियमों का निर्माण किया गया है। सदस्यों को भी अपने अधिकारों एवं कर्त्तव्यों से परिचित होना आवश्यक है। उन्हें विभिन्न अवसरों पर अपनी बात को कहने, किसी विषय पर विवाद उठाने तथा सदन का ध्यान आकर्षित करने के अवसर नियमों द्वारा प्रदान किए गए हैं। सदन की कार्यवाही को व्यवस्थित ढंग से संचालन हेतु कुछ सीमाएँ निर्धारित की जाती हैं। किसी भी सदस्य को विवाद उठाने हेतु अध्यक्ष की अनुमति लेनी होती है तथा अपनी बात को सदन की कार्यवाही सूची में शामिल कराना होता है। उसके लिए पूर्व सूचना की आवश्यकता होती है। समय एवं महत्त्व के आधार पर सदस्यों के प्रश्नों, प्रस्तावों, प्राइवेट प्रस्तावों एवं विवादों को अध्यक्ष द्वारा स्वीकार या अस्वीकार किया जाता है। इन नियमों के चलते कुछ सदस्य अपनी बात कहने से वंचित रह जाते हैं। अथवा कुछ ऐसी महत्त्वपूर्ण बातें जिन पर सदन का ध्यान दिलाना आवश्यक हो और सूचना अवधि के बाद घटित हुई हो या सदस्य के मस्तिष्क में उसी क्षण आई

होती है जिसे बिना पूर्व सूचना के सदन में नहीं उठाया जा सकता। यह स्थिति सदस्यों के अधिकार को बाधित करती है। ऐसी स्थिति के लिए ही 'शून्यकाल' का महत्त्व है। शून्यकाल भारतीय संसदीय पद्धति की मौलिक देन है :

ब्रिटेन के हाउस ऑफ कॉमंस की कार्यवाही में ऐसी स्थिति में सदस्यों की असमर्थता महसूस की गई है। सदन की कार्यवाही पर हाउस ऑफ कॉमंस सेलेक्ट कमेटी की एक रिपोर्ट में कहा गया है :

"In considering opportunities for debates an important matters of current public interest, your committee have been aware of criticism that the arranged legislature programme of the Government to be able address itself to the issues that are immediate concern to people outside. It is said the parliament is losing its position as the forum of national dabate"[11]

इस कमेटी में बयान देते हुए हाउस ऑफ कॉमंस के स्पीकर ने कहा था, "संसद केवल सत्ता और विपक्ष नहीं है—यह 630 व्यक्तियों का वैसा समूह है जिसमें अल्पसंख्यक यहाँ तक एक सदस्यीय अल्पसंख्यक भी हैं। यह सम्भव है कि बहुत कारणों से, न तो सत्ता, न विपक्ष ही उस विषय पर विवाद करना चाहते हैं जिस पर अल्पसंख्यक विवाद करना चाहते हैं। संसद की यह शाश्वत समस्या है कि सरकार के विपक्ष के तथा अल्पसंख्यकों के दावों का सामंजस्य कैसे हो।"[12]

इंग्लैंड संसदीय व्यवस्था की जननी है तथा विश्व में सभी संसदीय व्यवस्थाओं में संसदीय प्रक्रिया सम्बन्धी नियमों एवं परम्पराओं का श्रोत ब्रिटिश संसद ही है। वहाँ संसदीय प्रणाली को आज की स्थिति तक विकसित होने में करीब छः सौ वर्ष लगे हैं और वहाँ के सांसदों को समुचित अवसर प्रदान करने की दिशा में समय-समय पर प्रयास एवं विकास होते रहे हैं। भारतीय सन्दर्भ में भी यह उक्ति प्रासंगिक है।

भारतीय विधान मंडलों एवं संसद में संसदीय प्रक्रिया के विकास के क्रम में शून्य काल का भी उपयोग होने लगा। प्रश्न काल के तुरन्त बाद अध्यक्ष की अनुमति के बिना भी वाद-विवाद उठाकर सदन का ध्यान कतिपय मुद्दों पर आकर्षित करने की प्रणाली विकसित हुई है। शून्यकाल में विवाद से सम्बन्धित प्रणाली का उद्भव कब, कैसे और कहाँ हुआ इसकी जानकारी उपलब्ध साहित्य से प्राप्त नहीं होती है। परन्तु इतना अवश्य स्पष्ट है कि 1967 में आयोजित पीठासीन पदाधिकारियों के सम्मेलन में शून्यकाल के औचित्य और उससे सम्बन्धित नियम बनाने का मुद्दा उठाया गया था और यह परिपाटी उससे भी पूर्व की है। संसदीय कार्यप्रणाली से सम्बन्धित भारतीय एवं विदेशी लेखकों द्वारा रचित पुस्तकों में शून्यकाल का उल्लेख नहीं मिलता है। राधानन्दन झा, एम.एन. कौल, आर.एस.एल. शकधर, मुकर्जिया[13] आदि प्रतिष्ठित लेखकों की पुस्तकों के इंडेक्स, कांटेंट्स और यहाँ तक कि फुटनोट में भी शून्यकाल का जिक्र नहीं मिलता है। सम्मेलनों में तो यह भी दावा किया गया है कि विश्व के किसी संसदीय प्रणाली में 'शून्यकाल' का प्रावधान नहीं है। भारतीय राज्यों के सभ विधायिकाओं में भी इसके प्रचलन के

सशक्त संकेत नहीं मिलते हैं।

फिर भी सदस्यों को निर्बाध रूप से विवाद करने तथा सदन की जानकारी में देने के अधिकार को विश्व के कतिपय संसदों में दूसरे-दूसरे नामों से दिए जाने के संकेत मिलते हैं, जैसे–'टेन मिनट्स एक्सपेरिमेंट,' 'ग्रिभांस आवर,' 'दिस हाउस डू नाऊ एडजार्न,' 'मोशन' आदि। प्रथम प्रणाली में सदस्यों को विवाद उठाने या अपनी वह बात, जो सदन की कार्यवाही की सूची में नहीं है, को कहने के लिए दस मिनट बोलने का अधिकार दिया जाता है। कुछ देशों में 'ग्रिभांस आवर' की व्यवस्था है जिसके तहत आधे घंटे या एक घंटे का समय सदस्यों को ग्रिभांसेज (शिकायतें) कहने का अवसर दिया जाता है। इसमें सरकार के लिए जवाब देना आवश्यक नहीं होता है परन्तु उचित समझे जाने पर कोई अन्य समय उत्तर हेतु निर्धारित कर दिया जाता है।[14] ब्रिटेन के हाउस ऑफ कॉमंस के सदस्यों को बिना पूर्व सूचना के विवाद उठाने का अवसर पर सरकार द्वारा एक मोशन की घोषणा कर प्रदान किया जाता है जिसमें कहा जाता है कि 'दैट दिस हाउस डू नाऊ एडजार्न'। यह मोशन प्रतिदिन बैठक के अन्त में लाया जाता है जिसमें व्यक्तिगत तौर पर सदस्यों को किसी मामले को उठाकर आधे घंटे तक विवाद करने का अवसर प्रदान किया जाता है। इसके अतिरिक्त हाउस ऑफ कॉमंस में 'एमरजेंसी एडजार्नमेंट मोशन' लाने का, किसी सदस्य को, अधिकार है तथा सरकार से उस मामले पर जवाब तलब भी किया जाता है।

जहाँ तक भारत में इन अवसरों को प्रदान करने का प्रश्न है, शून्यकाल (प्रश्नकाल के तुरन्त बाद) में विवाद उठाने का प्रचलन है। किस राज्य विधायिका, कब और कैसे यह प्रचलन प्रारम्भ हुआ ? इसका उल्लेख उपलब्ध साहित्य में दृष्टिगोचर नहीं हुआ। परन्तु 1960 के दशक में प्रश्नकाल के तुरन्त बाद सदस्यों द्वारा बोलने की परिपाटी को पत्रकारिता ने शून्यकाल के विवाद का नाम दे दिया तथा कालान्तर में इस परिपाटी को विधायिका द्वारा मान्यता मिल गई है।[15] उल्लेखनीय है कि 1967 के सम्मेलन में मैसूर विधायिका के स्पीकर ने यह प्रश्न उठाया कि शून्यकाल के पीछे कोई बौधिकता या आधार है या नहीं, क्या यह विधायी प्रक्रिया के बाहर की वस्तु है ? यदि इसका समापन आवश्यक है तो उसके लिए क्या उपाय किए जाएँ। अर्थात् इस शून्यकाल को समाप्त करने की ही बात थी। 1969 में बिहार विधानपरिषद् एवं मैसूर विधायिका के स्पीकरों ने पुनः शून्यकाल के शून्यलाप पर आक्षेप किया। बिहार विधानसभा परिषद् की ओर से यह प्रश्न उठाया गया कि क्या शून्यकाल को परिभाषित करने हेतु कुछ विशेष नियम बनाने चाहिए तथा क्या यह निर्धारित किया जाना चाहिए कि इसमें कौन-कौन से विषय विवाद के लिए उठाए जाएँ ? मैसूर विधायिका की ओर से यह आरोप लगाया गया कि शून्यकाल में बिना सूचना के अत्यधिक मामले उठा दिए जाते हैं जिससे सदन की कार्यवाही सम्पन्न करने में गड़बड़ी हो जाती है। क्या इसे खत्म ही कर देना चाहिए ? तमिलनाडु के स्पीकर ने उन मुद्दों को उठाने का औचित्य सिद्ध किया है जो अप्रत्याशित ढंग से किसी सदस्य के क्षेत्र में घटित घटना से सम्बन्धित होता है।

उपर्युक्त विवेचन से इतना स्पष्ट हो जाता है कि शून्यकाल को विधायी भूमिका हेतु उपयोग करने की परिपाटी भारतीय राज्यों के विधायिकाओं में प्रारम्भ से प्रचलित है तथा बिहार, मैसूर, असम आदि जैसे राज्यों में यह परिपाटी चली आ रही थी। तमिलनाडु में शून्यकाल की परिपाटी नहीं है। उपर्युक्त विवेचन में हमने देखा कि शून्यकाल क्यों महत्त्वपूर्ण है तथा यह परिपाटी है और नियमों से विधायी प्रक्रिया का ठोस एवं लिखित अंग नहीं है। इसकी महत्ता इसीलिए है कि यह विधायी प्रक्रिया के नियमों में सम्मिलित नहीं है। इस पर नियमन होने या नियम बनने से शून्यकाल अपनी आत्मा खो देगा और सदस्यों को जो अल्पकालिक सदन के भीतर स्वच्छन्दता प्राप्त है वह समाप्त हो जाएगी।

अब प्रश्न है कि शून्यकाल की परिपाटी पर पीठासीन पदाधिकारियों के अनुभव में और व्यवहार रूप में क्या दोष और गुण अवतरित होते हैं तथा विपक्ष की भूमिका को यह कहाँ तक सहायता प्रदान करता है। शून्यकाल के विवाद से उत्पन्न परिस्थितियाँ निम्नलिखित तरीके से विधायिका कार्यवाही को प्रभावित करती हैं :

(1) शून्यकाल के विवाद का लम्बा हो जाना फलतः सदन की पूर्वनिर्धारित कार्यवाही पर उसका असर पड़ना,

(2) पहले से निर्धारित विषयों से सम्बन्धित विवाद का उठना,

(3) गैर-महत्त्वपूर्ण विषयों को लाने से सदन का नकारात्मक उपयोग।

मैसूर के स्पीकर के शब्दों में, 'शून्यकाल अवांछित है। तथा इसकी प्रवृत्ति नकारात्मक है। इसके चलते पूर्व से एजेंडा तैयार करने का तत्त्व ही हवा में उड़ा दिया जाता है। कम महत्त्वपूर्ण विषयों को उठाकर आकवर्ड स्थिति उत्पन्न कर दी जाती है।[16]

जब कोई सदस्य विवाद को लम्बा कर देता है फलतः सदन में कार्यवाही हेतु पूर्व निर्धारित एजेंडा के विषयों पर विवाद की क्षति पहुँचती है जो कि राष्ट्रहित के विरुद्ध है। तथाकथित शून्यकाल के चलते पूर्व निर्धारित कार्यवाही गड़बड़ा जाती है तथा सदन का बहुमूल्य समय बर्बाद होता है और सरकार को पर्याप्त जवाब देने के समुचित अवसर को क्षति पहुँचती है। कभी-कभी तो विकट (acrimonions) स्थिति आ जाती है। एक विधायी निकाय के पीठासीन पदाधिकारी के शब्दों में, "It is the biggest hurdle for us to transact the normal business...we should be very strict and follow the procedure laid down. We can deal with such situation by patience, persuation and frequent appeals and gradually shift on to regular business."

विधायिका के सदस्य बार-बार बिना पूर्व सूचना के प्रश्नकाल के बाद विभिन्न विधानसभाओं और लोकसभा के पटल पर मामले उठाते हैं। यदि इस तरह से ढिलाई दिया जाएगा तो बहुत से मामले उभरते रहेंगे और इसका कोई अन्त नहीं होगा। सदस्यों को पूर्णतः सन्तुष्ट करना कठिन है। इस तरह शून्यकाल विधायी निकायों के लिए हानिकारक ही है। परन्तु ऐसा समझ लेना भी अनुचित है क्योंकि इसी शून्यकाल के जरिए ही विपक्षी सदस्यों की स्वच्छन्दता, विधायी कर्त्तव्यों के प्रति, सुनिश्चित होती है।

शून्यकाल को परिभाषित करने के भी प्रयास किए गए परन्तु इस दिशा में कोई सफल प्रयास नहीं किया गया है। एक पीठासीन पदाधिकारी ने इसे परिभाषित करते हुए लिखा है, "a Zero hour, as I understand it, is something which happens after the question hour, when members raise points that are not in agenda."

एक-दूसरे पीठासीन पदाधिकारी के शब्दों में, "वह मुद्दा जो सदन के पटल पर स्पीकर की अनुमति से विवाद के लिए रखा जाता है, शून्यकाल का भाग नहीं हो सकता। यदि स्पीकर अनुमति नहीं देते हैं और फिर भी सदस्य मुद्दे को उठाते हैं, जो कि नियम के विरुद्ध है, तो वह शून्यकाल बन जाता है।" अतः इसे लागू करने या हटाने के लिए कानून बनाने की बात ही नहीं की जा सकती। उपर्युक्त उक्तियों से यह बात स्पष्ट होती है कि शून्यकाल जैसा कि इसका नाम है, 'शून्य' के समतुल्य है। 'शून्य' का यदि उपयोग है मसलन शून्य का मूल्य किसी संख्या के बाद आने से होता है तो यह पूर्वनिर्धारित एजेंडा के विषयों के विवाद से ज्यादा महत्त्वपूर्ण हो जाता है और यदि इसका उपयोग जनहित में नहीं है (मसलन शून्य का मूल्य किसी संख्या के एकदम पीछे आने के समान) वह वास्तव में शून्य ही रह जाता है। अतः शून्यकाल का महत्त्व कभी-कभी बहुमूल्य हो जाता है तो कभी-कभी मूल्यहीन हो जाता है।

परन्तु वृहद् पैमाने पर सदस्यों को बिना पूर्व सूचना के महत्त्व के विषयों पर विवाद उठाने के अधिकार की सिफारिश की जाती रही है जिसे सदस्य अपनी इच्छा से उठाने के लिए उत्साहित हों। विपक्षी सदस्यों को यह अवसर अवश्य प्रदान किया जाना चाहिए ताकि उनके मस्तिष्क के अन्दर की बातों को बाहर आने का झरोखा मिले। यह अवसर समान रूप से वैसे सभी सदस्यों को मिलना चाहिए जिन्हें अन्य अवसरों पर मौका नहीं मिल पाता है। उन्हें अपने क्षेत्र के लोगों की भावनाओं का प्रतिनिधित्व करने का मौका मिलना चाहिए। उन्हें नियमों और प्रक्रियात्मक परम्पराओं में बाँधना नहीं चाहिए। सदन की कार्यवाही में कुछ ऐसे अवसर अवश्य उपलब्ध होने चाहिए जिसमें वे तत्काल उत्पन्न परिस्थितियों से जनित मामलों या स्पीकर द्वारा छँटनीग्रस्त होने के चलते दबे मामलों को उठाने का अवसर मिल सके। शून्यकाल इसी परिस्थिति की दवा है।

जहाँ तक शून्यकाल के प्रावधानों का प्रश्न है, मूल नियमावली में लिखित रूप में किसी भारतीय विधायिका में नहीं मिलता। कुछ लोगों का मत है कि इसके लिए कतिपय प्रावधान किए जाने चाहिए तथा कुछ लोगों का मत है कि इसके लिए (शून्यकाल के लिए) किसी तरह का विधिक प्रावधान का नहीं होना ही इसकी महत्ता है। असम में रूल्स कमेटी ने यह मान्यता दी है कि प्रश्नकाल के तुरन्त बाद शून्यकाल होगा तथा उसके बाद ही पूर्वनिर्धारित कार्यवाही शुरू होगी। शून्यकाल से सम्बन्धित विधिक प्रावधान करने हेतु यह दलील दी जाती है कि कभी-कभी शून्यकाल की अवधि प्रश्नकाल की अवधि से भी अधिक समय खींच लेती है। अतः इस पर प्रतिबन्ध लगाने के लिए नियम बनने चाहिए। परन्तु शून्यकाल से सम्बन्धित नियम बनने के साथ ही शून्यकाल अपनी

आत्मा खो देगा। फिर भी संसदीय प्रक्रिया से सम्बन्धित अभिलेखों, पुस्तकों एवं नियमों में शून्यकाल को स्थान मिलना चाहिए। यह सदन के सदस्यों की भावनाओं को महत्त्व देने में 'सेफ्टी वाल्व' (Safety Valve) का कार्य करता है। यदि शून्यकाल को मान्यता नहीं दी जाए तो उसके विकल्प में कुछ व्यवस्था की जाए। ऐसा करने से ही संसदीय प्रणाली के मूल तत्त्व की रक्षा की जा सकेगी। दिनानुदिन अभिव्यक्ति की स्वच्छन्दता जैसे मूल्यों की दृढ़ता बढ़ती जा रही है तथा समस्याओं की जटिलता और वृहदता बढ़ती जा रही है। फलतः ऐसे अवसरों का होना आवश्यक है।

बिहार विधानमंडल भारतीय राज्यों की विधायिका के इतिहास में मौलिक स्थान रखता है। बिहार विधानमंडल की ओर से सर्वप्रथम शून्यकाल से सम्बन्धित विषय को उच्चस्तरीय सम्मेलनों में रखा गया है। इससे प्रतीत होता है कि बिहार विधानमंडल में प्रारम्भ से ही शून्यकाल की परम्परा रही है। यद्यपि कि बिहार विधानमंडल की कार्यसूची में शून्यकाल का कहीं समावेश नहीं होता है परन्तु शून्यकाल में उठाए गए बिन्दुओं और उनसे जनित विवादों एवं स्थितियों का उल्लेख दैनिक विवरणिका में रहता है तथा प्रकाशित वाद-वृत्त में भी उसे स्थान मिलता है। यहाँ तक देखा गया है कि सदन में उठाए गए शून्यकाल के दौरान, मुद्दों का महत्त्व अन्य अवसरों से कहीं अधिक हो जाता है। सरकारी नीतियों को शून्यकाल के विवाद द्वारा प्रभावित किया गया है। शून्यकाल में उठाए गए बिन्दुओं पर सरकार का आश्वासन तथा तत्काल कार्रवाई करने का आश्वासन भी मिला है कई अवसर ऐसे भी आए हैं जिसमें सदस्यों ने वाक आउट भी किया है तथा सरकार की नीति को प्रभावित किया है।

जहाँ तक बिहार विधानमंडल में विपक्ष का प्रश्न है, शून्यकाल एक महत्त्वपूर्ण काल के रूप में उपयोग किया जाता रहा है। अनेकानेक कठिनाइयों के बावजूद शून्यकाल मात्र शून्य न होकर, 'पूर्ण' की भूमिका अदा करता रहा है।

बिहार विधानमंडल ने सदन की कार्यवाही में शून्यकाल द्वारा व्यवधान उत्पन्न करने के चलते कुछ नियम बना लिए हैं। प्रारम्भ में शून्यकाल के दौरान अव्यवस्था की स्थिति उत्पन्न हो जाती थी। इससे निपटने के लिए एक सदस्य को बोलने हेतु दस मिनट का समय तय किया गया था। फिर भी कई सदस्यों को मौका नहीं मिलता था और अव्यवस्था की स्थिति उत्पन्न हो जाती थी। अतः यह निश्चय किया गया कि शून्यकाल में उठाए जानेवाले मुद्दों की सूचना एक घंटा पूर्व अध्यक्ष को दे दी जाए। जन समस्याएँ इतनी अधिक हैं कि यह व्यवस्था भी कम पड़ने लगी। फलतः बिहार विधानसभा के अध्यक्ष प्रो. शिवचन्द्र झा ने यह नियमन जारी किया कि एक सदस्य 50 शब्दों से अधिक का वक्तव्य नहीं दे सकता।[17]

यहाँ हमें यह देखना है कि कर्पूरीजी ने शून्यकाल के दौरान अपनी क्या भूमिका निभाई। फरवरी, 1980 से जुलाई, 1982 के दौरान उन्होंने 11 अवसरों पर शून्यकाल की परिचर्चा में भाग लिया। अग्रलिखित सारिणी 5 में कर्पूरीजी द्वारा शून्यकाल में निभाई गई भूमिका के स्वरूप का पता चलता है।

सारिणी 5

वर्ष	विधि व्यवस्था	अकर्मण्यता एवं एवं दमन	वर्गहित नीति दोष	कुल
1980	1 (20.0)	1 (20.0)	3 (60.0)	5 (100)
1981	2 (100)	—	—	2 (100)
1982	1 (25.0)	1 (25.0)	2 (50.0)	4 (100)
कुल	**4 (36.3)**	**2 (18.2)**	**5 (45.5)**	**11 (100)**

नोट : कोष्ठक के अंक प्रतिशत के द्योतक हैं। स्रोत : बिहार विधानसभा वाद-वृत्त के आधार पर।

उपरोक्त सारिणी 5 से स्पष्ट होता है कि कर्पूरीजी ने शून्यकाल की अपनी सम्पूर्ण भागीदारी का 45.5 प्रतिशत कमजोर वर्ग के हितों की रक्षा में व्यतीत किया। उनकी भागीदारी में दूसरा स्थान सरकार की विधि-व्यवस्था में दोष सरकारी तन्त्र द्वारा विद्यार्थियों एवं कमजोर वर्गों के प्रति दमनकारी नीति के विरुद्ध आवाज उठाने का है। अन्तिम परन्तु महत्त्वपूर्ण बात यह झलकती है कि कर्पूरीजी ने सरकार की अकृत्यों, अकर्मण्यता एवं नीतियों में दोष को उजागर करने का भी प्रयास किया है। उनकी भागीदारी का 36.3 प्रतिशत सरकार की दमनकारी कृत्यों एवं विधि-व्यवस्था में खामी को उजागर करने में तथा 18.2 प्रतिशत अकर्मण्यता एवं नीति-दोष के प्रति सरकार को सजग करने में व्यतीत हुआ। यहाँ हम देखते हैं कि कर्पूरीजी ने नेता—विरोधी दल के रूप में सामाजिक न्याय की स्थापना एवं प्रजातान्त्रिक मूल्यों की रक्षा हेतु सजग प्रहरी की भूमिका निभाई।

विधि-व्यवस्था एवं सरकार की दमनकारी नीति पर कर्पूरीजी ने प्रहार करते हुए एक विधायक श्री शिवनन्दन पासवान पर हुए पुलिस ज्यादती का मामला उठाया तथा कहा, "यह अत्यन्त गम्भीर मामला है। आज इधर के माननीय सदस्य श्री शिवनन्दन पासवान के साथ हुआ है कल उस बेंच पर बैठे हुए किसी माननीय सदस्य के साथ ऐसा हो सकता है और खासतौर पर कमजोर वर्ग के लोगों के साथ ऐसा मामला किया जाता है, योजना बनाकर किया जाता है। यह कोई साधारण विषय नहीं है।"[18] विपक्ष की सशक्त भूमिका का प्रमाण देते हुए कर्पूरीजी ने कहा, "विरोधी दल के नेता हों चाहे जो भी नेता हों, उनको अधिकार है कि वे जब चाहें सार्वजनिक महत्त्व की बात को कभी भी चेयर की

अनुमति से उठा सकते हैं। संसदीय जनतन्त्र में इस तरह का अधिकार है।''[19] सरकार की नीति पर प्रहार करते हुए किसानों को उनके अधिग्रहित जमीन पर उचित मुआवजा दिए जाने की माँग की। कर्पूरीजी ने कहा, ''आज सुबह साढ़े तीन सौ किसान मतपुरा, पहाड़ीगंज आदि गाँव के धरना पर बैठे हुए हैं। उनकी माँग यह है कि जो जमीन सरकार ले रही है 700 रुपए प्रति कट्ठा यह अन्याय है जबकि 10,000 रुपए प्रति कट्ठा वहाँ के जमीन की कीमत है...उन्हें 10,000 रुपए कट्ठा कीमत की जाए। आप अपने कलक्टर को कहिए जो लोग धरना पर बैठे हुए हैं बात करें ताकि कोई अप्रिय घटना न घटे।''[20]

उपरोक्त उद्धरणों से यह बात स्पष्ट हो जाती है कि कर्पूरीजी नेता–विपक्षी दल के रूप में विपक्ष की गरिमा की रक्षा और अभिव्यक्ति के उचित अवसर दिलाने हेतु महत्त्वपूर्ण भूमिका निभाई। कमजोर वर्गों के हितों की रक्षा के लिए सरकार पर अंकुश बनाए रखने तथा उनकी समस्याओं के निराकरण के लिए अति सक्रिय रहते थे। इन भूमिकाओं को निभाने हेतु शून्यकाल का आष्टीमम (भरपूर) उपयोग किया।

टिप्पणी एवं सन्दर्भ

1. बेलवादी, *थ्योरी एंड प्रैटिक्स ऑफ पार्लियामेंटरी प्रोसेडयोर इन इंडिया,* बम्बई, एन.एम. त्रिपाठी प्रा.लि. 1988।
2. वही।
3. डी.एन.मिश्र, क्वेश्चंस इन बिहार लेजिस्लेचर ए स्टडी इन द इवोल्यूशन ऑफ प्रोसेज्योर एंड प्रेक्टिस (1912-47), *डेमोक्रेसीज* वर्ष 7, अंक 1-2, जनवरी-जून, 1987
4. *इंडियन काउंसिल एक्ट, 1892, सेक्सन 2*
5. बिहार एंड उड़ीसा लेजिस्लेटिव काउंसिल, स्टैंडिंग ऑर्डर संख्या 10
6. डी.एन. मिश्र, *उपरोक्त।*
7. गवर्नमेंट ऑफ इंडिया एक्ट 1935, अनुच्छेद 60 (1)
8. वी.के. झा और एस.के. पाठक, 'इंटरेस्ट आर्टिकुलेशन इन लेजिस्लेचर : एन एनालिसिस बेस्ड ऑन क्वेश्चन पुट इन बिहार लेजिस्लेटिव एसेम्बली,' *डेमोक्रेसीज* वर्ष 7, अंक 1-2, जनवरी-जून, 1987
9. आइवर जेनिंग्स, *पार्लियामेंट,* कैम्ब्रीज यूनिवर्सिटी प्रेस, लन्दन, 1957
10. बी.के. झा एवं एस.के. पाठक, *उपरोक्त।*
11. 30-31 दिसम्बर, 1969 को पणजी (गोवा) में आयोजित विधायिका के पीठासीन पदाधिकारियों के सम्मेलन में मैसूर विधायिका के स्पीकर के वक्तव्य से यह उक्ति उद्धृत है। प्रोसीडिंग्स ऑफ द कंफटेंस ऑफ प्रीसाईडिंग ऑफिसर्स ऑफ लेजिस्लेटिव बॉडीज इन इंडिया, पृ. 21
12. वही।
13. शून्यकाल पर विस्तृत विवेचन के लिए देखें, रवीन्द्रकुमार वर्मा, 'जीरो आवर एण्ड बिहार लेजिस्लेचर : रोल ऑफ ऑपोजीशन,' *जर्नल ऑफ कांस्टीट्यूशनल एंड पार्लियामेंटरी स्टडीज,* वार्षिकांक 1995

14. 1967 में आयोजित पीठासीन पदाधिकारियों के सम्मेलन में मैसूर विधायिका के स्पीकर द्वारा एक वक्तव्य में इस प्रणाली की चर्चा है जिसमें यह स्पष्ट नहीं किया गया है कि किन देशों में यह प्रणाली प्रचलित है।
15. सुभाष कश्यप, *आवर पार्लियामेंट,* नई दिल्ली, एन.बी.टी. 1988
16. प्रोसिडिंग्स ऑफ दी कान्फरेंस ऑफ प्रेजाइडिंग आफिसर्स ऑफ लेजिस्लेटिव बाडिज इन इंडिया, नई दिल्ली, 14-15 अक्टूबर, 1967, पृ. 92-93
17. यह जानकारी एक पूर्व विधानपरिषद् अध्यक्ष डॉ. रघुवंश प्रसाद सिंह द्वारा बातचीत के दौरान दी गई।
18. बिहार विधानसभा वाद-वृत, खंड दो, संख्या 3, 16 मार्च, 1981 पृ. 1
19. उपरोक्त, 7 फरवरी, 1980, पृ. 19
20. उपरोक्त, 20 जुलाई, 1982, पृ. 7

5

लोकमहत्त्व के मुद्दे उठाना

एर्सकिन मेघ ने भी माना है कि विधायिका खासकर विपक्ष की महत्त्वपूर्ण भूमिका विधायन एवं वित्तीय कार्यों के सम्पादन के अतिरिक्त आलोचनात्मक प्रकार्य का सम्पादन भी है।[1] इस भूमिका के सम्पादन हेतु विधायिका के प्रक्रिया के इन्हीं साधनों द्वारा होता है जिसमें लोकमहत्त्व के विषय पर वाद-विवाद उठाया जाता है, सूचनाएँ एकत्रित की जाती हैं तथा प्रशासन को प्रभावित करनेवाले विभिन्न सरकारी निर्णयों को सदन पटल पर उपलब्ध कराकर सरकार की खामियों को उजागर किया जाता है। वाद-विवाद संसदीय पद्धति की आत्मा है, सौन्दर्य है। ब्रिटेन के सदन में पक्ष एवं प्रतिपक्ष के बीच दो तलवारों से ज्यादा की दूरी रखकर यह प्रतिष्ठित किया गया है कि किसी भी निर्णय को वाद-विवाद से निस्पादित किया जाएगा, सशस्त्र संघर्ष से नहीं। इसीलिए वाद-विवाद के तरीके से व्यवस्थित किया जाता है जिसमें अभिव्यक्ति को मर्यादित परन्तु स्वतन्त्र रखा जाता है।[2] इसके लिए नियम एवं कानून बनाए गए हैं तथा इस वाद-विवाद को वर्गीकृत कर दिया गया है। मेय ने इन्हें चार श्रेणियों में रखा है—समय एवं वक्तव्य के तरीके के आधार पर, विषयवस्तु के आधार पर, सदस्यों के व्यवहार के आधार पर एवं पीठासीन पदाधिकारी के नियमन के आधार पर।[3] जो भी हो भारतीय संसदीय पद्धति में विषयवस्तु एवं आवश्यकता को ध्यान में रखकर वाद-विवाद के अवसरों का वर्गीकरण कर दिया गया है। उदाहरणार्थ, निश्चित आवश्यक लोकमहत्त्व के विषय (स्थगन प्रस्ताव), आवश्यक लोकमहत्त्व के विषय (ध्यानाकर्षण प्रस्ताव लोकहित के सामान्य विषय) मोशंस और रीजोल्यूशनस तथा लोकमहत्त्व के विषय पर सामान्य वाद-विवाद आदि इन विभिन्न संसदीय अवसरों पर सदस्यों को वाद-विवाद द्वारा राष्ट्र या राज्य के हित में तथा लोकहित में सरकार की समीक्षा एवं आलोचना की स्वतन्त्रता का प्रावधान किया गया है।

लोकमहत्त्व के विषय पर सामान्य वाद-विवाद

जहाँ तक लोकसभा में लोकमहत्त्व के विषय पर सामान्य वाद-विवाद का प्रश्न है, सम्भवतः रूल 377 के तहत यह अवसर प्रदान किया गया है परन्तु प्रारम्भ में यह अवसर

सदस्यों को काफी मर्यादित एवं सीमित रखता था। छठी लोकसभा से ही पीठासीन पदाधिकारी द्वारा उदारवादी नीति अपनाई गई तथा सदस्यों को अपने क्षेत्र से सम्बन्धित लोकमहत्त्व के किसी विषय को उठाने की स्वतन्त्रता प्रदान की गई जिसका उपयोग सदस्यों द्वारा उत्तरोत्तर बढ़ता गया।[4] प्रारम्भ में (चौथी लोकसभा में) मात्र 36 विषय उठाए गए थे जो आठवीं लोकसभा में बढ़कर 3180 हो गई अर्थात् इस विधा की उपयोगिता उत्तरोत्तर बढ़ती गई।[5] बिहार विधानसभा नियमावली का नियम 43 द्वारा लोकमहत्त्व के विषय पर सामान्य वाद-विवाद का प्रावधान किया गया है जिसका भरपूर उपयोग विधायकों द्वारा किया गया है। इसमें कोई औपचारिक मोशन या मतदान नहीं होता है। परन्तु सदस्यों को इसकी पूर्व सूचना विधानसभा सचिव को देनी पड़ती है।

इस पद्धति द्वारा सदस्यों की अभिव्यक्ति की स्वतन्त्रता को आधार मिलता है। विपक्षी सदस्यों को सरकार की सामान्य आलोचना एवं समीक्षा का एक और अवसर मिलता है। नेता—विपक्षी दल को सरकार पर अंकुश रखने का अवसर भी इसके द्वारा मिलता है। यहाँ कर्पूरीजी द्वारा नेता—विपक्षी दल के रूप में लोकमहत्त्व के विषय पर सामान्य वाद-विवाद के जरिए भूमिका निरूपण करते हुए उनके द्वारा उठाए गए विषय की प्रकृति का विश्लेषण किया जा रहा है। इस विश्लेषण द्वारा यह निष्कर्ष निकालने का प्रयास किया गया है कि उनके द्वारा उठाए गए वाद-विवाद में उनकी नीतियाँ क्या रहीं तथा उन्होंने किस प्रकार सरकार पर अंकुश रखने एवं जनहित हेतु सरकार को सजग रखने का कार्य किया।

कर्पूरीजी द्वारा इस विधा में भागीदारी को 5 प्रमुख श्रेणियों में विभक्त किया गया है—पहला, सरकार पर सामान्य आरोप खासकर विधि-व्यवस्था, महँगाई और सामान्य कार्यकलाप पर आरोप लगाना। दूसरा, कमजोर वर्गों (मजदूर, दलित, प्रताड़ित एवं पिछड़ों) के हितों की रक्षा हेतु या उनकी समस्याओं के निराकरण हेतु विवाद उठाना। तीसरा, सरकार पर सामान्य विकास हेतु उद्योग लगाने एवं अन्य तरीके अपनाने के सम्बन्ध में विषय उठाना। चौथा, विधायकों के हितों अर्थात् विधायी भूमिका निभाने हेतु अवसर दिलवाने के उद्देश्य से मुद्दों को उठाना तथा पाँचवाँ, व्यवस्था का प्रश्न उठाना।

सारणी 1

लोकमहत्त्व के विषय पर सामान्य विवाद
(कर्पूरीजी की भूमिका का विश्लेषण)

वर्ष	*सामान्य आरोप*	*कमजोर वर्गहित*	*विकास*	*विधायक हित*	*व्यवस्था का प्रश्न*	*कुल*
1980	1	1	–	1	1	4
	(25.0)	(25.0)		(25.0)	(25.0)	(100)
1981	2	2	1	1	–	6
	(33.3)	(33.3)	(16.7)	(16.7)		(100)
1982	6	–	–	–	–	6
	(100)	–				(100)
कुल	**9**	**3**	**1**	**2**	**1**	**16**
	(56.2)	**(18.7)**	**(6.3)**	**(12.5)**	**(6.3)**	**(100)**

नोट : कोष्ठक के अंक प्रतिशत के द्योतक हैं

उपरोक्त सारणी 1 से स्पष्ट है कि लोकमहत्त्व के विषय पर सामान्य वाद-विवाद में कर्पूरीजी ने अधिकांशतः सरकार की अकर्मण्यता पर सामान्य आरोप लगाकर सजग करने का प्रयास किया तथा कमजोर वर्गों के हित के प्रति वे काफी चौकन्ने रहे। इसके पश्चात् कर्पूरीजी ने संसदीय पद्धति में सदस्यों की अभिव्यक्ति की स्वतन्त्रता के प्रति भी सजग रहे तथा विपक्षी सदस्यों का मनोबल बढ़ाने का कार्य किया। विकास एवं व्यवस्था के प्रश्नों को भी उन्होंने उठाया परन्तु उनका त्वरण कम रहा।

उन्होंने सरकार पर सामान्य आरोप लगाकर सरकार को अकर्मण्यता के प्रति सजग रखने तथा इसके प्रति सचेष्ट रखने के कार्य को सर्वाधिक महत्त्व दिया। कर्पूरीजी ने सरकार की सर्वांगीण विफलता की ओर प्रकाश डालते हुए कहा, "मैं इस प्रस्ताव के जरिए कहना चाहता हूँ कि देश की पूँजीवादी अर्थव्यवस्था को बुनियादी तौर पर बदल दें और जो सरकार पूँजीवाद में जन्मी है, जो मालदार लोगों को मालदार बनाना चाहती है, वैसी सरकार को मिटाना आवश्यक है, इस अर्थव्यवस्था में परिवर्तन लाने के लिए। इसलिए मैं सदन में विचार के लिए प्रस्ताव करना चाहता हूँ कि वह बिहार में सभी जनोपयोगी आवश्यक वस्तुओं के मूल्य में उत्तरोत्तर वृद्धि को रोकने एवं इन वस्तुओं के अभाव को दूर करने के लिए कोई उपाय निकालें और इसमें एक उपाय यह भी निकालें कि पूँजीवादी सरकार को खत्म करके नई अर्थव्यवस्था वाली सरकार को करने का प्रयास कैसे किया जाए। इन्हीं शब्दों के साथ मैं अपना प्रस्ताव सदन के विचारार्थ प्रस्तुत करता

हूँ।''[6] इसी क्रम में कर्पूरीजी ने कैदियों को समुचित सुविधा एवं भोजन आदि नहीं मिलने के मामले पर विवाद उठाते हुए कहा, ''समस्तीपुर जेल में जो कुछ हुआ 14 जनवरी, 1981 को वह बन्दियों का संहार था। वहाँ के बन्दियों ने कई महीनों से सरकार के जिलाधिकारी को आवेदन दे रखा था कि जो जेल मैनुअल में निर्धारित राशन प्रत्येक बन्दियों को मिलने चाहिए वह नहीं मिल रहे हैं, जो कम्बल बन्दियों को जाड़े और सर्दी में मिलने चाहिए वह नहीं मिल रहे हैं जो मिलने-जुलने की सुविधा कानून में दी गई है वह सुविधा उपलब्ध नहीं है बल्कि भेंट-मुलाकात करनेवालों से रुपया लिया जाता है, उसके बाद भेंट कराया जाता है। बन्दियों ने आवेदन में लिखा था कि जेल में कई अधिकारी उनके प्रति अन्याय करते हैं, मारते हैं और जुल्म करते हैं। महीनों से आवेदन पत्र पड़ा हुआ था जिलाधिकारी के पास, सरकार के पास लेकिन एक माँग की भी पूर्ति सरकार द्वारा नहीं की गई। आखिर बन्दियों ने निर्णय लिया कि हम शान्तिपूर्ण ढंग से आन्दोलन करेंगे।''[7] विधि व्यवस्था की बिगड़ती स्थिति की ओर ध्यान दिलाते हुए कर्पूरीजी ने कहा, ''हवेली थाने में एक सौ किलोमीटर में दो वर्ग में इस तरह की घटनाएँ घट रही हैं कि कहा नहीं जा सकता। दस-दस हत्याएँ एक दिन में हो जाती हैं। रोज-रोज घटनाएँ घटती जा रही हैं। लोगों के हाथ में हथियार, राइफल, बन्दूक, रिवॉल्वर रहते हैं। दिन-दहाड़े लूटे जाते हैं, इज्जत लूटी जाती है लेकिन सरकार लगता है कि चुपचाप देख रही है, यह साबित करता है कि सरकार की मशीनरी कुछ काम नहीं कर रही है। मैं कहूँगा कि सरकार अपनी यन्त्र को टाइट करे और क्रिमिनल को उस इलाके में पकड़े, जेल में डाले इस सम्बन्ध में मेरे दो सुझाव होगा एक तो यह कि सदन के माननीय सदस्यों की एक समिति बनाकर और दूसरा यह है कि सदन के बाहर भी कुछ गण्यमान्य लोगों को साथ लेकर सरकार इसकी जाँच कराए और इसका निदान निकाल लेने की कोशिश करे, अन्यथा वहाँ की दशा सुधारना मुश्किल है। वहाँ समस्या सँभाल में नहीं आ सकेगा।''[8] सामान्य लोकहित पर विमर्श करते हुए कर्पूरीजी ने प्रान्त की बदहाली का चित्रण करते हुए कहा, ''विगत एक माह से घोर अनावृष्टि के कारण हमारे राज्य में घोर स्थिति उत्पन्न हो गई है। सच पूछा जाए तो सारा बिहार जल रहा है। धान लगाने के लिए मोरी लगाए गए थे वह सब जल गया और तो और जहाँ नहर है वहाँ कभी पानी की कमी नहीं होती थी, भयंकर पानी की कमी हो गई है और जो नहरी इलाका है वहाँ खेतों को देखा है, जब मैं दौरे पर गया था, वहाँ के किसान उसी तरह कराह रहे हैं जैसे सारे बिहार के किसान।

''अध्यक्ष महोदय, मैं कहना चाहता हूँ कि आप सिंचाई पर खर्च ज्यादा कीजिए अगर सिंचाई की क्षमता कम सृजित की जाए तो अकाल का मुकाबला कैसे कर सकते हैं।[9] हमारे यहाँ सिंचाई पर 61 करोड़ जब खर्च होते थे तब सिंचाई क्षमता सृजित हुई 177 हजार हेक्टेयर्स के लिए और उससे बहुत ज्यादा खर्च हुआ—अध्यक्ष महोदय, यह हालत रहेगी तो फिर आप अकाल का कैसे मुकाबला कर सकते हैं ? इसलिए बुनियादी बात यह है कि राज्य में सिंचाई का इन्तजाम होना चाहिए, मगर वहाँ लूटपाट चल रही

है। पैसे तो खर्च किए जाते हैं, अगर पानी और सिंचाई की व्यवस्था नहीं हो तो आप अकाल का मुकाबला कैसे कर सकेंगे ?" कर्पूरीजी ने सरकार की विधि-व्यवस्था पर आक्रोश जाहिर करते हुए विभेदपूर्ण निर्णय की आलोचना की और सरकार को विफल बताया। वे अनिच्छापूर्वक भी लोकमहत्त्व के विषय पर सरकार की खिंचाई करते रहते थे। उनके द्वारा यह भाषण उदाहरणार्थ उद्धृत है, "अध्यक्ष महोदय, मेरा इरादा इस प्रस्ताव में भाग लेने का नहीं था मगर कुछ ऐसी जरूरी बातें आ गई हैं जिनके चलते मैं दो मिनट का निवेदन अपनी तरफ से करना चाहता हूँ।...विरोधी दल के अन्य माननीय सदस्यों ने भी सत्तादल के अनेक माननीय सदस्यों ने माननीय सदस्यों के भाइयों एवं परिवार के लोगों की हत्याओं का जिक्र किया। अपने भाषण के क्रम में—पिछले दिन मुख्यमन्त्री ने बोलते हुए कहा कि आपने एक हरिजन थाना खोला था पर हमने दस हरिजन थाना खोले हैं। मुझे पता नहीं कि उन्होंने यह बोलते समय गम्भीरता से विचार किया या नहीं। थाना हिन्दू, मुसलमान, ईसाई सबके लिए होता है, ब्राह्मण, कायस्थ, राजपूत, भूमिहार सबके लिए होता है। अगर वह थाना सबके लिए काम नहीं करे तो फिर ऐसे थानों को बनाने से क्या फायदा यह मात्र उनकी उपलब्धि का प्रश्न नहीं है। मुझे ताज्जुब है कि जब हत्या की संख्या बढ़ी है, डकैतियों की भरमार है, अन्य अपराधों का उभार है तो भी मुख्यमन्त्री इसे विधि-व्यवस्था में सुधार की संज्ञा देते हैं।...मैं समर्थन करता हूँ कि यह सरकार विधि-व्यवस्था के मामले में विफल रही है, इसलिए इस सरकार को एक मिनट भी गद्दी पर रहने का अधिकार नहीं है, और सभी माँग के साथ मैं अपना आसन ग्रहण करता हूँ।"[10] कर्पूरीजी ने विधि-व्यवस्था की बदहाली, आर्थिक व्यवस्था की बदहाली एवं सरकार की अन्य विफलताओं पर कई वाद-विवाद सदन में उठाए जिनमें लगभग वही माँगें रखीं जो उपरोक्त विवादों में रखी थीं।

कमजोर वर्गों एवं मजदूरों के हितों के लिए कर्पूरीजी सदन में संघर्ष करते रहते थे। बिहार राज्य विद्युत बोर्ड के मजदूरों द्वारा हड़ताल को तोड़वाने में कर्पूरीजी एवं अन्य विपक्षी विधायकों ने मुख्यमन्त्री के मजदूरों की माँगें पूरी करने के आश्वासन पर पहल की और हड़ताल तोड़वाने के पश्चात् मजदूरों की माँगें नहीं मानी गईं तथा 54 मजदूरों को काम पर भी वापस नहीं लिया गया। इसके विरोध में सदन में उठाई गई चर्चा का समर्थन करते हुए कर्पूरीजी ने कहा, "मैं कहना चाहता हूँ कि जो मुख्यमन्त्री ने आश्वासन दिया था कि वह विरोधी दल के नेता और बिजली मजदूरों के साथ विश्वासघात है। सभापति महोदय, मैं समझता हूँ कि अगर कोई माँग सरकार नहीं मानती तो बात दूसरी थी, लेकिन यदि सरकार माँग की पूर्ति करने का आश्वासन दे दे और आश्वासन के बाद विपरीत आचरण किया जाए तो इसे विश्वासघात ही कहा जा सकता है।...हम लोगों ने सद्भाव के साथ काम किया लेकिन सरकार ने अपने वचन को पूरा नहीं किया आज सदन में जो संकल्प आया है उस पर बोलते हुए मैं आग्रह करना चाहता हूँ मुख्यमन्त्रीजी से राज्यमन्त्री से तथा पूरी सरकार से कि सरकार ने वादा किया हम लोगों के साथ और हम लोगों ने विश्वास कर मजदूरों से हड़ताल वापस कराई, कम-से-कम सरकार अपनी

इज्जत बचाए, मजदूरों का हित कर दे। हम लोगों को जो आश्वासन दिया गया है उसको सौ फीसदी सरकार पूरा कर दे यह कहते हुए मैं इस प्रस्ताव का समर्थन करता हूँ।"[11] हरिजनों को जमीन से बेदखल किए जाने के मामले को लेकर कर्पूरीजी ने माँग की कि "1976 में जो जमीन दी गई थी (हरिजनों को) उसको बेदखल किया जा रहा है जो जमीन हरिजनों के कब्जे में होनी चाहिए थी। आज उस जमीन को बन्दूक और ट्रैक्टर के बल पर बेदखल किया जा रहा है। इस समय माननीय मन्त्री श्री लहटन चौधरी को फौरन कार्रवाई करनी चाहिए। आप आज ही वायरलेस भेजकर उन हरिजनों को जमीन की बेदखली से बचाइए।"[12]

सदन में नेता–विपक्षी दल की भूमिका केवल सरकार पर आक्षेप करना ही नहीं बल्कि विपक्षी सदस्यों को अभिव्यक्ति के अवसर दिलवाना भी है। पटना जिलान्तर्गत मनेर प्रखंड के कटाव पीड़ितों को पुनर्वास की व्यवस्था के विषय पर विपक्षी सदस्यों को अध्यक्ष द्वारा बोलने की अनुमति नहीं दिए जाने पर कर्पूरीजी ने कहा, "जब कोई माननीय सदस्य संकल्प में संशोधन देते हैं। तभी किसी खास विषय को आम बनाया जाता है। तो जब संशोधन के मार्फत आम विषय बना दिया जाता है। तभी अन्य माननीय सदस्य भी उसमें बोलते हैं। मैं जानना चाहता हूँ कि किसी नियम के अधीन माननीय सदस्य श्री राजमंगल मिश्र या पहले भी माननीय सदस्य श्री महेन्द्र नारायण झाजी, को बोलने की अनुमति दी गई। एक विषय रामनगीना सिंहजी द्वारा उठाया गया किसी खास जगह के कटाव के सम्बन्ध में और सरकार की ओर से उत्तर देना चाहिए। लेकिन इसको आम विषय कैसे बनाया गया है ?"[13] उन्होंने पुनः प्रश्न उठाया और आरोप लगाया कि "सभापति महोदय, सरकार की नीयत ठीक नहीं है। सरकार चाहती है कि एक ही विषय पर तीन घंटा बहस होती रहे और माननीय सदस्य उसमें उलझे रहें तथा माननीय सदस्य का जो सवाल है वह सदन में नहीं आवे और न उस पर बहस हो।"[14] एक अन्य मामले की जाँच संसदीय समिति द्वारा कराए जाने की माँग को लेकर कर्पूरीजी ने अध्यक्ष पर दबाव डाला परन्तु दबाव विफल होता देख कर्पूरीजी ने कहा, "आप टाल रहे हैं, इसलिए आपके निर्णय के विरुद्ध हम लोग सदन से वाक आऊट कर रहे हैं (शोरगुल)"[15]

सरकार की प्रशंसा में कमी और राज्य की सामान्य बदहाली, कमजोर वर्गों के हित की रक्षा, विधायकों के हित जैसे मामलों के अतिरिक्त कर्पूरीजी ने राज्य के विकास के लिए सरकार को खास कदम उठाने की सलाह भी इस विमर्श के अवसर पर दिया। उन्होंने बरौनी में पेट्रोकेमिकल्स कॉम्पलेक्स की स्थापना के अभिस्ताव का समर्थन करते हुए कहा, "योजना आयोग और भारत सरकार की औद्योगिक विकास की दोषपूर्ण नीति के कारण ही आज तक हमारा प्रदेश पिछड़ा रहा है और इतने दिनों के बाद आज बरौनी पेट्रोकेमिकल्स खोलने का यह प्रस्ताव हुआ। यद्यपि बरौनी में साधन उपलब्ध हैं लेकिन अब तक वहाँ पेट्रोकेमिकल्स कॉम्पलेक्स की स्थापना नहीं हो सकी। एक स्टडी टीम आई थी जिसने भारत सरकार से प्रतिवेदन माँगा था, उस प्रतिवेदन से साफ-साफ स्पष्ट हो

जाएगा कि सबसे पहले बरौनी में ही पेट्रोकेमिकल्स की स्थापना हो, लेकिन चुना गया गुजरात में, चुना गया बम्बई में, चुना जा रहा है मदुरई और सुनने में आया है चुना जा रहा है कोचीन में पेट्रोकेमिकल्स कॉम्पलेक्स स्थापना के लिए।...बरौनी में पेट्रोकेमिकल्स कॉम्पलेक्स की स्थापना न केवल बिहार के हित में है बल्कि यह पूरे देश के हित में है। यहाँ इस उद्योग के लिए प्रचुर मात्रा में उपलब्ध है और अन्य साधन की कमी नहीं है। पिछले तीन वर्षों से बिहार के साथ अन्याय किया जा रहा है।...इसलिए मैं भारत सरकार से कहना चाहता हूँ कि वह यह सोचे, देखे कि अब बिहार की जनता सोई हुई नहीं है, अब वह उसे बर्दाश्त करने को तैयार नहीं है। मैं फिर कहना चाहता हूँ कि शीघ्रातिशीघ्र एक विधानसभा की ओर से शिष्टमंडल दिल्ली जाए और उद्योगमन्त्री से और योजना आयोग से जोर डाले कि जल्द-से-जल्द बरौनी पेट्रोकेमिकल्स की स्थापना करे इन्हीं शब्दों के साथ मैं अपना भाषण समाप्त करता हूँ।"[16]

स्थगन-प्रस्ताव

संसदीय पद्धति में स्थगन प्रस्ताव का बड़ा ही महत्त्व है। लोकमहत्त्व के मामलों को सदन में उठाने के कई अवसरों के प्रावधान जैसे—स्थगन प्रस्ताव, ध्यानाकर्षण प्रस्ताव, अल्पकालीन विवाद, रूल 37 के तहत बयान रीजोल्यूशन (अभिस्ताव), अविश्वास प्रस्ताव तथा सेंसर मोशन आदि में स्थगन प्रस्ताव को सर्वाधिक महत्त्वपूर्ण स्थान प्राप्त है। इन विधाओं के सहारे सदन में निजी सदस्यों को अभिव्यक्ति के अधिकतम अवसर की सम्प्राप्ति होती है।

आमतौर पर सदन की कार्यवाही एजेंडा (पूर्वनिर्धारित कार्यसूची) के अनुसार ही होती है तथा अन्य कोई भी मामला अध्यक्ष की अनुमति के बिना विवादित नहीं किया जा सकता। विधायी प्रक्रिया सम्बन्धित विधानों के तहत लोकमहत्त्व के आवश्यक विषयों पर विवाद के लिए समान कार्यवाही को रोककर स्थगन प्रस्ताव की माँग सदस्यों द्वारा किया जा सकता है।[17] स्थगन प्रस्ताव का मौलिक उद्देश्य तत्कालीन आवश्यक लोकमहत्त्व के विषय की ओर सदन का ध्यान आकृष्ट करना है क्यों वैसे विषय पर ध्यान नहीं दिए जाने तथा उन विषयों को एजेंडा में सम्मिलित किए जाने तक गम्भीर परिणाम हो सकते हैं।[18] अर्थात् स्थगन प्रस्ताव हेतु विषय अत्यन्त गम्भीर हो, लोकहित को प्रभावित करनेवाला तथा लोक सुरक्षा से सम्बन्धित हो तथा जिस पर सदन का ध्यान अविलम्ब आकृष्ट करना आवश्यक हो। इस प्रकार स्थगन प्रस्ताव एक असाधारण संसदीय विधा है। जिसमें स्वीकृत प्रस्ताव पर सदन की कार्यवाही रोककर निश्चित तौर पर आवश्यक लोकमहत्त्व के विषय पर विवाद होता है। इस प्रकार स्थगन प्रस्ताव के लिए मामले का निश्चित होना, सत्य तथ्य पर आधारित होना, आवश्यक होना और लोकहित का होना अनिवार्य है। अतः आम मुद्दे जैसे राजनीतिक स्थिति, विधि व्यवस्था, बेरोजगारी, दुर्घटनाएँ, मीलबन्दी आदि विषयों के साथ-साथ, परिवहन की कमी, अपहरण,

डकैती, बम विस्फोट, साम्प्रदायिक दंगे आदि मामले स्थगन प्रस्ताव के विषय आमतौर पर नहीं हो सकते। इसमें विशेषाधिकार, या अन्य प्रस्तावों में उठाए जा सकने वाले विषय, न्यायालय के विचाराधीन विषय तथा वैसे विषय उस दिन विवादित हो चुका हो या एजेंडा पर हो, को स्थगन प्रस्ताव के तहत नहीं उठाया जा सकता। अतः स्थगन प्रस्ताव के विषय प्रत्यक्ष या अप्रत्यक्ष रूप से सरकार के कृत्यों या अकृत्यों से ही सम्बन्धित होने चाहिए।[19] स्थगन प्रस्ताव रखनेवाले माननीय सदस्य को दस बजे प्रातः सभाध्यक्ष, सम्बन्धित मन्त्री एवं सदन के सचिव को सम्बोधित करते हुए सूचना देनी पड़ती है। यदि अध्यक्ष सन्तुष्ट होते हैं तो स्थगन प्रस्ताव को प्रेषित करने हेतु स्वीकृति प्रदान करते हैं तथा प्रश्नकाल के बाद सम्बन्धित सदस्य को पुकारते हैं और सदन के अवकाश हेतु माँग करने के लिए कहते हैं। यदि इस पर विरोध प्रकट किए जाते हैं तब सभापति विरोधियों को अपनी सीट पर खड़े होने के लिए आग्रह करते हैं। एक निश्चित संख्या में सदस्यों के खड़े होने पर अवकाश स्वीकृत किया जाता है तत्पश्चात् स्थगन प्रस्ताव पर विवाद सन्ध्या 4 बजे शुरू होती है तथा ढाई घंटे का समय उपलब्ध कराया जाता है। इस अवधि में वाद-विवाद तथा मन्त्री का जवाब भी होता है। स्थगन प्रस्ताव रखनेवाले सदस्य को पुनः विचार रखने की अनुमति होती है। एक उल्लेखनीय बात है कि इस अवधि में सभाध्यक्ष सदस्य को स्थगित नहीं कर सकते हैं क्योंकि यह शक्ति अब सदन में निहित होती है। विवाद के बाद मतदान होता है।

इस प्रकार सदन में स्थगन प्रस्ताव की महत्ता अविश्वास प्रस्ताव के समतुल्य हो जाती है। अन्तिम रूप से मतदान में यदि प्रस्ताव की विजय होती है तो यह सरकार पर सेंसर लगाने के समान होता है। ऐसी स्थिति में यद्यपि इस मतदान से सरकार अपदस्थ नहीं होती परन्तु यह स्पष्ट हो जाता है कि यदि सीधा अविश्वास प्रस्ताव लगाया जाता है तब भी सरकार हार जाएगी और उसे अपदस्थ होना पड़ेगा। यही कारण है कि ज्यादातर स्थगन प्रस्ताव अस्वीकृत हो जाते हैं और विवाद के अवसर पर इस विधा के सहारे बहुत ही कम दिए जाते हैं। उदाहरणार्थ, सातवीं लोकसभा में 5762 स्थगन प्रस्ताव के लिए सूचना दी गई जिसमें 144 को सदन के सामने लाया गया तथा उसमें से 24 को ही विवाद के लिए स्वीकृत किया गया। प्रतिशत में इसकी गणना अत्यन्त नगण्य है। इसी प्रकार आठवीं लोकसभा में 1801 में से 80 तथा नवीं लोकसभा में 375 में से 9 ही स्थगन प्रस्तावों पर विवाद हुआ।[20] बिहार विधानसभा में भी स्थिति यही रही है बल्कि स्थगन प्रस्तावों पर विवाद की स्वीकृति के अवसर पर बहुत कम आए हैं। 1980 से 1982 के कैलेंडर वर्ष में मात्र तीन या चार बार स्थगन प्रस्ताव पर विवाद हुआ।

ऐसी परिस्थिति में स्थगन प्रस्ताव के दौरान नेता–विपक्षी दल की क्या भूमिका होगी नेता–विपक्षी दल के मौलिक कर्त्तव्यों एवं भूमिकाओं की चर्चा हम पहले ही कर चुके हैं। स्थगन प्रस्ताव के मूल में जो उद्‌देश्य हैं वे हैं–तत्कालीन लोकमहत्त्व के आवश्यक विषय की ओर सदन का ध्यान आकृष्ट करना, सरकार के कृत्यों एवं अकृत्यों के प्रति विरोध प्रकट करना तथा सरकार पर प्रतिरोध (सेंसर) लगाना है। इन उद्‌देश्यों की पूर्ति

हेतु नेता–विपक्षी दल को निश्चित तत्कालीन घटनाओं का सरकार की नीतियों से सम्बन्ध स्थापित करना, सदन में विभिन्न विपक्षी दलों के सदस्यों को समर्थन देकर सामंजित करना ताकि सरकार पर प्रतिरोध बनाए रख सकें तथा प्रस्ताव के विषय के प्रति सदन के माध्यम से जनता का ध्यान आकृष्ट करना पड़ता है। स्थगन प्रस्ताव के प्रति सजग एवं सचेष्ट रहना नेता–विपक्षी दल का परम महत्त्वपूर्ण कर्त्तव्य है ताकि सरकार पर विपक्ष का दबाव बना रहे और प्रजातान्त्रिक मूल्यों की रक्षा कर दमनकारी रुख पर अंकुश लगा रह सके। इन्हीं कसौटियों पर कर्पूरीजी के संसदीय कृत्यों एवं उनकी भूमिका को परखा जाएगा।

इनके द्वारा दिए गए स्थगन प्रस्ताव की सूचनाओं एवं स्थगन प्रस्ताव के विवाद में भागीदारी के स्वरूप के विवेचन से स्थिति स्पष्ट हो सकती है। निम्नलिखित सारिणी 2 में उनकी भागीदारी के स्वरूप का निरूपण किया गया है।

सारिणी 2

कर्पूरीजी का स्थगन प्रस्ताव में भागीदारी का विश्लेषण

वर्ष	*प्रस्ताव के समर्थन में*			*स्थगन की सूचनाएँ*			*कुल*
	कानून व्यवस्था	*दमन कुशासन भ्रष्टाचार*	*विधायिका हित*	*दमन कुशासन भ्रष्टाचार*	*कमजोर वर्ग-हित*	*विधायिका*	
1980	1	1 (25.0)	2 (25.0)	— (50.0)	—	—	4 (100)
1981	1 (25.0)	1 (25.0)	—	2 (50.0)	—	—	4 (100)
1982	—	2 (22.2)	1 (11.0)	1 (11.1)	4 (44.5)	1 (11.1)	9 (100)
कुल	**2 (11.8)**	**4 (23.6)**	**3 (17.6)**	**3 (17.6)**	**4 (23.6)**	**1 (5.8)**	**17 (100)**

नोट : कोष्ठक के अंक प्रतिशत के द्योतक हैं।

सारिणी 2 से स्पष्ट है कि कर्पूरीजी ने मोटे तौर पर दो तरह की भूमिका निभाई, अन्य सदस्यों द्वारा स्थगन प्रस्ताव की स्वीकृति हेतु अध्यक्ष के समक्ष विषय की महत्ता पर प्रकाश डालना। दूसरा महत्त्वपूर्ण अत्यावश्यक विषय पर स्थगन प्रस्ताव की सूचना देना और स्वीकृति के लिए तर्क प्रस्तुत करना। इन दो प्रकार के स्थगन प्रस्ताव भागीदारी

का उपवर्गीकरण भी इस तालिका से स्पष्ट है। अन्य विपक्षी सदस्यों के स्थगन के समर्थन में विवाद में भाग लेना और उनकी स्वीकृति के लिए तर्क प्रस्तुत करना देखने को मिल सकता है। इस श्रेणी में बढ़नेवाले भागीदारी को विषयवस्तु की प्रकृति के आधार पर तीन मुख्य वर्ग बनाए जा सकते हैं—**पहला**, सामान्य कानून व्यवस्था बनाए रखने में सरकार की विफलता। **दूसरा**, सरकार की दमनकारी नीति अकर्मण्यता तथा सरकारी तन्त्र में व्याप्त भ्रष्टाचार एवं उदासीनता से सम्बन्धित और **तीसरा**, स्थगन की स्वीकृति हेतु विधायी नियमनों एवं उनके अन्तर्गत सदस्यों को अवसर दिलवाने हेतु वाद-विवाद उठाना। स्थगन प्रस्ताव की सूचना देनेवाले भागीदारी में तीन उपवर्ग दृष्टिगोचर हुए, प्रथम सरकार की दमनकारी नीति, अकर्मण्यता एवं व्याप्त भ्रष्टाचार से सम्बन्धित। दूसरा कमजोर वर्गों के हित की रक्षा से सम्बन्धित तथा तीसरा विधायिका के नियमनों से सम्बधित। 7 फरवरी, 1980 से 26 दिसम्बर, 1982 के बीच कर्पूरीजी ने 17 स्थगन प्रस्तावों के विवाद में भाग लिया जिसमें 11.8 प्रतिशत भागीदारी सरकार की सामान्य विधि-व्यवस्था में गिरावट की ओर सरकार का ध्यान आकृष्ट कर सुधार लाने हेतु कर्पूरीजी द्वारा किया गया। दोनों श्रेणियों को मिलाकर कर्पूरीजी द्वारा उठाए गए 41.2 प्रतिशत मामले सरकार की दमनकारी नीति, अकर्मण्यता एवं भ्रष्टाचार से सम्बन्धित थे। 23.6 प्रतिशत मामले कमजोर वर्गों (जैसे हरिजन, महिला, मजदूर वर्ग, छात्र वर्ग आदि) के हितों की रक्षा से सम्बन्धित थे। विधायिका के नियमन से सम्बन्धित मामले सम्पन्न की श्रेणी में 17.6 प्रतिशत थे जबकि सूचना की श्रेणी मात्र 5.8 प्रतिशत रहे। इस प्रकार यहाँ स्पष्ट है कि कर्पूरीजी ने स्थगन प्रस्ताव के माध्यम से सरकार की दमनकारी, अकर्मण्यता एवं भ्रष्टाचार पर कठोरतम अंकुश रखने का प्रयास किया तथा कमजोर वर्गों के हितों की रक्षा के लिए जोर देकर सरकार को बार-बार सचेत किया। इसके पश्चात् कर्पूरीजी ने पीठासीन पदाधिकारी को स्थगन प्रस्ताव के नियम एवं सदस्यों की अभिव्यक्ति के अवसर दिलाने की ओर सचेत किया ताकि विधायिका सही ढंग से कार्य अंजाम दे सके।

इन तथ्यों का सत्यापन कर्पूरीजी द्वारा सदन में उठाए गए तर्क एवं विवादों से स्पष्ट होगा। सामान्य विधि-व्यवस्था से सम्बन्धित स्थगन प्रस्ताव में कर्पूरीजी ने गहरी रुचि दिखलाई। बिहार शरीफ में जून, 1981 में दंगा के मामले पर स्थगन प्रस्ताव की सूचना देते हुए कर्पूरीजी ने स्पष्ट कहा, "ऐसा मानता हूँ कि बिहार शरीफ में और नालन्दा जिला के गाँव में जो उपद्रव हुआ, वह सरकार की विफलता और प्रशासन की विफलता का प्रतिफल है।" परसविधा कांड पर स्थगन प्रस्ताव में विवाद करते हुए कर्पूरीजी ने कहा, "परसविधा में जो घटना घटी है, जिस पुलिस अधिकारी की लापरवाही से घटना घटी है।...इसमें किसका कसूर था, कौन अपराधी था, इस बात का पता सरकार को लगाना चाहिए। सरकार को यह भी पता लगाना चाहिए कि इंटेलिजेंस के लोग क्या कर रहे थे। उन्होंने क्यों नहीं पहले से जानकारी हासिल की।"[21] पत्रकारों पर भी आरोप लगाते हुए कर्पूरीजी ने कहा, "जब घटना घटी तो आग लगाने का काम अखबारवालों ने किया।

लुटेरे की कोई जाति नहीं हुआ करती। उनकी कोई जाति नहीं होती, किसी जाति को दोषी करार देना गलत बात है। लेकिन यह रोज फैलाने की कोशिश होती है। मैं कहना चाहता हूँ कि देश में फासिज्म का खतरा बन रहा है।...यह निर्विवाद है कि चाहे परसविधा कांड हो या डोहिया कांड हो सरकार की इसमें विफलता रही है जो कार्रवाई होनी चाहिए वह नहीं की गई है।"[22]

सरकार पर सीधा कटाक्ष करते हुए भागलपुर अँखफोड़वा कांड पर स्थगन प्रस्ताव में भाग लेते हुए कहा, "इस सदन में कार्य स्थगन प्रस्ताव पर विवाद हो रहा है। ये घटनाएँ द्योतक हैं, पुलिस प्रशासन के पतन के। इस राज्य के अधोपतन के द्योतक है। हमारे समाज में जिन लोगों द्वारा इस घटना का समर्थन किया जा रहा है उनके नैतिक पतन का।"[23] इसी बहस में सरकार पर दमनकारी होने का आरोप लगाते हुए कर्पूरीजी ने कहा, "यहाँ जनतन्त्र रहते हुए जंगली राज चल रहा है। यह कुरूप बर्बर राज है। उस तरफ के कोई विधायक या इस तरह कोई यदि इस आँखफोड़ कांड का समर्थन करते हैं तो यह कतई उचित नहीं कहा जाएगा।...आप जंगलराज का समर्थन करते हैं। मैं सरकार पर चार्ज लगाता हूँ कि 35 आदमियों की आँख उन्होंने फोड़वायी है पुलिस द्वारा। लेकिन इस सरकार ने उन लोगों पर कोई कार्रवाई की इस कांड के बाद।" इसी स्थगन प्रस्ताव में सरकार पर आरोप लगाया कि "इसलिए मैं कहना चाहता हूँ कि यह सरकार बेदिल की है, यह बेदर्द सरकार है, यह बेरहम सरकार है, यह क्रूर और बर्बर सरकार है, यह बेदिमाग की सरकार है, यह बेअकल की सरकार है और इस सरकार को एक मिनट भी गद्दी पर रहने का कोई हक नहीं है, कोई अधिकार नहीं है। इसलिए मैं इस प्रस्ताव का समर्थन करता हूँ।"[24] कर्पूरीजी ने मुरलीगंज में विद्यार्थियों पर पुलिस द्वारा बर्बरता से पेश आने और दो विद्यार्थियों को मारने के सन्दर्भ में सरकार की भर्त्सना की, निम्नलिखित शब्दों में कहा, "सरकार उक्त दरोगा और बी.डी.ओ. को सस्पेंड करे, इतना बड़ा अन्याय होता रहा, इसको हम लोग चुपचाप बर्दाश्त करने के लिए तैयार नहीं हैं। अध्यक्ष महोदय, हम आपसे प्रार्थना करेंगे। आप बताएँ कि सरकार जवाब देगी तो कितने बजे देगी।"[25] अध्यक्ष ने 4 बजे बयान के लिए राजी कर लिया।

कर्पूरीजी ने न केवल सरकार पर निगरानी रखने का कार्य किया बल्कि सदन में विपक्ष दल के सदस्यों को अभिव्यक्ति के अधिक-से-अधिक अवसर दिलाने के लिए भी स्थगन प्रस्ताव का उपयोग किया है। विभिन्न सदस्यों द्वारा स्थगन की सूचना पर विवाद में कर्पूरीजी ने कहा, "जितने स्थगन प्रस्ताव दिए गए हैं, उन्हें आप नियमानुसार स्वीकार करें या नहीं, यह आपके विवेक पर निर्भर करता है लेकिन सभी महत्त्वपूर्ण हैं, सार्वजनिक जीवन से सम्बन्ध रखते हैं, जनता के हित से सम्बन्ध रखते हैं। इसलिए कोई-न-कोई ऐसा रास्ता निकालना होगा ताकि यह सवाल उठाया जा सके और इस पर माननीय सदस्य चाहे इस पक्ष के हों या उस पक्ष के, अपनी राय जाहिर करें, ताकि इस प्रान्त की जनता को सदन के द्वारा कोई दिशा निर्देश मिले। इतना ही मुझे कहना है।"[26] आँखफोड़वा कांड पर स्थगन प्रस्ताव पर विवाद में स्थगन प्रस्ताव की महत्ता पर प्रकाश

डालते हुए कर्पूरीजी ने कहा, "यह जो कार्य स्थगन प्रस्ताव पर, विवाद में स्थगन प्रस्ताव अविश्वास प्रस्ताव होता है। जब सरकार विफल रही अपने कर्त्तव्य को पूरा नहीं किया तो इस सरकार को बने रहने का कोई औचित्य नहीं है, कोई अधिकार नहीं है।"[27] विपक्षी सदस्य जनार्दन तिवारी ने 17 दिसम्बर, 1980 को हुए दंगा पर स्थगन प्रस्ताव की सूचना 18 दिसम्बर, 1980 को दी जिसे कि अध्यक्ष ने नियमानुकूल नहीं होने का आरोप लगाकर अमान्य घोषित कर दिया। परन्तु श्री तिवारी के प्रस्ताव की स्वीकृति हेतु कर्पूरीजी ने समर्थन में कहा, "कार्यस्थगन प्रस्ताव का नियम है। नियम में स्वीकृति के लिए तीन बातें आवश्यक मानी जाती हैं—पहला, यह कि घटना बहुत हाल की या तत्काल की हो। दूसरा, कि सार्वजनिक महत्त्व की घटना हो। तीसरी, कि निश्चित घटना के बारे में उल्लेख हो। ये तीन बातें अनिवार्य हैं कार्य स्थगन की स्वीकृति के लिए।...तो सार्वजनिक महत्त्व की घटनाएँ जिन शहरों में घटी हैं, वे निश्चित है कल की घटना है, सार्वजनिक महत्त्व की घटना है। सरकार की विफलता है कि घटनाएँ घट गईं। अध्यक्ष महोदय मैं नियम की बात कर रहा हूँ। यहाँ अगर नियम से फैसला नहीं हो फैसला हो जबर्दस्ती से, तो इसका कोई जवाब नहीं। सूचना नियम के मुताबिक है या नहीं, आप सर्वोपरि यहाँ बैठे हुए हैं...मैं निवेदन करता हूँ कि विधानसभा नियमावली है उस नियमावली के आधार पर सरकार को विफलता है और नियम के अनुसार तीनों बातें आ जाती हैं तो फिर कार्य स्थगन प्रस्ताव को स्वीकृत करने में क्या आपत्ति है।"[28] बिहार शरीफ के दंगे, बागमती नदी पर रेल दुर्घटना तथा एक आरक्षी पर आरोप के सिलसिले में कई सदस्यों ने स्थगन की सूचना दी परन्तु महोदय इन सभी प्रस्तावों की स्वीकृति के सम्बन्ध में सदस्यों की राय जाननी चाही तो कर्पूरीजी ने सुझाव दिया, "यह जो प्रस्ताव है यह असाधारण घटना नहीं होती तो आप लोगों की जो मंशा होती या सरकार की जो मंशा होती तो उससे हम लोग सहमत हो जाते लेकिन यह जो घटना घटी है असाधारण घटना है इसलिए हर हालत में कार्यस्थगन प्रस्ताव ही मंजूर होना चाहिए और उस पर इस सदन में वाद-विवाद चलना ही चाहिए।"[29] जेल के अन्दर पुलिस फायरिंग के मामले पर अपने द्वारा एवं अन्य सदस्यों द्वारा दिए गए प्रस्ताव की सूचना की स्वीकृति हेतु विवाद में भाग लेते हुए स्थगन प्रस्ताव की स्वीकृति देने के लिए कर्पूरीजी ने जोर डाला और अध्यक्ष से आग्रह किया। रामसेवक सिंह विधायक के घर पर पुलिस कार्यवाही की तीव्र आलोचना करते हुए कर्पूरीजी ने विशेषाधिकार का मामला उठाते हुए स्थगन प्रस्ताव की सूचना दी और कहा, "अध्यक्ष महोदय, यह जो काम पुलिस ने किया है वह विशेषाधिकार के हनन का सवाल भी है। इसलिए मैं आपके माध्यम से सरकार से माँग करता हूँ कि माननीय सदस्य को अपमानित किया गया है...इसलिए उस उपाधीक्षक के विरुद्ध तथा दूसरे पुलिस अधिकारियों के विरुद्ध सख्त-से-सख्त कार्रवाई की जाए...सबसे बढ़कर यह बात है कि चूँकि यह हाल की घटना है और जो कि ताजा है जिसके बारे में नियम भी लिखा हुआ है कि घटना ताजा हो इसलिए यह महत्त्वपूर्ण बात है।"[30]

कमजोर वर्ग के हितों की रक्षा के विषय पर स्थगन प्रस्ताव को स्वीकृति दिलाने हेतु कर्पूरीजी ने पुरजोर प्रयास किए। बिहार सरकार के ड्राइवरों की हड़ताल से सम्बन्धित स्थगन प्रस्ताव के समर्थन में कर्पूरीजी ने कहा, "चूँकि यह सरकार का अपना मामला उनके ड्राइवर का मामला है, वे गरीब लोग हैं दिन-रात काम करते हैं समय से ज्यादा काम करते हैं इसलिए मुख्यमन्त्री यहाँ बैठे हुए हैं उनसे बात करें और उनकी माँग को पूरा करें ताकि उनकी हड़ताल समाप्त हो जाए। मैंने कार्य स्थगन प्रस्ताव इसीलिए दिया है चूँकि वे लोग हड़ताल पर हैं।"[31] हरिजन बस्ती में मजदूरों के कारण हत्याकांड के मामले पर श्री राजकुमार पूर्वे, श्री कृपाशंकर चटर्जी के साथ-साथ कर्पूरीजी ने स्थगन प्रस्ताव रखा तथा "मुझे इस सम्बन्ध में दो निवेदन करना है जो घटना हत्याकांड की घटी है और जैसा आपने कहा कि न्यूनतम मजदूरी के लिए विवाद खड़ा था और अधिकारी लोग उस गाँव में गए थे। सरकार को पहले से सूचना थी लेकिन पूर्व सूचना के बाद भी सरकार इस घटना को रोकने में विफल रही है इसलिए हमारे कार्यस्थगन प्रस्ताव को स्वीकार करना चाहिए और उस पर बहस यहाँ होनी चाहिए।"[32]

ध्यानाकर्षण प्रस्ताव

सदन में महत्त्वपूर्ण विषयों को उठाने की विधा में ध्यानाकर्षण प्रस्ताव भारतीय संसदीय पद्धति की एक मौलिक देन है। विश्व में सर्वप्रथम 1954 में सदन में अल्पावधि की सूचना देकर सरकार का ध्यान अतिआवश्यक लोकमहत्त्व के विषय की ओर आकृष्ट करने हेतु सर्वप्रथम प्रस्ताव की व्यवस्था भारतीय संसदीय पद्धति में ही की गई। स्थगन प्रस्ताव की गम्भीरता और उसकी सरकार पर एक प्रकार के सेंसर होने के चलते कई ऐसे लोकमहत्त्व के आवश्यक मामलों की ओर सरकार का ध्यान आकृष्ट नहीं किया जा सकता था जो गम्भीर होते थे परन्तु उनके परिणाम की गम्भीर होने की सम्भावना नहीं थी। अतः एक ऐसी व्यवस्था करनी आवश्यक थी जिसमें सदस्यगण आवश्यक लोकमहत्त्व के विषयों की ओर सरकार का ध्यान आकृष्ट करा सकें।[33] अतः 1954 में लोकसभा में ध्यानाकर्षण प्रस्ताव का प्रावधान किया गया।

सदन के सदस्यों को ध्यानाकर्षण प्रस्ताव की सूचना दस बजे प्रातः तक दे देनी होती है तथा वे एक दिन में दो से अधिक ध्यानाकर्षण प्रस्ताव की सूचना नहीं दे सकते। एक ध्यानाकर्षण प्रस्ताव एक से अधिक सदस्यों द्वारा हस्ताक्षरित हो सकता है परन्तु 5 सदस्यों से अधिक नहीं। सभी ऐसे प्रस्ताव एक सप्ताह तक जीवित रहते हैं और प्रतिदिन सभाध्यक्ष के समक्ष रखे जाते हैं। अध्यक्ष उनमें से एक प्रस्ताव को सम्बन्धित मन्त्री के ध्यानाकर्षण के लिए चयनित करते हैं जो कि अगले दिन की बैठक में चर्चित करने हेतु एजेंडा में सम्मिलित किया जाता है। विशेष परिस्थिति में एक ही बैठक में दो ऐसी सूचनाओं को सदन में चर्चा के लिए रखे जा सकते हैं। अध्यक्ष यदि महसूस करते हैं कि मामला अत्यन्त आवश्यक है, महत्त्वपूर्ण है जिस पर सरकार का बयान उसी

दिन आवश्यक है तो ध्यानाकर्षण की सूचना उसी दिन पटल पर चर्चा के लिए अध्यक्ष रख सकते हैं। ध्यानाकर्षण प्रस्ताव की स्वीकृति एक दिन पूर्व करने की पीछे कारण यह है कि सम्बन्धित मन्त्री को उस पर जवाब के लिए तैयार होने का समय मिल जाए तथा वे सदन में बयान देते हेतु तथ्यों का संकलन कर लें।

कोई सदस्य अध्यक्ष की अनुमति से किसी मन्त्री का लोकमहत्त्व के आवश्यक विषय पर ध्यान आकर्षित कर सकता है और उस पर मन्त्री एक संक्षिप्त बयान भी दे सकता है। ध्यानाकर्षण सूचना को सदन में रखने का आधार समाचारपत्रों में प्रकाशित खबर, व्यक्तिगत जानकारी या सदस्य और उसके क्षेत्र के किसी व्यक्ति के बीच हुए पत्राचार हो सकते हैं।

इस प्रकार ध्यानाकर्षण प्रस्ताव का मुख्य उद्देश्य किसी आवश्यक लोकमहत्त्व के मामले पर सरकार का प्रामाणिक बयान प्राप्त करना ही है इस पद्धति द्वारा सरकार पर किसी प्रकार का सेंसर नहीं लगता क्योंकि इसमें नियमित विवाद का मतदान नहीं होता है। यद्यपि मन्त्री के बयान पर पुनः कोई विवाद नहीं होता फिर भी सूचना देनेवाले सदस्य या सदस्यों द्वारा पूरक प्रश्न पूछे जा सकते हैं तथा सरकार के वक्तव्य और बयान स्पष्ट करने हेतु भी पूछे जा सकते हैं। कई राज्यों में सदस्यों द्वारा पूरक प्रश्न पूछे जाने की छूट है।[34] यह लघु एवं तीव्र (Short and Swift) विधि में जिसमें लोकमहत्त्व के आवश्यक मामले को उठाने, उस पर चर्चा करने और एक निष्कर्ष पर पहुँचने का कार्य होता है सूचना देनेवाले सदस्यों को यह अधिकार होता है कि वे पार्टी व्हिप से परे स्वतन्त्र रूप से बहस में भाग ले सकें और अन्य मतदान होनेवाले संसदीय अवसरों की तरह इच्छा के विरुद्ध दो खेमों में बँटने से अक्षुण्ण रह सकें। इस प्रकार सदस्यों को स्वतन्त्र अभिव्यक्ति का अवसर इस प्रस्ताव द्वारा प्राप्त होता है। सुभाष सी कश्यप के शब्दों में, "The procedure of calling attention has enabled the parliament to keep the Government on its toes, to call for its explaination immediately on a vital matter of general importances and to enable the government state facts of its decision to deal affectively with matter with the knowledge and the feeling that it has the support of the house"[35]

ध्यानाकर्षण प्रस्ताव के ससंदीय प्रभाव महत्त्वपूर्ण होते हैं एवं सरकार पर सदन द्वारा निगरानी रखने का कार्य भी होता है। कश्यप के निम्न शब्दों द्वारा ये बातें स्पष्ट होती हैं, "It combines the asking of a question for answer with supplementaries and short comments in wich all points of view are expressed concisely and precisely, and government has adequate apportunity to state its case. Sometimes it gives opportunity to members to criticise the government directly or indirectly and to bring to the surface the failure of inadequate action of government in an important matter."[36]

क्षेत्र एवं जन प्रतिनिधि के रूप में विपक्षी विधायकों की भूमिका का सम्पादन दो

प्रकार से हो सकता है–सदन में लोकमहत्त्व के मामलों को उठाकर तथा दूसरा सम्बन्धित मन्त्री को पत्र लिखकर, इंग्लैंड में सांसद सत्र के दौरान लगभग प्रत्येक सप्ताहांत में अपने क्षेत्र का दौरा करते हैं तथा तथ्यों एवं शिकायतों का संकलन करनेके पश्चात् सदन में अपने क्षेत्र की जनता का प्रतिनिधित्व करते हैं। बर्नार्ड क्रीक्स ने इस भूमिका पर प्रकाश डालते हुए इंग्लैंड के सन्दर्भ में लिखा है, "But the M.P. has a secondary role to play in relation to his constituents, certainly secondary but certainly necessary and important both politically and constitutionally. Much of the word of modern private member is, some have complatined, that of a glorified welfare officer, some one to whom complaints and enquires come...about all sorts of inequities and his comprehension which the plain people find in dealing with officialdom"[37]

अर्थात् सदस्यों द्वारा अपने क्षेत्र के या अन्य सामान्य आवश्यक लोकमहत्त्व के विषयों को सदन में लाकर सरकार का ध्यान आकृष्ट कराना उनका परमपुनीत कर्त्तव्य है। हम जानते हैं कि सदस्यों का संसदीय विधानों के अनुरूप चलना आवश्यक है और इस संसदीय विधानों के चलते बहुत सारे सदस्यों की भागीदारी एवं अभिव्यक्ति बाधित होती है। ऐसी परिस्थिति में सदस्यों को अभिव्यक्ति के समान अधिकारों के प्रति सचेत रहना चाहिए। यह संसदीय पद्धति के मूल सिद्धान्तों में से एक है। परन्तु विपक्षी सदस्यों को यह भी ध्यान रखना चाहिए कि उनकी भूमिका किसी खास व्यक्ति या समूह के पक्ष में नहीं होनी चाहिए। उन्हें खास व्यक्ति या समूह के शिकायतों को सदन के समक्ष रखना तो चाहिए परन्तु यह ध्यान रखना चाहिए कि उनकी यह भूमिका न्याय दिलाने के हेतु हो पक्षपात के लिए नहीं। दूसरी महत्त्वपूर्ण बात यह है कि सदन की कार्यवाही के दौरान सदस्यों की नीयत लोकहित की हो और देश की सेवा की भावना से प्रेरित हो तथा अन्य सदस्यों की अभिव्यक्ति अभिव्यक्ति में न हो। उन्हें दूसरे सदस्यों के प्रति नहीं व्यवहार करना चाहिए जो इन्हें ग्राह्य हो अर्थात् शिष्टाचार, आदर एवं सहनशीलता का उपयोग करना चाहिए।[38]

इस प्रकार ध्यानाकर्षण प्रस्ताव के जरिए विपक्षी सदस्यों को अपनी भागीदारी एवं अभिव्यक्ति का सुनहरा अवसर मिलता है। नेता–विपक्ष के रूप में संसदीय भूमिका की गरिमा का पालन करते हुए इस अवसर पर उपयोग कर्पूरीजी ने कैसे और कितना किया है ? एक महत्त्वपूर्ण प्रश्न है जिसका विवेचन यहाँ किया जा रहा है।

कर्पूरीजी ने जून, 1980 से दिसम्बर, 1982 के बीच 23 बार ध्यानाकर्षण प्रस्ताव में भागीदारी निभायी जिसमें मात्र दस अवसरों पर उन्होंने अन्य सदस्यों द्वारा उठाए गए सदस्यों के साथ पूरक प्रश्नों को उठाकर भागीदारी का निर्वाह किया। अग्रलिखित तालिका 3 में इन तथ्यों का स्पष्टीकरण हो जाएगा।

सारिणी 3

कर्पूरीजी द्वारा ध्यानाकर्षण प्रस्ताव में भागीदारी का विश्लेषण (प्रस्ताव की प्रकृति के अनुसार)

वर्ष	*ध्यानाकर्षण में भागीदारी का स्वरूप*						
	कमजोर वर्ग हित	*सरकार पर आरोप दमनकारी भ्रष्टाचारी*	*विधि-व्यवस्था एवं सामान्य प्र.*	*समर्थन पूरक*	*विधायी विधायक*	*नियमन हित*	*कुल*
1980	**3 (75.0)**	**—**	**—**	**—**	**1 (24.0)**	**(100)**	**4**
1981	**6**	**2 (46.1)**	**2 (15.4)**	**1 (15.4)**	**2 (7.7)**	**(154)**	**13 (100)**
1982	**—**	**3 (50.0)**	**1 (16.8)**	**2 (33.3)**	**6**	**(100)**	
कुल		**9 (39.1)**	**5 (21.6)**	**3 (13.1)**	**3 (13.1)**	**23 (13.1)**	**(100)**

नोट : कोष्ठक के अंक प्रतिशत के द्योतक हैं।

सर्वप्रथम हम कर्पूरीजी द्वारा ध्यानाकर्षण प्रस्ताव के अवसर पर उपयोग विधायिका की आत्मा की रक्षा का, सदस्यों को बोलने एवं पूरक प्रश्न उठाने के अवसर दिलाने की ओर निभाई गई भूमिका की चर्चा करेंगे। सरकार के सिंचाई विभाग में भ्रष्टाचार के मामले पर जनार्दन तिवारी द्वारा ध्यानाकर्षण के दौरान अध्यक्ष की ओर से प्रश्न पूछने की मनाही करने पर प्रतिक्रिया देते हुए कर्पूरीजी ने कहा, "अध्यक्ष महोदय, माननीय सदस्य श्री जनार्दन तिवारी इस समय पूरक प्रश्न पूछने के लिए खड़े हुए हैं तो ऐसा आप उनको कह रहे थे कि उनको पूछने का अधिकार नहीं है ध्यानाकर्षण के सम्बन्ध में। आप स्वयं इसके लिए सक्षम हैं कि हम या कोई गलत विवाद उठाए, गलत प्रश्न करे तो आप सक्षम हैं बैठा देने के लिए, मुख्यमन्त्री को बैठा देने के लिए या किसी भी सदस्यों को बैठाने के लिए। आप अपना कर ही रहे थे तो उस समय कुछ आदमी खड़े होकर इधर से किसी सदस्य को बैठ जाने के लिए या बोलने नहीं दे या माननीय सदस्य बैठाने लगे, यह ठीक नहीं।"[39] इस सम्बन्ध में लोकसभा में अटल बिहारी वाजपेयी का हवाला देते हुए उन्होंने आगे कहा, "मैं भारतीय जानता पार्टी के सिद्धान्त का विरोधी हूँ लेकिन श्री अटल बिहारी वाजपेयी लोकसभा में हमेशा मर्यादा का पालन किया कोई नियम का उल्लंघन नहीं किया है, इसलिए उन्होंने कहा कि उनको क्यों नहीं बोलने दिया गया। मैं जान दे दूँगा लेकिन उनके अधिकार की रक्षा करूँगा।"[40]

कर्पूरीजी ने सदन में ज्यादा-से-ज्यादा यह कोशिश की कि कमजोर वर्गों के हितों की रक्षा हो। कुमार ध्रुवी इंजीनियरिंग वर्क्स के मजदूरों के समक्ष बिहार सरकार द्वारा उसे टाटा कम्पनी में मिलाने के निर्णय से उत्पन्न भुखमरी की समस्या के मामले को उठाते हुए कर्पूरीजी ने कहा, "अभी पता चला है कि उक्त कारखाना जो बिहार सरकार टाटा कम्पनी के साथ मिला देने की सोच रही है जो कि सरकारी एम.आर.टी.पी. एक्ट के खिलाफ हैं। अतः हम लोग सरकार का ध्यान इस ओर आकृष्ट करते हैं।"[41] इसी मामले पर पूरक प्रश्न करते हुए कर्पूरीजी ने सरकार से स्पष्टीकरण माँगा, "इसमें जो आपने जवाब दिया है वह बिल्कुल तथ्य की दृष्टि से सही है। लेकिन मैं यह जानना चाहता हूँ कि भारत सरकार का निर्णय जल्द-से-जल्द हो जाए इसके लिए आप क्या कर रहे हैं।"[42] बोकारो स्टील प्लांट में मृत मजदूरों के परिवारों को नियोजन के मामले पर ध्यानाकर्षण प्रस्ताव के लिए भाग लेते हुए कहा, "अध्यक्ष महोदय, मैं जानना चाहता हूँ कि क्या राज्य सरकार ने भारत सरकार को इस बात से अवगत कराया है कि नहीं कि वहाँ जो अधिकारी उसकी देख-रेख करते हैं उन्हें इस बात की सूचना है कि नहीं और क्या आपने भारत सरकार को सूचना दी यह मैं जानना चाहता हूँ।"[43] रोहतास जिला में सासाराम प्रखंड में मुसलमानों तथा हरिजनों के रास्ता को एक ग्रुप द्वारा बन्द कर दिए जाने के मामले पर मुसलमानों एवं हरिजनों के हितों की रक्षा हेतु जोर डालते हुए कहा, "यह खेद का विषय है कि प्रशासन के द्वारा बन्द रास्ते को खोलवाने की कार्रवाई करने के बजाय सासाराम के बी.डी.ओ. द्वारा रास्ता बन्द करने के उद्देश्य से मकान बनाने के काम मे सहयोग प्रदान किया गया। इस सदन के माननीय सदस्य श्री गंगा चौधरी द्वारा इस सम्बन्ध में दो बार जिलाधिकारी सासाराम को लिखा गया और दो-चार जिला आरक्षी अधीक्षक को भी साथ ही एक बार विगत मार्च में मुख्यमन्त्री को भी लिखा गया किन्तु परिणाम शून्य निकला। यह भयंकर स्थिति है।"[44] रोहतास जिला के विक्रमगंज थाना में एक हरिजन की हत्या दिन-दहाड़े कर दिए जाने की ओर सरकार का ध्यान आकृष्ट कराते हुए कहा, उक्त हरिजन की हत्या का कारण यह बतलाया जाता है कि उन्हें हलबन्दी कानून के अन्तर्गत अतिरिक्त भूमि का जो आवंटन किया गया उससे भूमिपति बेहद नाराज हो गए। जब श्री रामदेव राम एवं दूसरे हरिजन वितरण से प्राप्त खेत को जोतकर खाद डाल रहे थे तो उसी समय उन पर वार किया गया जिसके परिणामस्वरूप एक तो श्री रामदेव राम इस संसार से चल बसे और दूसरे हरिजन जख्मी हो गए। मैं सरकार से अविलम्ब कारगर कार्रवाई की माँग करता हूँ।"[45] किसान भाइयों की समस्या पर प्रकाश डालते हुए सरकारी तन्त्र पर उनकी मदद नहीं करने का आरोप लगाकर कर्पूरीजी ने सरकार पर कदम उठाने के लिए दबाव डाला। उन्होंने कहा, "मैं समझता हूँ कि बिहार सरकार की पुलिस इन किसानों की मदद करने के लिए इस समय तैयार है जो उन्होंने फसल बोई है और जमीन में फसल लगी है और इसे लाना इन लोगों का मौलिक अधिकार है तो क्या सरकार इनको सुरक्षा प्रदान करने के लिए तत्परता बरतेगी।"[46]

विभिन्न पीड़ित वर्गों के हितों की रक्षा के क्रम में कर्पूरीजी ने समय-समय पर सरकार की दमनकारी नीति की तीखी भर्त्सना की तथा उनकी ओर से आवाज उठाई, "अध्यक्ष महोदय, सीतामढ़ी जिलान्तर्गत रीगा में गन्ना की मूल्यवृद्धि की माँग को लेकर चल रहे किसान आन्दोलन के क्रम में 27 दिसम्बर, 1981 को पुलिस पदाधिकारी एवं मजिस्ट्रेट की उपस्थिति में चीनी मिल प्रबन्धन के द्वारा अन्धाधुन्ध गोलियाँ चलाई गईं, जिससे दो की मृत्यु हो गई और तीन अन्य घायल हो गए। पुलिस के दबाव में आकर मुकदमे को रफा-दफा करने की साजिश चल रही है। मुख्यमन्त्री के सार्वजनिक घोषणा के बावजूद न तो जाँच कराई गई, न मुआवजे की राशि का भुगतान ही किया गया। पुलिस हत्याकांड के जवानों एवं अन्य किसानों को झूठे मुकदमे में फँसा रही है। अतः हम उक्त गोलीकांड में हत्यायों के दोषी पदाधिकारियों के विरुद्ध तुरन्त कार्रवाई करने और किसानों पर झूठे मुकदमे उठा लेने की ओर सरकार का ध्यान आकृष्ट करते हैं।"[47] वन निगम के पदाधिकारियों (गठवा के सहायक उपनिदेशक) के विरुद्ध मजदूरों द्वारा काम करवाकर मजदूरी न देने तथा उन पर उनके परिवारों की महिलाओं पर सरकारी स्तर से अत्याचार करने का आरोप लगाते हुए घटनाओं का विस्तृत विवरण दिया। उनके द्वारा तीन-तीन बार गाली-गलौज एवं मार-पीट तथा बेईज्जती का आरोप लगाते हुए, "अतः हम सरकार का ध्यान उक्त पदाधिकारियों को मुअत्तल और उनके विरुद्ध शान्त कार्रवाई हेतु आकृष्ट करते हैं।"[48] इस पर श्री रामाश्रय प्रसाद सिंह ने 10 अप्रैल, 1982 को वक्तव्य देने का वचन दिया। 10 अप्रैल को सरकारी वक्तव्य पर पूरक प्रश्न पूछकर सरकारी वक्तव्य को झूठा बताते हुए कर्पूरीजी ने माँग की कि "मेरा कहना है कि रेंजर ऑफ फोरेस्टर ने दुर्भावना से श्री केसरी के घर रेड करवाया और उनको तबाह करवाया इसलिए निष्पक्ष भाव से जाँच कार्रवाई होनी चाहिए।" उन्होंने विवाद करते हुए पुनः कहा, "मैं आपकी बात मान लेना चाहता हूँ लेकिन आए दिन प्रशासन द्वारा माननीय सदस्यों को चाहे इस पक्ष के हों या उस पक्ष के, पोलिटिकल वर्कर्स को भी अपमानित किया जा रहा है, इसलिए निष्पक्ष रूप से जाँच की जानी चाहिए।[49]

ध्यानाकर्षण प्रस्ताव के माध्यम से कर्पूरीजी ने सरकार की अकर्मण्यता और विधि-व्यवस्था तक को ठीक से नहीं देखे जाने की ओर ध्यान आकृष्ट कराकर सरकार पर अंकुश रखने का कार्य बखूबी किया है। उन्होंने कहा मुरली भरना ग्राम (सहरसा) हत्याकांड से सम्पूर्ण सहरसा जिले के तथा मधेपुरा जिले के रहनेवाले लोग विशेषकर अल्पसंख्यक समुदाय अपने को असुरक्षित अनुभव कर रहे हैं। लोगों में यह आम धारणा बन रही है निष्पक्ष जाँच के लिए तथा दोषी व्यक्तियों को दंडित करने के लिए यह मामला सी.बी.आई. को सुपुर्द किया जाए। इस प्रस्ताव पर सरकारी व्यक्तव्य पर पूरक प्रश्नों की झड़ी लगाते हुए सरकार पर उन्होंने असक्षम होने का आरोप लगाया उन्होंने पूछा, "जानना चाहता हूँ कि जो दो-दो कांड के अभियुक्त हैं तो आज तक उनकी गिरफ्तारी क्यों नहीं हुई ?" उन्होंने पुनः पूछा, "तो सरकार यह क्यों नहीं मानती कि पुलिस या प्रशासन इस काम में बिल्कुल मुस्तैदी नहीं बरती और जिम्मेवारी का काम

नहीं किया ? सरकार द्वारा सफाई पेश किए जाने पर तीखी प्रतिक्रिया व्यक्त करते हुए कर्पूरीजी ने सरकार की नीयत पर प्रश्नचिह्न लगाते हुए पूछा, "...माननीय मुख्यमन्त्री के द्वारा इस सम्बन्ध में आदेश-आदेश दिया गया है तो मैं चाहता हूँ कि इन सब बातों की रोशनी में आप इस मामला को सी.बी.आई. को क्यों नहीं सुपुर्द करना चाहते हैं जाँच-पड़ताल के लिए ताकि दो-दो हत्याकांड का मुजरिम अभी तक गिरफ्तार नहीं हुआ उसमें सही स्थिति का पता चल जाए और यह भी पता चल जाए कि अभी तक गिरफ्तारी नहीं हुई उनके लिए कौन-कौन जिम्मेवार हैं और कौन-कौन सी कार्रवाई की जाए ?" पुनः उन्होंने जोर डाला, "अध्यक्ष महोदय, ये कहते हैं कि सरकार को जानकारी है, तो मैं कहना चाहता हूँ कि क्या यह सरकार की अकर्मण्यता नहीं है कि आज तक अभियुक्त की गिरफ्तारी नहीं हो सकी। क्या यह पुलिस प्रशासन की स्थानीय प्रशासन की निष्क्रियता नहीं है ?"[50]

उपरोक्त से पता चलता है कि कर्पूरीजी ने ध्यानाकर्षण प्रस्ताव के माध्यम से (1) कमजोर वर्गों के हितों की रक्षा, (2) सरकार की गलत एवं दमनकारी नीति तथा, (3) सरकार की अकर्मण्यता और निष्क्रियता पर सदन को, जनता को एवं सरकार को सूचित किया तथा सरकार को जनहित के प्रति सचेत रहने को प्रेरित किया।

माननीय विधायकों के हितों की रक्षा हेतु भी कर्पूरीजी ने ध्यानाकर्षण प्रस्ताव का सहारा लिया। बोकारो स्टील लिमिटेड के प्रबन्धक द्वारा मनमानी और मजदूर विरोधी नीति के विरुद्ध भूतपूर्व अध्यक्ष बिहार विधानसभा द्वारा अनशन पर बैठने के मामले पर ध्यानाकर्षण के माध्यम से कर्पूरीजी ने माँग की कि "इस सम्बन्ध में सरकार न केवल हम लोगों के समाने बयान दे बल्कि उनकी जो माँगें हैं उनको पूर्ति करने की व्यवस्था करे और अनशन को तोड़वाए। यह केन्द्रीय सरकार प्रतिष्ठावान है लेकिन राज्य सरकार केन्द्र सरकार पर दबाव डाल सकती है और उनकी माँग की पूर्ति कर सकती है। हमारे साथी के प्राण खतरे में है। सदन की चिन्ता को देखते हुए सरकार इस पर अविलम्ब कार्रवाई करे ताकि माननीय त्रिपुरारी बाबू की जान बच सके।"[51] माननीय सदस्य श्री अश्विनी कुमार शर्मा को जान के खतरे के कारण सुरक्षा व्यवस्था करने हेतु कर्पूरीजी ने जोरदार शब्दों में माँग की कि "यह परिपाटी बहुत दिनों से चली आ रही है। इस पुरानी परिपाटी के अनुसार माननीय सदस्य श्री अश्विनी कुमार शर्मा ने एक बार नहीं, कई बार लिखकर दिया कि उनकी जिन्दगी का खतरा है फिर सरकार ने अब तक अंगरक्षक की व्यवस्था क्यों नहीं की, सुरक्षा व्यवस्था क्यों नहीं की ?"[52]

कर्पूरीजी ध्यानाकर्षण के मामले उठाने हेतु सदस्यों की सूचना पर पूरक प्रश्न पूछ बैठते थे। 25 मार्च, 1981 को स्वास्थ्य विभाग के कर्मचारियों की छँटनी के मामले में बोलते हुए कहा कि मुझे पूछने का अधिकार नहीं है, चूँकि ध्यानाकर्षण प्रस्ताव में मेरा नाम नहीं है, लेकिन जो प्रश्न है यह अत्यन्त ही सार्वजनिक महत्त्व का है...मैं जानता हूँ व्यक्तिगत बातचीत में स्वास्थ्य मंत्री कबूल करते हैं कि पटना मेडिकल कॉलेज अस्पताल में काम सन्तोषजनक नहीं है, दरभंगा मेडिकल कॉलेज में काम सन्तोषजनक

नहीं है, प्रशासक का काम सन्तोषजनक नहीं है तो क्या आप सभी को खत्म कर दीजिएगा।...यह नीतिगत विषय पर निर्णय लेने की बात है अध्यक्ष महोदय में आपके माध्यम से सरकार से कहना चाहता हूँ कि यह अत्यन्त सार्वजनिक महत्त्व का प्रश्न है, स्वास्थ्य जनरक्षक का प्रश्न है, इस पर सरकार को निर्णय लेना चाहिए और इस काम को पूरे बिहार में लागू सरकार सभी लोगों को इसमें बहाली करे जो हटा दिए गए हैं।[53]

टिप्पणी एवं सन्दर्भ

1. एर्सिकन मेय, *पार्लियामेंटरी प्रैक्टिस*
2. बेलावदी, *थ्योरी एंड प्रेक्तिस ऑफ पार्लियामेंटरी प्रोसिज्योर इन इंडिया,* त्रिपाठी, बम्बई, 1988
3. वही।
4. एस.सी. कश्यप, *आवर पार्लियामेंट,* नई दिल्ली, एन.बी.टी. 1989, पृ. 102
5. बिहार विधानसभा संचालन नियमावली।
6. बिहार विधानसभा वाद-वृत, खंड 2, 18 दिसम्बर, 1980
7. वही, 30 मार्च, 1981
8. वही।
9. वही, 5.7.1982, पृ. 73-75
10. वही, 1.4.1982, पृ. 92-93
11. वही, 19.12.80, पृ. 11-14
12. वही, 19.12.1980, पृ. 33
13. वही, 19.12.1980, पृ. 6
14. वही, पृ. 5-7
15. वही, 7
16. वही, 10.3.1981, पृ. 113
17. कश्यप, *उपरोक्त।*
18. बेलवादी, *उपरोक्त।*
19. सुभाष सी कश्यप, *उपरोक्त।*
20. वही।
21. *विहार विधानसभा वाद-वृत्त,* भाग-2 30.6.1981
22. वही, पृ. 37-39
23. वही।
24. वही, 11.12.1980, पृ. 40-41
25. वही।
26. वही, 10.12.1980, पृ. 5
27. वही, पृ. 39
28. वही, पृ. 3
29. वही, 30.6.1981, पृ. 3
30. वही, 1.4.1982, पृ. 3

31. वही, 13.7.1982, पृ. 2
32. वही, 30.6.80, पृ. 16
33. बेलवादी, *उपरोक्त*।
34. महाराष्ट्र विधानसभा में एक ही प्रश्न पूछे जाने की व्यवस्था है, देखें, बेलवादी, *उपरोक्त*।
35. सुभाष कश्यप *उपरोक्त*।
36. वही।
37. बर्नार्ड क्रीक्स, *रीफार्म्स ऑफ पार्लियामेंट*, पृ. 69-70
38. राधानन्दन झा, *उपरोक्त*।
39. 'दुर्गादास, पार्लियामेंट एंड प्रेस' जर्नल ऑफ पार्लियामेंटरी इनफारमेशन, 15 अप्रैल, 1969
40. बिहार विधानसभा वाद-वृत, 1.6.1980, पृ. 5
41. वही।
42. वही, 21.7.1980
43. वही।
44. वही, 6.7.1981, पृ. 16
45. वही, 17.3.81, पृ. 22
46. वही, 17.3.81, पृ. 22
47. वही, 22.3.1982, पृ. 14
48. वही, 7.4.82, पृ. 59.60
49. वही, 10.4.83, पृ. 57-59
50. वही, 10.4.82, पृ. 68-70
51. वही, 25.3.81, पृ. 7
52. वही, 25.3.81, पृ. 7
53. वही, 25.3.81, पृ. 22

6

सदन में वित्तीय कार्यवाही

वर्तमान कल्याणकारी राज्य की अवधारणा ने सरकार की जिम्मेवारियाँ काफी बढ़ा दी हैं। विधि-व्यवस्था के अतिरिक्त सरकार को सामाजिक-आर्थिक विकास एवं विभिन्न सामाजिक सेवाएँ, जैसे—आवास, शिक्षा, स्वास्थ्य और रोजगार आदि के लिए योजनाएँ चलानी पड़ती हैं। इन सभी योजनाओं एवं सरकारी तन्त्र को चलाने हेतु धन की आवश्यकता पड़ती है। सरकार के समक्ष धन उगाहने के कई स्रोत, जैसे—कर, ऋण एवं अन्य राजस्व होते हैं और खर्च करने के भी कई मद होते हैं परन्तु सरकारी स्रोतों एवं खर्च के मद को अपनी इच्छानुसार निर्धारित नहीं कर सकती है। राज्य द्वारा स्रोतों को संघटित करने तथा उपलब्ध स्रोतों से प्राप्त आय को उचित ढंग से विभिन्न मदों पर वितरित करने की जिम्मेवारी सरकार की है जिसके चलते हुए मद पर खर्च का निर्धारण ठीक से विचार-विमर्श के पश्चात् ही किया जाना चाहिए। यह सुनिश्चित किया जाना चाहिए कि निर्धारित खर्च एवं मद को जनता की स्वीकृति प्राप्त है।[1] इसी जनस्वीकृति हेतु प्रतिनिधि सभाओं (विधानमंडल एवं संसद) द्वारा पारित करवाया जाता है।

बजट और कुछ नहीं एक निश्चित समय में अनुमानित प्राप्तियाँ एवं खर्चों का विस्तृत ब्यौरा होता है।[2] प्रतिनिधियों के सदन में बजट की प्रस्तुति एक महत्त्वपूर्ण विधायी अवसर है।[3] संसदीय पद्धति की जननी इंग्लैंड के पार्लियामेंट में बजट को सम्राट और पार्लियामेंट के बीच वित्तीय सम्बन्ध की कड़ी माना गया है। बजट प्रस्तुति एवं पारित होने के पीछे पाँच सिद्धान्त निहित हैं—[4] 1. पहला सिद्धान्त यह है कि सम्राट विभिन्न सेवाओं के लिए धन की माँग करता है, हाउस ऑफ कामंस इस माँग को स्वीकृति देता है तथा हाउस ऑफ लार्ड्स भी इसे सहमति प्रदान करता है। 2. दूसरा सिद्धान्त धन-प्रबन्धन की वार्षिक सीमा का है। प्रत्येक वित्तीय वर्ष एक सम्पूर्ण वित्तीय अवधि माना जाता है जिसमें उक्त वित्तीय वर्ष की आय और व्यय का उपभोग किसी दूसरे वित्तीय वर्ष के लिए नहीं किया जा सकता। फलतः शेष धन को कंसोलिडेटेड फंड में डाल दिया जाता है। व्यावहारिक रूप से यह सुविधाजनक एवं प्रयोज्य है। 3. तीसरा सिद्धान्त वित्तीय प्रक्रिया का है जिसमें खर्च करने एवं करारोपन करने के लिए सरकार को अधिकृत किया जाता है तथा सम्राट एवं संसद तथा हाउस ऑफ कामंस और हाउस ऑफ लार्ड्स के बीच वित्तीय सम्बन्ध का निर्धारण भी होता है। 4. चौथा सिद्धान्त

निश्चितता का है जिसमें संसद द्वारा निर्धारित सीमाओं का अतिक्रमण (किसी मद में राशि को बढ़ाना या घटाना) नहीं किया जा सकता। उदाहरणार्थ, "The Constitutional Principle which vests in crown, the sole responsibility for initiating national expenditure and which forbids the commons to increase the sum demanded by the crown for the service of the state, is strictly enforced in supply...similarly. The House cannot attach a condition of expression of opinion to grant of alter its destination"[5]

5. पाँचवाँ सिद्धान्त कतिपय उस धन से सम्बन्धित है जिस पर शाही अग्रसारण की आवश्यकता नहीं पड़ती। इन मदों पर खर्च के लिए सदन की स्वीकृति पाने हेतु शाही अनुमति की आवश्यकता नहीं होती ताकि आवश्यकतानुसार उन 'चार्जेज'[6] को घटाया या बढ़ाया जा सके। इंग्लैंड में वित्तीय प्रक्रिया के चार प्रकार के नियम हैं–(i) बिना विधायन के कोई भी चार्ज वैधता नहीं प्राप्त करता। ऐसे विधायन की पहल हाउस ऑफ कामंस द्वारा की जानी चाहिए तथा उसी सत्र में उसकी स्वीकृति भी मिलनी चाहिए। अतः विधायी अधिकृतिकरण और चार्जों का विनियोग आवश्यक है। (ii) कोई भी चार्ज तब तक निर्धारित नहीं होगा जब तक कि सम्राट द्वारा उसकी माँग न की गई हो या अग्रसारित न किया गया हो। (iii) किसी चार्ज को पहले एक प्रस्ताव के रूप में सबक द्वारा नामित प्रिलिमनरी कमेटी द्वारा निर्णीत होता है जो सरकार को अधिकृत करता है। (iv) एक दिन में वित्तीय मसले का एक ही चरण विमर्शित होता है। ये सारी प्रक्रियाएँ ब्रिटेन में पिछले दो सौ सालों में विकसित हुई हैं।

यदि भारत में वित्तीय प्रक्रिया पर दृष्टिपात करें तो हम पाते हैं कि यहाँ भी इंग्लैंड में प्रयुक्त प्रक्रियाओं का ही अनुसरण किया जाता है। राष्ट्रपति या राज्यपाल का भारतीय संसदीय पद्धति में लगभग वही स्थान प्राप्त है जो ब्रिटेन में सम्राट का है। भारतीय संविधान की धारा 113 (3) 115, 116 तथा 117 में इस बात की स्पष्ट चर्चा है कि किसी भी तरह की अनुदान माँग राष्ट्रपति की अनुमति से ही लोकसभा में पारित होने के लिए लिया जाएगा। संविधान में बजट शब्द का प्रयोग नहीं हुआ फिर भी 'वार्षिक वित्तीय ब्योरा' को ही हम बजट समझते हैं। संविधान की धारा 203 (3), 205, 206, 207 में यही बात राज्यपाल के लिए वर्णित है। इंग्लैंड की तरह जिस प्रकार मनी बिल से सम्बन्धित शक्तियाँ लोकसभा में ही निहित हैं। परन्तु एक अन्तर यह है कि बजट को सदन पटल पर रखने के पूर्व समितियों द्वारा प्रस्तावित होने की बात नहीं कही गई है। भारतीय संविधान द्वारा एक कांसोलिडेटेड फंड की व्यवस्था की गई है जिसमें सभी राजस्व, ऋण एवं अग्रिम को जमा किया जाता है। बजट में व्यय के दो खंड होते हैं– (क) संविधान द्वारा वर्णित व्यय में लगनेवाली राशि तथा (ख) अन्य प्राकलित व्यय जिसको कांसोलिडेटेड फंड से लिया जाता है। प्रथम श्रेणी के व्यय पर सदन में विवाद तो होता है परन्तु उस पर मतदान नहीं होता। इसमें राष्ट्रपति, उपराष्ट्रपति, स्पीकर तथा राज्यसभा के उपसभापति तथा उच्चतम न्यायालय के न्यायाधीशों आदि का वेतन-भत्ता

आदि होता है। दूसरी श्रेणी के व्यय को 'अनुदान की माँग' के रूप में विवादित किया जाता है तथा इस पर मतदान होता है। लोकसभा को उसे स्वीकृत या अस्वीकृत करने का अधिकार होता है या कम करने का अधिकार होता है। इन मदों में व्यय करने हेतु संचित निधि या कंसोलिडेटेड फंड से राशि की निकासी तब ही की जाती है जब एप्रोप्रिएशन एक्ट या विनियोग विधेयक पारित हो जाए।

वित्तीय विधायन की प्रक्रिया कई चरणों से होकर गुजरती है। बजट प्रस्तुति—बजट की प्रस्तुति एक बजट-भाषण द्वारा किया जाता है जो वित्तमन्त्री द्वारा दिया जाता है। बजट-भाषण संसदीय पद्धति का सर्वाधिक महत्त्वपूर्ण भाषण होता है। यह भाषण दो भागों में होता है—पहला, देश का वा राज्य का सामान्य आर्थिक सर्वेक्षण तथा दूसरा, आगामी वर्ष में करों का प्रस्ताव। वित्तमन्त्री द्वारा लोकसभा या विधानसभा में बजट-भाषण की समाप्ति कर ही राज्यसभा या विधानपरिषद के सदन पटल पर बजट प्रस्तुत किया जाता है। इसके पश्चात् सदन की बैठक उठ जाती है तथा उस दिन उस पर कोई बहस नहीं होती।[7]

बजट पर बहस

दूसरा चरण होता है—बजट पर वाद-विवाद का। सदन पटल पर रखने के कुछ दिनों पश्चात् ही उस पर बहस होती है। विभिन्न राज्यों में बजट-बहस के लिए अलग-अलग अवधि निर्धारित की गई है। महाराष्ट्र विधानमंडल में 7 दिनों की अवधि है तो बिहार विधानमंडल में पाँच दिनों की अवधि निर्धारित है (रूल 169) वह समय इसलिए दिया जाता है कि सदस्यों को इस बीच बजट के अध्ययन के लिए पर्याप्त समय मिल जाए।[8] बजट पर विवाद दो चरणों में होता है—सामान्य वाद-विवाद तथा विस्तृत वाद-विवाद, जिसे अनुदान की माँगों पर वाद-विवाद कहते हैं। इसके बाद प्रत्येक अनुदान की माँग पर मतदान होता है। बजट पर सामान्य वाद-विवाद के लिए किसी रूल में समय निश्चित नहीं है। लोकसभा में बजट पर सामान्य वाद-विवाद आमतौर पर चार या पाँच दिन चलता है तथा विधानसभाओं में कहीं छः दिन, कहीं पाँच दिन और कहीं कम समय भी चलता है।[9] इसी प्रकार राज्यसभा एवं विधानपरिषदों में भी बजट पर वाद-विवाद चलता है। परम्परा के अनुसार इस चरण में सदस्यों को सरकार की राजकोष एवं आर्थिक नीति के सामान्य पहलू पर वाद-विवाद करने की स्वतन्त्रता होती है। करारोपण या व्यय पर विस्तृत वाद-विवाद करने की स्वतन्त्रता इस अवसर पर सदस्यों को बजट के प्रति अपना रुख प्रकट करने का अवसर प्रदान करता है। विपक्षी सदस्यों को सरकार की आर्थिक नीति पर आलोचनात्मक टिप्पणी एवं बजट की खामियों को उजागर करने का अवसर मिलता है। सत्ता पक्ष एवं विपक्ष के सदस्यों को उनके व्हिप के अनुरूप बोलने का निर्धारित समय या अवसर दिया जाता है। इस अवसर पर जैसाकि पहले वर्णित किया जा चुका है बजट के सामान्य पहलुओं में राजस्व घाटा या बढ़ोतरी, राजस्व और व्यय

लेखा तथा मोटा-मोटी घाटा और उसकी भरपाई आदि मसले आते हैं। जिस पर वाद-विवाद होता है सदस्यों को अनुमानित आय-व्यय के तरीके पर भी समीक्षा करने का अवसर मिलता है, जैसे--राजस्व को कम करके या ज्यादा करके प्राकलित किया गया हो या खर्च कम करके या बढ़ा-चढ़ा करके दिखाया गया हो। परन्तु यह देखा गया कि सदस्यगण प्रशासन के खास मुद्दों को उठाते हैं जब उन्हें उससे शिकायत होती है। इस प्रकिया की स्वीकृति यह कहकर दे दी जाती है कि यह grievance before supply" है। यह संसदीय पद्धति की विलक्षणता है जिसमें सदस्य अपनी शिकायतें उजागर करते हैं।[10]

बजट वाद-विवाद के दूसरे चरण में अनुदान माँगों पर विवाद एवं मतदान होता है। प्रत्येक मन्त्रालय द्वारा अलग-अलग अनुदान माँगें सदन के समक्ष रखी जाती हैं। अनुदान माँगों में उस विभाग के खर्च की अनुमति के लिए लोकसभा या विधानसभा में रखा जाता है तथा उस राशि को खर्च करने का अधिकार प्रदत्त करने के लिए भी सदन से स्वीकृति माँगी जाती है।[11]

यद्यपि माँगों को मोशन के रूप में रखा जाना चाहिए परन्तु समय की बचत के लिए हमें पीठासीन पदाधिकारी द्वारा सदन में उद्घोषित किया जाता है। यही यह अवसर है जब सरकार की नीति एवं कार्यसक्षमता को दक्षता की कसौटी पर कसा जाता है। वहाँ सदस्यों को यह स्वतन्त्रता होती है कि या तो वे नीति को अस्वीकृत कर दे या उसमें सुधार के उपाय सुझाएँ या खर्च कम करने के तरीके बताएँ। इसी क्रम में वे स्थानीय शिकायतों को भी सदन के समक्ष लाते हैं। ऐसा करने के लिए उन्हें मोशन लाना होता है जिसे हम कटौती प्रस्ताव या कट मोशन के नाम से जानते हैं। तीन प्रकार के कटौती प्रस्ताव प्रचलन में हैं जिसमें सबसे ज्यादा प्रभावकारी नीति की अस्वीकृति से सम्बन्धित है। इसमें कहा जाता है, ''अनुदान माँग की राशि में से एक रुपया कम कर दिया जाए'' इसका अर्थ यह हुआ कि सरकार की नीति में कोई खामी है जिसके चलते महत्त्वपूर्ण कटौती प्रस्ताव मितव्ययिता कटौती है। इसमें विधान के अनुदान माँग में एक खास राशि की कमी करने की माँग की जाती है। इसमें कहा जाता है कि ''अनुदान माँग की राशि में अमुक रुपया कम कर दिया जाए।'' स्पष्ट है कि इस कटौती प्रस्ताव द्वारा मितव्ययिता बरतने के सुझाव का उद्देश्य होता है। तीसरा कटौती प्रस्ताव सांकेतिक कटौती है जिसमें कहा जाता है माँग की राशि में से 100 रुपए कम कर दिए जाएँ। इसका उद्देश्य किसी खास शिकायत को उजागर करना या किसी खास विषय पर वाद-विवाद करना होता है। सुविधा के लिए अनुदान माँग का प्रस्ताव और कटौती प्रस्ताव साथ-साथ ही सदन में पेश कर दिए जाते हैं। कटौती प्रस्तावों के लिए भी सदन में पूर्व सूचना देनी होती है। बिहार विधानसभा में कटौती प्रस्ताव के सोलह दिन पूर्व सूचना निर्धारित किया गया है। (रूल 173)[12]

कटौती प्रस्तावों को निम्नलिखित वरीयता क्रम में रखा जाता है--प्रथम वरीयता, एक रुपया कटौती प्रस्ताव, को उसके बाद मितव्ययिता कटौती प्रस्ताव को तथा अन्ततः

सांकेतिक कटौती प्रस्ताव को वरीयता दी जाती है। यहाँ इतना स्पष्ट है कि कटौती प्रस्ताव का मुख्य उद्देश्य राशि की कटौती करना नहीं है बल्कि सरकारी नीति पर वाद-विवाद उठाना है। अनुदान माँग पर वाद-विवाद में सरकार की सम्पूर्ण नीति समीक्षा के घेरे में आ जाती है। कटौती प्रस्तावों पर विवाद के बाद अनुदान माँगों पर मतदान होता है। यहाँ उल्लेखनीय है कि विजनेस एडवाईजरी कमेटी मतदान का दिन निर्धारित करती है और बचे हुए अनुदान माँगों को 'गुलोटिन सिद्धान्त'[13] के तहत बिना विवाद के ही पारित कर दिया जाता है। कटौती प्रस्ताव आमतौर पर विपक्षी सदस्यों द्वारा लाया जाता है तथा यह एक प्रकार का सेंसर मोशन है। सरकार यदि हारती है तो यह विचारणीय हो जाता है कि सरकार त्याग-पत्र दे या बनी रहे।

भारतीय संविधान के प्रावधानों के अनुसार संचित निधि से धन तभी निकाला जा सकता है जब संसद या विधानसभा कानून बना दे। इसके लिए सदन में विधेयक लाना होता है जिसे हम विनियोग विधेयक कहते हैं। विनियोग विधेयक में (1) राजस्व लेखा के तहत खर्च, (2) राजस्व लेखेतर पूँजी खर्च, तथा (3) ऋण शीर्ष के खर्च का ब्योरा होता है। ताकि राशि को पुनः पारित करने के लिए माँगों की राशि के लिए दो बार मतदान नहीं करना पड़े। विनियोग विधेयक एक प्रकार का मनी विधेयक है और अन्य मनी विलों की तरह पारित भी होता है। विनियोग विधेयक सदन से पारित होने के बाद राष्ट्रपति या राज्यपाल के अनुमोदन के लिए जाता है ताकि सरकार को धन निकासी हेतु अधिकृत किया जा सके। विनियोग विधेयक पर वाद-विवाद सीमित होती है। इसमें वही विषय उठाए जा सकते हैं जिन पर माँगों के समय चर्चा नहीं हुई या लोकमहत्त्व को कोई विषय या प्रशासनिक नीति से सम्बन्धित कोई विषय। सदस्यों को उठाए जानेवाले मुद्दों की पूर्व सूचना देनी होती है (रूल 102/4) ताकि मुद्दों की पुनरावृत्ति नहीं हो।[14] अध्यक्ष इन विधेयकों के लिए समय निर्धारित करते हैं तथा वाद-विवाद होता है, परन्तु अन्तिम दिन गुलोटिन सिद्धान्त के तहत सभी विनियोग विधेयक मतदान कराकर पारित कराए जाते हैं। विनियोग विधेयकों की तरह फाइनेंसियल विल भी सदन में पेश किए जाते हैं जिसका विरोध नहीं किया जाता और सीधे मतदान के लिए रखा जाता है। इसमें केवल सरकार की नीति पर समीक्षा की स्वतन्त्रता होती है।

इस प्रकार हमने देखा कि सदन में वित्तीय कार्यवाही के दौरान विपक्षी सदस्यों को वाद-विवाद एवं सरकार की समीक्षा हेतु कई अवसर आते हैं जिसमें सरकार की सामान्य समीक्षा, विभिन्न विभागों की नीतियों एवं प्रशासनिक नीतियों की समीक्षा तथा विशिष्ट मामलों पर शिकायत एवं आलोचना के अवसर मिलते हैं। वहाँ हमें नेता—विपक्षी दल के रूप में कर्पूरीजी की भूमिका निरूपण एवं विश्लेषण करना है।

बिहार विधानसभा में वित्तीय प्रक्रियाओं के दौरान कर्पूरीजी ने सशक्त भागीदारी निभाई है। उनकी आलोचनाओं में सरकारी नीति की समग्र समीक्षा ज्यादा होती थी जिसमें सामाजिक न्याय या कमजोर वर्गों के हितों की रक्षा के लिए आवाज उठाई गई होती थी। सरकार की प्रशासनिक खामियों एवं वित्तीय दुरुपयोगों पर कर्पूरीजी की कड़ी

नजर रहती थी। वे अपनी बात को सशक्त बनाने के लिए प्रामाणिक ग्रन्थों, रिपोर्टों एवं सरकारी आँकड़ों का वे सम्मिश्रण करते थे। ये बातें कर्पूरीजी द्वारा सदन में उठाए गए निम्नलिखित विवादों के विश्लेषण से सम्पुष्ट होती हैं। 1980-81 के बजट के द्वितीय चरण के विवाद में बोलते हुए कर्पूरीजी ने कहा, "अध्यक्ष महोदय, सबसे पहले मैं शराबबन्दी के सम्बन्ध में अपना विचार व्यक्त करना चाहता हूँ। चार जुलाई को हम लोगों ने इस सदन का बहिर्गमन किया या इस प्रश्न पर जब मुख्यमन्त्री बोल रहे थे, शराबबन्दी पर जो पूर्ण रूप से इस प्रदेश में लागू हैं, खत्म करना चाहते हैं। वे अन्त में एक आई.ए.एस. ऑफिसर की उक्ति का हवाला दे रहे थे। अध्यक्ष महोदय स्वतन्त्रता संग्राम राष्ट्रीय संग्राम के एक सिपाही की हैसियत से महात्मा गांधी के साथ जो भावनात्मक सम्बन्ध रहा है उस सम्बन्ध के नाते और गरीबों के, हरिजनों के, आदिवासियों के सुख और कल्याण का खयाल करनेवाला होने के नाते, मैं चाहता हूँ कि बिहार सरकार को जो पहले का निर्णय है, उसी निर्णय को, पूर्ण शराबबन्दी का निर्णय जो है उसे कायम रखना चाहिए। इसके विरुद्ध में जो दलील दी जाती है वह दलील आदिवासियों हरिजनों और गरीबों को बेहद नुकसान पहुँचानेवाली दलील है। राज्य सरकार के कोष में भंडार में कुछ करोड़ रुपया आ सकता है मगर करोड़ों आदिवासी, हरिजन और गरीबों के भी नुकसान होता है, इसका अन्दाज लगाना मुश्किल है।"[15] उन्होंने अपनी आलोचनात्मक भाषण जारी करते हुए कहा, "मुझे डर लग रहा है कि बिहार में सर्वोदय, के लोगों में कुछ लोग खड़े हो जाएँ, अपनी जान देने के लिए तैयार हो जाएँ। लेकिन अध्यक्ष महोदय कोई जान दे या न दे, इतना तो मानना ही पड़ेगा कि नैतिक दृष्टि से पूर्ण नशाबन्दी का जो निर्णय था, वह निर्णय सही था, जो आज पूर्ण नशाबन्दी लागू है वह सही है और इस निर्णय को बिहार सरकार को कायम रखना चाहिए।"[16]

सरकार की वित्तीय नीति की आलोचना करते हुए सरकारी वक्तव्य में उन्होंने विरोधाभास की ओर इंगित किया, "दूसरी बात हमारे मुख्यमन्त्री उस दिन कह रहे थे कि कांग्रेस के जमाने में काफी इनवेस्टमेंट हुआ है, काफी पूँजी लगाई गई है भिन्न-भिन्न कामों में, विकास के भिन्न-भिन्न कामों में। उनका यह कहना गलत नहीं है, इनमेस्टमेंट जरूरी है, पूँजी जरूर लगाई गई है। अभी-अभी जनवरी में रिजर्व बैंक ऑफ इंडिया की तरफ से एक स्टडी रिपोर्ट निकली है,...इस प्रतिवेदन में कहा गया है कि 'एनुअल कम्बाइंड रेट ऑन ग्रोव' भिन्न-भिन्न क्षेत्रों में क्या रहा है।...इस प्रतिवेदन में कहा गया है कि शराब के क्षेत्र में 287 प्रतिशत का ग्रोथ हुआ है, परफ्यूम के क्षेत्र में 435.3 प्रतिशत का ग्रोथ हुआ है। यह ऐसी चीज है जिसको पास में रखने से गम-गम करने लगता है, वह खुशबू फैलाता है। इस तरह से इसके समय में रेफ्रिजरेटर का ग्रोथ हुआ, वाच का ग्रोथ हुआ, इलेक्ट्रिक लैम्प का ग्रोथ हुआ। लेकिन कंज्यूमर्स गुड्स जिसका इस्तेमाल आम जनता करती है। उसका ग्रोथ 3.9 प्रतिशत हुआ। मैं जानता हूँ कि देश में कांग्रेस के समय में पूँजी लाई गई, इनवेस्टमेंट हुआ। कांग्रेस के जो नए और पुराने

लोग हैं, मैं उनकी याद दिलाना चाहता हूँ कि यह भारत 30 वर्षों तक बनता रहा, इनके समय में। लेकिन कानून बना, इसको भी मैं बताता हूँ। रिजर्व बैंक ऑफ इंडिया में जो पूँजी लगी है उसका स्टडी किया। क्या मैं पूछ सकता हूँ कि उस पूँजी से देश की जनता का विकास हुआ, नहीं। इस पूँजी से कुछ ही लोग बनें, इनके राज्य में यह इनवेस्टमेंट जो पैसेवाले हैं, जो धनवाले हैं, उसके लिए किया गया और उनके लाभ के लिए किया गया''।[17] उक्त रिपोर्ट के आधार पर कर्पूरीजी ने सरकारी वक्तव्य को मिथ्या बताते हुए कहा :

''एक करोड़ टन के लगभग अनाज के पैदावर में कमी हुई, मूल्य में वृद्धि हुई और आप कहते हैं कि स्वर्णिम वर्ष या, मूल्य नियन्त्रण का वर्ष था। देश के ख्याति प्राप्त नहीं बल्कि अन्तर्राष्ट्रीय ख्याति के विद्वान, अर्थशास्त्री ने किताब लिखी है और दूसरी किताबों में, इकोनॉमिक सर्वे में, पिछले साल के इकोनॉमिक सर्वे में लिखा है कि 12 प्रतिशत मुद्रास्फीति बढ़ी, मूल्यवृद्धि बढ़ी मगर फिर भी आप कहते हैं मूल्य नियन्त्रण का। जब मूल्य वृद्धि को मूल्य नियन्त्रण का वर्ष कहा जाए तो इस देश की क्या हालत होनेवाली है, यह अन्दाज अध्यक्ष महोदय, आप आसानी से लगा सकते हैं। कोई आर्थिक अनुशासन नहीं, कोई मूल्य नियन्त्रण नहीं, मुद्रास्फीति 12 प्रतिशत की वृद्धि चीजों के दाम बढ़े 18 प्रतिशत के हिसाब से, मनी सप्लाई में वृद्धि हुई और फिर भी आप कहते हैं कि स्वर्णिम वर्ष या 1976-77 वर्ष। यह तो आर्थिक दृष्टि की बात है मैं तो कहता हूँ कि 1976-77 का साल अन्धकार का युग या, जनता के सारे अधिकार छीन लिए गए, सारे देश को कैदखाना, गुलामखाना बना दिया गया, जनता के मौलिक अधिकारों पर कुठाराघात किया गया, पौने दो लाख लोगों को जेल में बन्द कर दिया गया, अखबारों पर सेंसरशिप लगा दिया गया, स्वतन्त्रता छीन ली गई सैकड़ों लोगों को गोली से उड़ा दिया गया, सैकड़ों लोग मौत के घाट उतार दिए गए थे हजारों लोगों को घायल कर दिया गया, मैं नहीं कहता कि उन्हें जेल में मार दिया गया, मगर सैकड़ों लोग जेल में मर गए, देश का आँकड़ा इमरजेंसी की किताब में लिखा हुआ है।''[18] राज्य में औद्योगिक उत्पादन में कमी पर प्रकाश डालते हुए कर्पूरीजी ने कहा, ''जो मैंने पढ़ा है कि औद्योगिक उत्पादन में 0.6 प्रतिशत की कमी है यह बिल्कुल सही है वैसे उत्पादन में कमी होता है ? उत्पादन में कमी हैं तब औद्योगिक उत्पादन में भी घाटा होता है और जब कच्चा माल पैदा होगा। जब सूखा होगा तब नहीं होगा, जब पानी कम होगा, तो पनबिजली पैदा नहीं होगी और जब बिजली पैदा नहीं होगी तब औद्योगिक उत्पादन घट गया 0.8 प्रतिशत, वह सही 1979-80 में तीन सौ प्रखंड सूखा घोषित करना पड़ा। ईस राज्य के 532 प्रखंड बाढ़ से प्रभावित थे मगर 300 प्रखंड अकाल घोषित किए गए आप जानते हैं।[19] इस साल मध्य प्रदेश, राजस्थान, पंजाब, हरियाणा उत्तर प्रदेश, बंगाल, बिहार, आन्ध्र प्रदेश, खासकर जिन प्रदेशों में भयंकर सूखा पड़ा व अनाज के पैदावार औद्योगिक पैदावर में ह्रास हुई और 1979-80 के अप्रैल जो नया वर्ष शुरू हो रहा है उसके द्वारा प्रकाशित किताब इस बात का सबूत है। मैं तो ऐसी बात बोलनेवाला नहीं हूँ। जिसको

प्रमाणित न कर सकूँ। वह भी प्रमाणित करेगा आपके प्रकाशन से।"[20]

बिहार प्रान्त की अनेकानेक समस्याओं के अतिरिक्त उस विकराल समस्या जिसे हम बेरोजगारी कहते हैं पर सरकार की अलोचना करते हुए कर्पूरीजी ने कहा, "अध्यक्ष महोदय, सरकारी दफ्तर में रोजगार पानेवाले लोगों के जो नाम लिखे हैं उनमें 2 लाख की वृद्धि हुई है। 1977 में जनता पार्टी की सरकार बनने से पहले जितने लोगों के नाम इम्प्लायमेंट एक्सचेंज में दर्ज थे वह जब हम लोगों को सरकार खत्म हुई उनके पहले जो आँकड़ा दिया गया उस हिसाब से दो लाख लोगों से ज्यादा नाम पाए जाते हैं, यह इम्प्लायमेंट एक्सचेंज से पता चलता है, मैं उन लोगों में से जो इम्प्लायमेंट एक्सचेंज में दर्ज नाम को सही नहीं मानता हूँ। अधूरा और पूर्ण आँकड़ा मानता हूँ। सच्चाई यह है कि अपने देश में हर परिवार में औसतन एक आदमी जरूर बेकार है मगर पाँच आदमियों का परिवार मान लिया जाए तो एक परिवार में एक आदमी बेकार है। अगर 65 करोड़ अपने देश की जनसंख्या है, तो बेकारों की जनसंख्या 13 करोड़ से कम नहीं है और बिहार में सवा करोड़ से अधिक नहीं है। इम्प्लायमेंट एक्सचेंज में 21 लाख 69 हजार लोगों के नाम भरे हुए हैं, लेकिन बिहार में सवा करोड़ से कम बेरोजगार नहीं हैं, भले उनके नाम इम्प्लायमेंट एक्सचेंज में दर्ज नहीं हों, इसलिए अध्यक्ष महोदय, इनके जमाने, या हमारे जमाने की बात नहीं है, बात यह है कि इस समस्या का समाधान कैसे किया जाए, इस पर विचार करने की आवश्यकता है।"[21]

सिंचाई के क्षेत्र में सरकार की ढीली नीति का संक्षेप में आलोचना करते हुए उन्होंने सदन का समय बचाया और कहा, "अध्यक्ष महोदय, उस दिन सिंचाई के बारे में चर्चा की गई थी और मैंने उत्तर दे दिया था, इसलिए मैं इसे दुहराना नहीं चाहूँगा, लेकिन उस दिन मैंने बतलाया था कि प्रति वर्ष औसत सिंचाई की क्षमता कांग्रेस के जमाने में जितनी सृजित हुई थी उससे ज्यादा क्षमता हम लोगों के जमाने में सृजित हुई।"[22]

कर्पूरीजी की यह विशेषता थी कि वे नेता–विपक्षी दल के रूप में न केवल आलोचना करते थे बल्कि सुझाव भी देते थे। उन्होंने कहा, "इसलिए मैं कहना चाहता हूँ कि अगर हम लोग यह चाहते हैं कि सचमुच उत्पादन बढ़े, तो उत्पादन बढ़ाने के लिए हमें कई काम करने पड़ेंगे। नम्बर एक काम बाढ़ में बचाने का इन्तजाम, नम्बर दो सुखाड़ से बचाने का काम और नम्बर तीन सिंचाई क्षमता को बढ़ाने का काम करना पड़ेगा तथा नम्बर चार किसानों को कर्ज देने के पैमाने को बढ़ाना होगा। जितने किसानों को कर्ज दिए जाते हैं उसके मुकाबले दस गुना, बीस गुना, 25 गुना ज्यादा किसानों को कर्ज देना पड़ेगा। उनमें भी जो मार्जिनल किसान हैं, सीमान्त किसान हैं, गरीब किसान हैं और छोटे किसान हैं, जो माध्यम किसान हैं उनको कर्ज देने में प्राथमिकता देनी होगी। तो, मैं कह रहा था कि कर्ज के पैमाने को बढ़ाना पड़ेगा। नम्बर पाँच कर्ज की राशि को बढ़ाना पड़ेगा। कर्ज की रकम जो दी जाती है वह बहुत कम है, उसको बढ़ाना होगा। नम्बर छह खाद और बीज के पैमाने को भी बढ़ाना होगा। जितने लोगों को अभी खाद और उन्नत बीज देना पड़ेगा। वहाँ भी आपको प्राथमिकता देनी पड़ेगी

मार्जिनल फारमर्स को, स्माल फारमर्स को और मिडिल क्लास के फारमर्स को। नम्बर सात कीड़ों को किसानों के फसलों को बचाना पड़ेगा। नम्बर आठ जो किसान फसल उपजाते हैं, उनको उनकी फसल की अच्छी कीमत दिलाने को इन्तजाम भी करना पड़ेगा। अगर हम यह सब काम करेंगे, तो हम निश्चित रूप से उत्पादन में बड़े पैमाने पर वृद्धि कर सकते हैं।''[23]

केवल आलोचना उनकी विशेषता नहीं थी बल्कि वे किसी भी स्कीम के सौन्दर्य के प्रति भी जागरूक रहते थे। उन्होंने कहा, ''यह बात अध्यक्ष महोदय मैं इंटीग्रेटेड रूरल डेवलपमेंट प्रोग्राम के बारे में कहना चाहता हूँ। यह प्रोग्राम ऐसा है जिससे बहुत लाभ हो सकता है। गाँव के लोगों को, बेकार लोगों को, मजदूरों को और किसानों को इससे लाभ पहुँच सकता है। कहा जाता है कि गंगा में स्नान करने से लाभ होता है, उसी तरह अगर समेकित ग्रामीण विकास के काम को बड़े पैमाने पर, ईमानदारी से, क्षमता के साथ, योग्यता के साथ अगर चलाया जाए, तो बड़े पैमाने पर ग्रामीण क्षेत्रों को लाभ मिलेगा।''[24]

कर्पूरीजी द्वारा उठाए गए विवादों में उपलब्ध साधन के अन्दर ही कदम उठाने एवं गरीबों, दलितों, पिछड़ों एवं अन्य कमजोर वर्गों के हितों की रक्षा का पुट होता था। उनके निम्न भाषण में यह बात झलकती है, ''अध्यक्ष महोदय, केन्द्र सरकार और योजना आयोग का जो निदेश पहले आया या उसके मुताबिक प्रत्येक प्रखंड में तीन सौ बेकार लोगों को रोजी देने का काम एक साल में करना पड़ेगा। लेकिन इतना नहीं पा सके, तो आप प्रत्येक गाँव के एक सौ, डेढ़ सौ या दो सौ को ही कर दें, तो इससे बड़ा ही लाभ होगा। अध्यक्ष महोदय, रोजी चन्दा रोज के लिए दिया जाएगा, चन्द महीनों के लिए नहीं होगा। उनको आप प्रशिक्षण दीजिए, प्रशिक्षण के समय उनकी सहायता प्रदान कीजिए। प्रशिक्षण कर लेने के बाद उनको रोजगार में लगाया जाएगा, उनकी पूँजी दी जाएगी, जिससे वे अपनी आमदनी बढ़ाएँगे। उनसे उनके बाल बच्चे भी सीखेंगे। हम लोग नारा देते हैं गरीबी हटाओ का, गरीबी मिटाने, बेकारी मिटाने का काम नहीं कर सकते हैं इसलिए मैं मुख्यमन्त्री का ध्यान, उनके मन्त्रिपरिषद के लोगों का ध्यान, उनके दल के सदस्यों का ध्यान खासतौर से आकृष्ट करूँगा कि वह जो उद्देश्य है, लक्ष्य है, वह सामान्य है। वह यह है कि गरीबों को ज्यादा-से-ज्यादा मदद पहुँचे, राहत पहुँचे उनकी आमदनी बढ़े। इसलिए जो सुझाव हम लोग दे रहे हैं उस सुझाव को आप तेजी से लागू करें।''[25] जनता सरकार के दौरान चलाए गए 'अन्त्योदय कार्यक्रम' की ओर सरकार का ध्यान आकृष्ट करते हुए कर्पूरीजी ने कहा, ''अध्यक्ष महोदय, यह योजना पहले से नहीं चल रही थी, हम लोगों ने गरीबों को सुखी बनाने के लिए इसको चलाया। आज हम या आप गरीबों को मदद करने की बातें की जाती हैं। लेकिन मैं कहता हूँ कि साथ-ही-साथ उसके लिए काम भी किया जाए, तो काफी अच्छी बात होगी। इसके लिए किसी को कोई ईर्ष्या नहीं होगी, कटुता नहीं होगी। मैं कहना चाहता हूँ कि गरीब का नाम हम लोग लेते हैं, तो हम लोगों को चाहिए कि गरीबों को फायदा पहुँचानेवाला

कार्यक्रम भी हो। इससे उनको पूँजी मिलेगी, उनकी आमदनी बढ़ेगी, जब उनकी आमदनी बढ़ेगी तो उनको सुख होगा और उनका सूर्योदय होगा।''[26] मोशन की आलोचना करते हुए उन्होंने कहा, अध्यक्ष महोदय, मैं आपके माध्यम से मुख्यमन्त्री को कहना चाहता हूँ कि अन्त्योदय कार्यक्रम तो जोर-शोर से चलाइए। ''अध्यक्ष महोदय, जो उन्होंने कानून बनाया या वह कानून पेंशन देने का कानून था।'' उन्होंने आगे बोलते हुए कहा, ''लेकिन जो आँकड़े श्रम विभाग में हमें उपलब्ध हुए हैं उसके अनुसार 71 हजार लोगों को पेंशन की सुविधा मिल रही है। मैं चाहता हूँ कि वह काम योजनापूर्वक हो। जिला में लोगों से दरख्वास्त आते हैं, जाँच हुई पेंशन की सुविधा उनमें से बहुतों को मिली, बहुतों को नहीं मिली। इस तरह की योजना नहीं होनी चाहिए। योजना ऐसी बने कि हमारे राज्य में 67 हजार 586 गाँव हैं, या 67 हजार 502 गाँव हैं, कुछ गाँव तो बहुत बड़े हैं, कुछ छोटे हैं, कुछ मँझोले हैं। मैं कहता हूँ कि दस व्यक्ति को हो गाँव में देंगे, तो सत्तर हजार गाँवों को वह सुविधा मिलेगी।''[27]

कर्पूरीजी की विशेष रुचि या रुझान प्रान्त के ग्रामीण जीवन एवं उसके विकास की ओर रहती थी उन्होंने कहा, ''इसलिए अध्यक्ष महोदय, पेंशनवाली बात के साथ-साथ एक बात और मैं कहना चाहता हूँ ग्रामीण विकास के बारे में। मैं कहता हूँ कि एक हजार डॉ. जगन्नाथ मिश्र, या कर्पूरी ठाकुर बैठकर जो योजना का आकार है उस आधार पर बिहार के पिछड़ेपन को नहीं मिटा सकते हैं, यहाँ जितना पिछड़ापन है उसको समाप्त करने के लिए मामूली आकार की योजना नहीं हो, बल्कि 8 हजार करोड़ से ज्यादा की बोलना चाहिए इसमें आपको हमको जो कुछ लगाना हो, बल, बुद्धि, शक्ति उसे लगाने की जरूरत है। लेकिन बिहार के ऊपर जो कलंक है पिछड़ा, उस कलंक को धो डालिए।''[28]

ग्रामीण विकास के कतिपय अछूते मुद्दे पर प्रकाश डालते हुए कर्पूरीजी ने सुझाव देते हुए कहा, ''आप अच्छी तरह जानते हैं कि बिहार की जनता की हालत कितनी खराब है और किस तरह उपेक्षा हुई है। इसलिए ग्रामीण सड़कों पर सबसे पहले ध्यान देने की जरूरत है और बिहार के लोगों के लिए जो सम्भव हो वह करने की जरूरत है। मेरा कहना था कि जब आप बोलें तब व्यर्थ में यह न कहिए कि 1975 में यह हुआ, 1976 में यह हुआ, 1978 में यह हुआ, या 1979 में यह हुआ क्योंकि यह सबको मालूम है यह मैंने उस दिन भी बताया कि राष्ट्रीय आय पूरे 31 साल में डेढ़ प्रतिशत हिसाब से बढ़ा है।''[29]

अन्ततः कर्पूरीजी सरकार की नीतिगत दोषों की बात कहते हैं, ''इसलिए मैं कहना चाहता हूँ कि जो आँकड़ा है वह सही है, 0.6 प्रतिशत प्रगति हुई है, जो एक प्रतिशत के आधे से थोड़ा सा ज्यादा है। यही प्रगति हुई है श्रीमती इन्दिरा गांधी के ग्यारह साल के शासन में।[30] हम लोगों के शासनकाल में प्रगति हुई है। इस वर्ष के लिए सबसे महत्त्वपूर्ण बात थी हमारा आर्थिक पिछड़ापन, इस आर्थिक पिछड़ेपन को दूर करने के लिए, राज्य का सर्वांगीण विकास करने के लिए, हमने एक नया मानचित्र खींचा है, इससे

आप देखेंगे कि हमारा प्रदेश आगे बढ़ेगा, एक नया प्रदेश बनेगा। जैसा कि प्रारम्भ में मैंने कहा कि हमारे प्रदेश की एक सीमा है और उन सीमाओं को पृष्ठभूमि में हमने इस प्रदेश के लिए नई-नई योजनाएँ मंजूर की हैं और उन तीस योजनाओं की जिसकी चर्चा हमने बजट भाषण में की है, इसकी अन्तिम रूप से स्वीकृति हो गई है और वे आर्थिक मदद पहुँचानेवाली योजनाएँ हैं।"[31]

1982-83 के बजट पर नेता—विपक्षी दल के वक्तव्य के लिए सदन की कार्रवाई समय से दो घंटे पूर्व शुरू की गई। इसमें सरकार की तीखी आलोचना करते हुए कर्पूरीजी ने मुस्लिम महिला पर पुलिस द्वारा दुर्व्यवहार एवं बलात्कार का मामला के जरिए विधि-व्यवस्था की बुरी हालत पर टिप्पणी की, "इसी अन्याय के विरोध में 29 तारीख को हजारों लोगों ने विशाल प्रदर्शन किया और ग्राम में आम सभा का आयोजन किया। मैं पूछता हूँ सरकार से, बलात्कार जैसे कांड में भी सरकार के आदेश से एस.पी. ऐसा अन्धेर, अन्याय करेगा, रात को दिन और दिन को रात बनाएगा तो फिर इस राज्य में किसी की भी इज्जत बरकरार रह सकती है ? मैं मानता हूँ कि आज हर महीने माताओं, बहनों की इज्जत लूटी जा रही है, उनकी इज्जत बर्बाद की जा रही है लेकिन सरकार आज काठ की घोड़ी बन गई है कुछ नहीं कर रही है, इस सरकार के न तो दिल है, न दिमाग है और न आत्मा। बलात्कार जैसे कांड में भी यह सरकार सख्ती नहीं बरत सकती। मैं मानता हूँ कि जो कांड वहाँ पर हुआ, यदि कोई दूसरी सरकार रहती तो वह एस.पी. पर सख्त से सख्त कार्रवाई करती अन्याय करने के लिए। मैं माँग करता हूँ कि एस.पी. को मुअत्तल किया जाए, उस मुकदमे पर फिर से चार्जशीट देने का आदेश दिया जाए, चोर अभियुक्तों को गिरफ्तार किया जाए और उनके ऊपर मुकदमा ठीक ढंग से चलाकर अभियुक्तों को सजा दिलाई जाए।"[32]

भूमि सुधार पर सरकार की ढीली नीति की आलोचना करते हुए कर्पूरीजी ने कहा, "मैं यह कहना चाहता हूँ कि मुख्यमन्त्री के क्षेत्र के मनौर गाँव, जो अन्धरा ढाढ़ी में है, वहाँ कुछ भूमिहीन मजदूरों को जमीन पर पर्चा दिया गया। लेकिन उनकी जमीन का पर्चा रहने के बावजूद उनकी जमीन पर कब्जा नहीं हो सका। जमीन पर पर्चा रहने के बावजूद कुछ सामन्तों, कुछ जमींदारों द्वारा कब्जा नहीं होने दिया जा रहा है। जब उन मजदूरों ने कहा कि मेरे पास जमीन पर पर्चा है तो उन्हें लाठी से पीटा गया, मारा गया और वे अस्पताल में भर्ती हैं। आज भी उसी गाँव में बहुत आतंक है। इस तरह के मेरे पास आज सैकड़ों उदाहरण हैं इस तरह की घटनाओं के। इसीलिए मैंने वह सुझाव आपके सामने रखा कि पुलिस जुल्म के बारे में, पुलिस के अत्याचार के बारे में, इस सदन में अलग से एक दिन डिबेट होना चाहिए चूँकि यहाँ जो डिबेट होता है जो उन पर उधर के जो बैठे हुए माननीय सदस्य हैं वे भी उतनी ही मजबूती के साथ उस अत्याचार का विरोध करेंगे जितनी मजबूती से इधर के माननीय सदस्य करेंगे क्योंकि आज जनता पर जो अन्याय हो रहा है, जनता पर जो जुल्म हो रहा है, उन पर जो गोलियाँ चलाई जा रही हैं, उन्हें जो भेड़ियों की तरह मारा जा रहा है उस स्थिति का कोई-न-कोई, निराकरण

निकल सकता है।"[33]

विधि-व्यवस्था की बिगड़ती स्थिति पर कर्पूरीजी ने कहा, "अपने बजट भाषण में मुख्यमन्त्री ने कहा है कि विधि-व्यवस्था की स्थिति अच्छी है कि बिहार के लोग निर्भय होकर विचरण कर रहे हैं इन्होंने अपने बजट भाषण में ही नहीं बल्कि राष्ट्रीय विकास परिषद में जो लिखित भाषण दिया उसमें भी कहा है लेकिन आज के अखबारों से मुझे ऐसा पता चला कि माननीय सदस्य श्री जगदीश प्रसाद शर्मा जो कांग्रेस (आई) के सदस्य हैं कल अपने भाषण में कहा है कि जहानाबाद में दो महीने के अन्दर 109 हत्याएँ हुई हैं।" उन्होंने आगे कहा, "तो अध्यक्ष महोदय, मैं यह कहना चाहता हूँ कि रोज-ब-रोज हालत बिगड़ रही है और बिगड़ती चली ज़ाएगी क्योंकि कांग्रेस (आई) की सरकार में भरे हुए हैं असामाजिक तत्त्व, डकैती और हत्या करनेवाले लोग। इसलिए हत्याएँ बन्द नहीं होंगी, डकैतियाँ बन्द नहीं होंगी, यह मैं निश्चित रूप से कहना चाहता हूँ।"[34]

बढ़ती हुई गरीबी की ओर ध्यान दिलाते हुए विकास कार्यों, जैसे–सड़क या पुल निर्माण की अर्थहीनता पर बोलते हुए उन्होंने कहा, आज भी उसी तरह पुल का निर्माण करवा लें, सड़कें बनवा रहे हैं, लेकिन निश्चित तौर से गरीबी बढ़ती जा रही है, और आम जनता की हालत में सुधार के बजाय बिगाड़ पैदा हो रहा है। अभी हाल में ही प्लानिंग कमीशन की टीम दिल्ली से आई थी, उसमें एक किताब सरकार की ओर से भेंट की गई थी, उस किताब में सरकार ने कबूल किया है, मैं उसको उद्धृत करना चाहता हूँ। मुझे अफसोस है कि सरकार के द्वारा वह किताब मुझे नहीं भेजी गई है। मैंने होम कमिश्नर को टेलीफोन किया तो इन्होंने कहा कि मुख्यमन्त्री से आदेश लेने के बाद भेज देंगे। एप्रोप्रिएशन बिल पर मैं पूरी किताब पर बोलूँगा। लेकिन अभी अखबार में जितनी बातें निकल चुकी हैं, वह काफी हैं सदन में बोलने के लिए। अध्यक्ष महोदय, इनको अपनी जगह पर बैठने का हक नहीं है। मैं उस किताब से उस अंश को उद्धृत करता हूँ, जिसे सरकार ने खुद कबूल किया है–उस किताब का नाम है :

"Notes on Exteremist Activities in the state of Bihar and Development programes in the Affected area."

"The average growthe rate of the Indian economy was earlier less than 3.8 prercent per annum. Which has currently reduced state of Bihar the growth rate of even less, in the all India average. A larage chunk of population in the Naxalite affected Block seems to have been underground."

अध्यक्ष महोदय, ये शब्द हैं इनके। भारत में पहले ग्रोथ रेट था उसमें जो विकास का दर था, उसमें ह्रास हुआ है। पहले ग्रोथ रेट लगभग 3.3 प्रतिशत था, जिससे कम होकर ग्रोथ रेट 2.5 प्रतिशत या उससे कम हो गया। यह ऑल इंडिया एभरेज का फिगर है, बिहार का ग्रोथ रेट उससे भी कम है। जहाँ नेक्सलाइट लोगों की समस्या खड़ी है

वहाँ बिहार सरकार ने कबूल किया है कि वहाँ कोई विकास का काम नहीं हुआ है और जहाँ या वहीं है, अगर छोटे थे तो छोटे हैं, बौने थे तो वे बौने हैं, दरिद्र थे तो अभी भी दरिद्र हैं। इसलिए अध्यक्ष महोदय, इनकी गद्दी पर बैठने का कोई हक नहीं है।''[35]

कृषि क्षेत्र अन्न के उत्पादन में आई कमी पर ध्यान आकृष्ट कर सरकार की आलोचना करते हुए उन्होंने कहा, ''अध्यक्ष महोदय, अब मैं आगे यह कहना चाहता हूँ कि इन्होंने 1981-82 में अन्न के उत्पादन का लक्ष्य 1 करोड़ 16 लाख टन रखा, लेकिन उत्पादन हुआ 1 करोड़ टन। हमारे जमाने में जो बिहार की जनसंख्या थी, वह अब काफी बढ़ चुकी है, जितने खानेवाले हैं उनको देखते हुए अन्न का उत्पादन ज्यादा होना चाहिए 1978 के मुकाबले। लेकिन 1 करोड़ 2 लाख टन के बजाय इनका उत्पादन हुआ 1 करोड़ टन और अब कहते हैं हमारी सरकार बहुत अच्छा काम कर रही है। इन्दिरा गांधी ने चुनाव के समय में कहा था आपको वही सरकार चाहिए जो काम करे। लेकिन 1 करोड़ 10 लाख टन लक्ष्य था जिसमें उत्पादन एक करोड़ टन हुआ। मैं यह भी बताना चाहता हूँ कि आपने सिंचाई पर जितना खर्च किया। 1978-79 में हमने वृहत एवं मध्यम सिंचाई योजनाओं पर खर्चा किया 86 करोड़ 14 लाख और अन्न उत्पादन हुआ 1 करोड़ 2 लाख टन।''[36] उन्होंने आगे सिंचाई की स्थिति पर सरकार की खिंचाई करते हुए कहा, ''मैं तो कहूँगा कि आपके जैसा यानी मुख्यमन्त्री इस राज्य को शायद ही मिलेगा। यह सभी जानते हैं कि 1980-81 में राष्ट्रव्यापी अकाल पड़ा था, सुखार था जिससे सारे देश में अकाल पड़ा था। अकाल सौ साल के अन्दर कभी नहीं पड़ा था। उस साल अनाज का उत्पादन तमाम राज्यों में घट गया और बिहार में भी घटा। लेकिन आप कहेंगे कि उस समय अकाल नहीं, सुखाड़ था। आप इसी तरह का अज्ञान अर्जित किया है। आपने जो लक्ष्य निर्धारित किया है उससे आप बहुत दूर हैं। सिंचाई की बात आप करते हैं अध्यक्ष महोदय, हमारे जमाने में सिंचाई पर खर्च होता था तो जमीन में सिंचाई भी होती थी। इस सम्बन्ध में मैं बतलाना चाहता हूँ कि हमने 1978-79 में सृजित क्षमता पैदा की थी 23 लाख 79 हजार हेक्टेयर की ओर जमीन की सिंचाई हुई थी 16 लाख 79 हजार हेक्टेयर। 1981-82 में सृजित क्षमता थी 36 लाख 17 हजार हेक्टेयर आपका अनुमान है सिंचाई का 10 लाख 4 हजार हेक्टेयर का। अध्यक्ष महोदय, आपको यह बतलाना चाहता हूँ कि जो सृजित क्षमता है सिंचाई की उसमें भी होती जा रही है, खाई बढ़ती जा रही है। सिंचाई क्षमता के अनुपात में सिंचाई होती नहीं है। सिंचित क्षमता जबकि ज्यादा नहीं है लेकिन इसकी ओर से प्रचार होता है। उस किताब को भी मैं सदन के सामने रख देना चाहता हूँ।''[37] इसी सिलसिले में बोलते हुए कर्पूरीजी ने सरकार पर सार्वजनिक धन को ठीक से खर्च नहीं करने का आरोप लगाया तथा कहा, ''सरकार रुपया लूट रही है और ठीक से खर्च नहीं कर रही है। जो सरकार लुटेरी है वह क्षमता सृजित नहीं कर सकी, लक्ष्य की पूर्ति नहीं कर सकी। आपने इसको स्वीकार भी किया है। इसके आगे भी आपको बतावें कि हर क्षेत्र में आपका बुरा हाल है। अध्यक्ष महोदय,

इनके राज्य में कभी भी विकास होनेवाला नहीं है—किसी भी क्षेत्र में विकास होनेवाला नहीं है।"[38]

प्रान्त की वित्तीय स्थिति की ओर ध्यान आकृष्ट करते हुए कर्पूरीजी ने कहा, "अध्यक्ष महोदय, 124 करोड़ प्लस बैलेंश हम लोगों की सरकार ने छोड़ी थी। आपका ओवर ड्राफ्ट एक अप्रैल 1982 को 199 करोड़ का है। लगभग सवा तीन सौ करोड़ रुपया आपने मिट्टी में मिला दिया आपने उसको भूसा कर दिया। हमने आपको प्लस बैलेंस छोड़ दिया आपने 199 करोड़ रुपया ओवर ड्राफ्ट कर दिया और 199 करोड़ रुपया ड्राफ्ट होते-होते अब सवा तीन सौ करोड़ रुपया हो गया। अध्यक्ष महोदय, आपके माध्यम से सरकार से कहना चाहता हूँ कि वह सवा तीन सौ करोड़ रुपया बिहार के माथे पर कर्ज के रूप में आ गया, 191 करोड़ रुपए के दावेदार दे गए। भारत सरकार की मंशा है कि प्लैन के लिए जो पैसा है उसमें से कटौती कर दी जाएगी। ऐसा करने से हमारी योजना का आकार और छोटा हो जाएगा। पिछड़ेपन को देखते हुए जब हमारी योजना का आकार छोटा हो जाएगा तो हमारी प्रगति नहीं होगी, हमारा विकास नहीं होगा, हमारा विनाश हो जाएगा। फिर भी आप ढोल पीट रहे हैं। आप पोल की बात कहते हैं। अब तो आपका पोल खुल गया है। यह सारी दुनिया को मालूम है।"[39]

प्रान्त के लोक उपक्रमों की बदहाली पर टिप्पणी करते हुए उन्होंने कहा, "अध्यक्ष महोदय, यहाँ बिहार में 44 लोक उपक्रम हैं। इंटरनेशनल सेमिनार हुआ या लोक उपक्रम के सम्बन्ध में वाद-विवाद हुआ था। उस समय लोक उपक्रम की रिपोर्ट का मैंने अध्ययन किया तो उस रिपोर्ट से पता चला कि बिहार में सिर्फ लोक उपक्रम है जिन्होंने लाभ अर्जित किया है 6 करोड़ 80 लाख का लगभग 7 करोड़ का लाभ दिया है। इसके अलावा जितने भी उपक्रम बाकी हैं करीब सबों ने घटा दिया है। इसी तरह बिजली बोर्ड में 107 करोड़ 84 लाख रुपए का घाटा हुआ है।

अध्यक्ष महोदय, राज्य पथ परिवहन निगम में 27 करोड़ 6 हजार रुपए का घाटा हुआ है। अध्यक्ष महोदय, जब इतना घाटा उपक्रमों में होता रहेगा तब राज्य का क्या होगा। जहाँ इतनी पूँजी हुई है, इस तरह से बराबर घाटा होता रहेगा तो इस राज्य को खुदा भी बचा नहीं सकते हैं, आप क्या बचाइएगा ? अध्यक्ष महोदय, यह हम लोगों की हालत है और आगे भी हालत बिगड़ती जाएगी।"[40] नियोजनार्थ कार्यक्रमों की समीक्षात्मक टिप्पणी करते हुए कहा, "राष्ट्रीय नियोजन कार्यक्रम चला रहे हैं। हम लोगों ने चलाया था एक प्रोग्राम फुड फौर वर्क, काम द्वारा भोजन योजना और हम लोगों ने लाखों लाख मजदूरों, गरीबों को हर रोज काम दिया था 'काम द्वारा भोजन' योजना के अन्तर्गत। इनसे अच्छा काम हुआ था और मजदूर, गरीब बेकार नहीं बैठे रहते थे और जनता का काम होता था, बाँध, तटबन्ध, पोखर, आहर आदि काम हुए। केन्द्रीय सरकार से 20 करोड़ रुपया आया लेकिन केन्द्रीय सरकार को तो मैचिंग ग्रांट चाहिए परन्तु 20 करोड़ रुपए मैचिंग ग्रांट में नहीं दिया। इसलिए 40 करोड़ रुपए का राष्ट्रीय नियोजन कार्यक्रम नहीं चला। केवल कार्यक्रम चला 22 करोड़ रुपए का और इस तरह केन्द्रीय

सरकार और बिहार सरकार दोनों मिलकर 22 करोड़ रुपए का कार्यक्रम चला पर 58 करोड़ रुपए का कार्यक्रम नहीं चला। 1901-02 की बात है जो गरीबों के लिए, मजदूरों के लिए काम है वह कर नहीं पाए यानी 58 करोड़ रुपए का कार्यक्रम नहीं चलाए बल्कि उसको घटाकर सिर्फ 22 करोड़ रुपए का कार्यक्रम चलाए और इस तरह गरीबों की हत्या करनेवाली सरकार है, गरीबों को राहत देनेवाली सरकार नहीं है बल्कि गरीबों को मारनेवाली सरकार है।''[41]

कर्पूरीजी ने प्रान्त में विद्युत उत्पादन की बदहाली पर बोलते हुए सरकार की आलोचना की और कहा,

''अध्यक्ष महोदय, मैं आगे विद्युत उत्पादन के बारे में बतलाना चाहता हूँ कि 1977-78 में बिजली पैदा हुई थी 2573 मिलियन यूनिट, 1978-79 में 2472 मिलियन यूनिट, और 1980-81 में 2225 मिलियन यूनिट विद्युत का उत्पादन हुआ। हमारे जमाने में अध्यक्ष महोदय, बिजली उत्पादन में बहुत कम खर्च हुआ और उत्पाद अधिक हुआ।

तो आज स्पष्ट कह सकते हैं कि इस सरकार ने डॉ. जगन्नाथ मिश्र की सरकार ने खर्च किया विद्युत उत्पादन पर बहुत अधिक और बिजली का उत्पादन हुआ है कम।

तो मेरे जमाने में खर्चा कम, उत्पादन क्षमता कम, लेकिन उत्पादन अधिक तो कौन समझावे आपको। ठीक ही कहा गया है कि ''भूख हृदय न चेत, जो गुरु मिलहिं वरंचि-सम। फूलई-फलई न बेंत, यद्यपि सुधा वरसहिं सम।''[42]

कर्पूरीजी ने जनता पार्टी की सरकार की उपलब्धियाँ गिनाईं और कहा जनता पार्टी और लोकदल की सरकार के समय 1977-80 में जो 1970-71 की कीमतों के आधार पर सकल राशि उत्पादन (ग्रोस नेशनल प्रोडक्ट) में 8.6 परसेंट की वृद्धि थी। 1978-79 में वृद्धि हुई 5.3 प्रतिशत की और इनके जमाने में 7.5 प्रतिशत की और 45 प्रतिशत वृद्धि हुई है 1980-81 में और 1981-82 में। यानी दोनों को मिला देंगे तो हमसे कम वृद्धि हुई है। उसी तरह से अनाज का पैदावार में 14.5 प्रतिशत की वृद्धि हुई थी 1977-80 में। 34 प्रतिशत की वृद्धि हुई 1970-79 में। मैं पहले ही कह चुका हूँ कि 1979-80 की कोई तुलना नहीं है क्योंकि यह अकाल का जमाना था। इनके जमाने में और हमारी सरकार की जो उपलब्धि थी उन दोनों की आप तुलना करेंगे तो बहुत कम पावेंगे, इनका तुलना करने का साहस नहीं है। इन्होंने तुलना की है अकाल दो वर्ष से। तब भी इनकी प्रगति हमसे ज्यादा नहीं है। 15.4 प्रतिशत और 3.3 प्रतिशत की वृद्धि हुई थी उसी तरह से औद्योगिक उत्पादन में जो वृद्धि हमारे जमाने में हुई, मैं आपकी इजाजत से कहता हूँ, पढ़ने में समय लगेगा, मेरे पास किताब है इसलिए इसको मेरे भाषण का अंग माना जाए। समय नहीं है नहीं तो मैं इस किताब में लिखे एक-एक आँकड़ा आपके सामने रखता। वैसे मैंने इसमें साफ कर दिया है कि इनके जमाने में और हम लोगों के जमाने में कोई तुलना नहीं है। हमारे जमाने में प्रगति ज्यादा है और इनके

जमाने में प्रगति कम है।...इस प्रकार सकल आन्तरिक बचतों और पूँजी निर्माण में जो अन्तर रहा उसका वित्त पोषण विदेशी बचतों से किया गया। उपलब्ध आँकड़ों से पता चलता है कि 1981-82 में सरकारी निवेश के सम्बन्ध में पूर्वानुमानित परिव्यय पूरे हो जाएँगे और इसी के साथ-साथ गैरसरकारी निवेश में वृद्धि की अच्छी सम्भावना है। इसलिए पूँजी निर्माण की दर 1981-82 में ऊँची रहेगी। किन्तु यह पूँजी निर्माण की दर से कम होगी। परिणामतः 1981-82 में भुगतान के शेष में चालू खाते का लगातार घाटा काफी अधिक रहेगा।''[43]

पुनः प्रान्त की वित्तीय बदहाली पर बोलते हुए उन्होंने कहा, ''वित्तमन्त्री ने अपने मेमोरेंडम में कबूल किया है कि जब वे वित्तमन्त्री थे तब हम लोगों की प्रगति निश्चित रूप से ज्यादा रही है इनके मुकाबले मैं एक-दो और बातों का जिक्र कर देना चाहूँगा कि उपलब्धि को देखते हुए निश्चित रूप से सिद्ध होता है कि इन्होंने जो पैसा खर्च किया है वह सारा पैसा पानी में गया है।''[44]

सरकार की अकर्मण्यता पर कर्पूरीजी ने टिप्पणी दी, ''सरकार का लक्ष्य सिर्फ पैसा खर्च करना है न कि उपलब्धि करना। उसी तरह मैं आगे चलकर पानी पीनेवाले जो गाँव हैं, समस्याग्रस्त गाँव हैं उनके बारे में कहना चाहता हूँ। उधर जो माननीय सदस्य बैठे हैं वे जरा ध्यान से सुनेंगे कि सन् 1971-72 में समस्याग्रस्त गाँवों का सर्वे हुआ था 35 हजार गाँव। 1977-78 में सर्वे हुआ 4741 यानी कुल मिलाकर समस्याग्रस्त गाँव में 39741, मगर हमारे जमाने में 1978-79 में 4260 समस्याग्रस्त गाँव में पेयजल की व्यवस्था की है। 1979-80 में 3319 गाँवों में पेयजल की व्यवस्था की गई है यानी दोनों साल मिला 7579 समस्याग्रस्त गाँवों में पेयजल की व्यवस्था हमने की है।''[45]

सरकार की समग्र नीतियों की आलोचना करते हुए कर्पूरीजी ने कहा, ''हम लोगों के पास वैकल्पिक कार्यक्रम क्या है। मैं दावे के साथ कहना चाहता हूँ कि, अभी मुख्यमन्त्री यहाँ नहीं बैठे हुए हैं इनमें हिम्मत नहीं है कि बतलाएँ कि जो कार्यक्रम आज चल रहा है हमारे ही कार्यक्रम पर चल रहा है। चतुर्थ पंचवर्षीय योजना और छठी पंचवर्षीय योजना आप दोनों को मिलाकर देख लें। आपकी-पाँचवीं योजना ही तो आप मिलाकर देख लें कि उसमें कोई ऐसा कार्यक्रम आपने नहीं चलाया जो हम लोगों के कार्यक्रम में नहीं था। अध्यक्ष महोदय, छठी योजना को मैं बता रहा हूँ। इसमें इनका वैकल्पिक कार्यक्रम क्या रहा है जो ये चला रहे हैं। नम्बर एक समेकित ग्रामीण विकास कार्यक्रम इंटरग्रेटेड रूलर डेवलपमेंट प्रोग्राम हमारा कार्यक्रम था जो ये चला रहे हैं। काम के बदले भोजन का कार्यक्रम का नाम हमने दिया था उनके बदले आज ये राष्ट्रीय ग्रामीण नियोजन कार्यक्रम चला रहे हैं। हमारी देन थी प्रौढ़ शिक्षा कार्यक्रम जिसको आज भी ये चला रहे हैं। जनता रोजगार कार्यक्रम जो हमने 31 ब्लॉक में शुरू किया था। जनता रोजगार कार्यक्रम जिसके मातहत सबको मिलेगा काम तो इसको हमने 31 प्रखंडों में शुरू किया था आपने उसी का नाम बदलकर शुरू किया नियोजन गारंटी कार्यक्रम इम्प्लायमेंट गारंटी स्कीम शुरू किया है 31 ब्लॉक में जो हमारा कार्यक्रम था उसी को आप चला

रहे हैं उसी तरह से हमारा वृद्धावस्था पेंशन कार्यक्रम आज भी आप चला रहे हैं। मैं इसको मानता हूँ कि आपने ज्यादा चलाया है यह मैं आपको जरूर कहूँगा कि आपने इस कार्यक्रम को और आगे बढ़ाया है। मैं सत्यवादी हूँ इसलिए कहता हूँ कि आपने इस कार्यक्रम को चलाया है अध्यक्ष महोदय, हमने 18, 19 और 20 वर्ष के नौजवानों को मताधिकार का अधिकार दिया था पंचायतों, निगमों में, नगरों में और नगरपालिकाओं के चुनाव में। तो वह सब आपका चलाया हुआ कार्यक्रम नहीं है। हमने सोशल फॉरस्ट्री का कार्यक्रम चलाया था जो आज भी लागू है और चल रहा है। उसी तरह से हमने विशेष अंगीभूत कार्यक्रम (स्पेशल कॅम्पोनेंट प्रोग्राम) हरिजनों के लिए चलाया था। तो मेरा कहना है कि छठी योजना में केन्द्रीय सरकार द्वारा चलाया हुआ और हमारे जमाने की राज्य सरकार का चलाया हुआ विशेष अंगीभूत कार्यक्रम स्पेशल कॅम्पोनेंट प्रोग्राम हरिजनों के लिए चलाया हुआ आपका नहीं है। तो यह सब वैकल्पिक कार्यक्रम नहीं है तो और क्या है लेकिन आपका वैकल्पिक कार्यक्रम क्या है महँगाई बढ़ाओ, डकैती बढ़ाओ, छूट दिलवाओ, यही इनका कार्यक्रम है। जिस सरकार ने बिहार को लूटा है, जिस सरकार ने पानी की तरह पैसा बहाया है, जिस सरकार ने लक्ष्य की पूर्ति एक मद में नहीं किया है, जिस सरकार ने महँगाई बढ़ाई है, भ्रष्टाचार बढ़ाया है, जो सरकार सर से पैर तक भ्रष्टाचार में डूबी हुई है। मुख्यमन्त्री डॉ. जगन्नाथ मिश्र के बारे में सुप्रीम कोर्ट में केस चल रहा है कि इस सरकार को एक पैसा भी नहीं दिया जाए एक अधेला नहीं दिया जाए। इस सरकार को समाप्त किया जाए, खत्म किया जाए, इन्हीं शब्दों के साथ मैं अपना भाषण समाप्त करता हूँ।''[46]

कटौती प्रस्ताव में भागीदारी

हम पहले चर्चा कर चुके हैं कटौती प्रस्ताव किसी मन्त्रालय की अनुदान माँगों की सरकारी नीतियों, प्रशासनिक नीतियों एवं माँग की मदों की खामियों की ओर सरकार का ध्यान आकृष्ट कराकर उसमें सुधार के लिए सुझाव देने के उद्देश्य से लाया जाता है। कर्पूरीजी ने भी कटौती प्रस्तावों में बढ़-चढ़कर हिस्सा लिया। उन्होंने सरकार की नीतियों एवं वित्तीय प्रशासन की खामियों को उजागर करते हुए अपने सत्ताकाल के कृत्यों को सही बताया अर्थात् वैकल्पिक नीतियाँ भी उन्होंने सुझाईं। कर्पूरीजी के मुख्यमन्त्रित्वकाल में 6,700 इंजीनियरों की बहाली बिना कैबिनेट एप्रूवल के लिए जाने का आरोप सत्तापक्ष की ओर से लगा था जिसका जवाब देते हुए कर्पूरीजी ने सत्तापक्ष और विपक्ष के सदस्यों की संयुक्त समिति द्वारा इसी जाँच कराने की माँग की तथा आरोप को बेबुनियाद बताया इसके पश्चात् उन्होंने गंडक प्रोजेक्ट को गलत ढंग से चलाने तथा उससे कम लाभ पहुँचाए जाने की बात को सदन में रखते हुए उन्होंने सरकार की खिंचाई की, प्रशासन की कड़ी आलोचना की, ''अध्यक्ष महोदय, मैं दो-एक बात कहकर अपनी बात खत्म करूँगा। गंडक प्रोजेक्ट का काम जो आपको करना है कीजिए।

सकरा थाना, समस्तीपुर दलसिंहसराय और वैशाली के बड़े हिस्से में इस प्रोजेक्ट का काम नहीं होना चाहिए। आपने इस योजना पर करोड़ रुपया बर्बाद किया है, एक बूँद भी पानी वैशाली जिले के बहुत बड़े भाग को नहीं मिल सका है। समस्तीपुर के पूर्वी हिस्से को, सकरा थाना को एक बूँद भी पानी नहीं मिला है। समस्तीपुर जिला के किसी भी इलाके को एक बूँद भी पानी नहीं मिला है और न मिलनेवाला है गंडक परियोजना से अध्यक्ष महोदय, आपको सुनकर खुशी होगी कि हमने बन्द कर दिया था लेकिन फिर से ये लोग इसे चालू करने जा रहे हैं। लूट के लिए चालू होनेवाला है। पानी देने के लिए नहीं इसलिए मैं कहना चाहता हूँ कि बनेगा तो किसान सत्याग्रह करेगा। हमारे वहाँ गंडक कॉलनी बनी हुई है, दस साल में एक बूँद पानी नहीं मिलता है। आप कागज की बात करते हैं तो मैं आँखों देखी बात करता हूँ, "तुम कहते हो कागज देखी, मैं कहता हूँ आँखों से। इस राज्य की जनता के साथ खेलवाड़ नहीं होना चाहिए। जो योजनाएँ सही हैं उन योजनाओं को लागू कीजिए। अध्यक्ष महोदय, मैं आखिरी बार कहूँगा कि 29 सालों में छोटानागपुर और सन्थालपरगना में वृहत और मध्यम विषयों पर केवल 17 करोड़ 10 लाख रुपए खर्च हुए। छोटानागपुर और सन्थालपरगना के साथ जो अन्याय हुआ है उसका वर्णन नहीं किया जा सकता। 29 साल में 130 करोड़ सिंचाई पर खर्च हुए उसमें सिर्फ 17 करोड़ 10 लाख रुपए छोटानागपुर और सन्थालपरगना में खर्च किए गए।"[47]

उन्होंने पुनः सरकार की ओलाचना करते हुए कहा, "अध्यक्ष महोदय, मैं कहना चाहता हूँ कि छोटानागपुर और सन्थालपरगना में कम-से-कम हम लोग ऐसा नहीं करें। जो छठी योजना में प्रावधान किया है, जो नई योजना नहीं है यह पुरानी योजना में समावेश है। अगर ज्यादा रुपया देंगे तो काम ठीक होगा, और हमारा प्रान्त एक रहेगा। मुख्यमन्त्री ने अपनी किताब में आदेश दिया है कि कितनी योजना सिंचाई की चलाओ प्रान्त को कितना लाभ हुआ। उन्होंने बतलाया है कि 26 साल में यानी 1951 से 1977 के मार्च तक उनका मन्त्रिमंडल था और कई मन्त्रिमंडल थे, उसमें 17 लाख 80 हजार हेक्टेयर जमीन की सिंचाई की क्षमता सृजित हुई। अगर यह सत्य है तो हर साल 68 हजार चार सौ 62 हेक्टेयर जमीन को सिंचाई क्षमता सृजित हुई और हमारे जमाने में दो लाख 60 हजार हेक्टेयर जमीन की सिंचाई क्षमता सृजित हुई।

आपके जमाने में 40 हजार 6 सौ हेक्टेयर जमीन का औसत उपयोग हुआ हमारे समय में 86 हजार 6 सौ हेक्टेयर जमीन पर औसत उपयोग हुआ है। इसलिए सिंचाई का काम हम लोगों के समय में ज्यादा हुआ है यह आपकी किताब प्रमाणित करती है। इन्हीं शब्दों के साथ मैं अपना स्थान ग्रहण करता हूँ। कर्पूरीजी ने पुलिस प्रशासन को अपर्याप्त साधनयुक्त मानते हुए कहा कि उन्हें जनता का विश्वास और प्रेम प्राप्त नहीं है क्योंकि पुलिस प्रशासन प्रेम का व्यवहार नहीं करती है। उन्होंने कहा, "लेकिन इन सबके बावजूद इतना मानना पड़ेगा कि पुलिस प्रशासन में कुछ ऐसे लोग हैं जिनके कारण जनता को विश्वास प्राप्त करने में, जनता का प्रेम प्राप्त करने में पुलिस प्रशासन

अक्षम रही है। जनता के साथ जो व्यवहार होता है पुलिस के लोगों का और पुलिस के लोगों की जो जनता के साथ कर्त्तव्यपरायणता होती है उसके फलस्वरूप जनता का प्रेम पूरा-का-पूरा पुलिसवालों को प्राप्त नहीं होता है। यह सही है कि पुलिस के बिना प्रशासन नहीं चल सकता हैं, पुलिस के बिना समाज का काम नहीं चल सकता है जब तक यह इंस्टिट्यूशन है, राज्य की संस्था है जब तक पुलिस बनी रहेगी। जब तक अदालत बनी रहेगी इसके बिना काम नहीं चल सकता। लेकिन जो भी हो जनतन्त्र की मर्यादा के अन्दर काम करना पुलिस का कर्त्तव्य होता है जैसा कि हम लोगों का कर्त्तव्य है।"[48]

उन्होंने केसरआँ गाँव के कमजोर वर्गों पर हुए पुलिस जुल्म की चर्चा करते हुए कहा, "लोगों ने बताया कि वहाँ लोगों को पीटा गया है। सुखनन्दन रामजी काफी उम्र के हैं। और जाति के कहार हैं उनको बाँध दिया गया और बहुत पीटा गया। उनको मारते-मारते अधमरा कर दिया गया। जोखन पासवान जाति के दुसाध हैं उनको बहुत मारा गया। तिलकी पासवान 60 वर्ष का बूढ़ा है उनको बहुत मारा गया। लाला राम, हरिजन हैं तथा उनकी उम्र 35 वर्ष की है उनको बहुत मारा गया। तिलक दुसाध जो 50 वर्ष के हैं उनको पीटा गया। सुरेश दुसाध जो 45 वर्ष के हैं उनको बहुत मारा गया। मारपीट करके इन दोनों को जेल में भेज दिया गया। सभापति महोदय 28 तारीख को गाँव के लोगों को घेरा गया। 29 तारीख को जैसा मैंने कहा कि गाँव के लोगों को घर-घर से निकलकर बाहर जाने के लिए मजबूर कर दिया गया। घर से बाहर भगा दिया गया। उसके बाद चार आदमी श्री शंकर मुसहर, श्री शोभ मुसहर, श्री जोख़ मुसहर तथा श्री वुद्ध मुसहर को पकड़ लिया गया। श्री सुरेश पासवान को भी पकड़ लिया गया और इस तरह पाँचों आदमियों को बाँध दिया गया तथा बाँधकर जमीन पर लेटा दिया गया और घुड़सवार को हुकुम दिया गया कि घोड़े का टाप इन पर चला दो—टाप चली और दो आदमी इसी जगह दुनिया से चल बसे। सभापति महोदय, यह कहना चाहता हूँ कि घटना को सूचना के तौर पर यह सदन ले। सदन यह नहीं माने कि मैं जो कह रहा हूँ वह सत्य कह रहा हूँ लेकिन सदन यह भी नहीं माने कि मैं जो कह रहा हूँ वह गलत कह रहा हूँ। सभापति महोदय मैं आपके माध्यम से सदन को केसरआँ गाँव जाने के लिए निमन्त्रण देता हूँ। जो लोग संवेदनशील हैं, जिनको न्याय के प्रति आज भी ममता है उन लोगों को सभी को मैं निमन्त्रण देता हूँ कि करसेआँ गाँव जाकर स्थिति से अवगत हों। मालूम पड़ता है कि यहाँ पर बर्बरता का राज्य है। जिस तरह से चार-चार व्यक्ति मृत्यु के शिकार बन गए हैं, नहीं, नहीं, अकाल मृत्यु के, बर्बरतापूर्वक शिकार बनाए गए हैं चार-चार हरिजन् के साथ ऐसी घटना घटी है, इसका वर्णन नहीं किया जा सकता है।"[49]

कमजोर वर्ग खासकर हरिजनों के हितों के हनन होने की बात करते हुए कर्पूरीजी ने कहा, "इस तरह हरिजन पर अत्याचार किया जा रहा है और उनको मौत का शिकार बनाया जा रहा है और अगर पुलिस की आदम इस तरह बिगड़ जाएगी, उस पर अंकुश नहीं रहेगा तो उसका शिकार कौन होगा, नहीं कहा जा सकता। इसलिए सभापति

महोदय, मैं कहना चाहता हूँ कि इसकी जाँच होनी चाहिए और वहाँ के पुलिस अधिकारी के द्वारा नहीं। क्योंकि इन पर विश्वास नहीं है। क्या करने के लिए पुलिस वहाँ गई थी, क्या पुलिस के लोग सनक गए थे ? मैं वहाँ गया था, गाँववालों ने बताया कि पुलिस मोहनजी को खोजने गई थी। हो सकता है किसी मुकदमा में ये मुदालय रहे हैं और पुलिस उनको खोजने गई हो और वह नहीं मिला तो क्या ऐसी स्थिति में चार-चार आदमियों को जान से मार दिया जाएगा ? क्यों इस तरह का बर्ताव किया गया गाँववालों के साथ, मैं यह जानना चाहता हूँ। सभापति महोदय, मैं जानना चाहता हूँ कि यह 28 जून की घटना है, 28 जून को गाँव को घेरा गया और 29 जून को चार-चार आदमियों को मारा गया तो आज तक उस पर क्या कार्रवाई हुई ? क्या ऐसे आदमी मुअत्तल हुए ? क्या ऐसे आदमी को नौकरी में रहने का हक है जो इस तरह का अत्याचार करें ? इस तरह की घटनाएँ होती हैं और कार्रवाई नहीं होती है।...सभी लोगों को गम्भीर-से-गम्भीर कार्रवाई करने के लिए बाध्य होना पड़ेगा। क्या हो सकती है, यह अभी नहीं कहना चाहता हूँ, लेकिन इस तरह का अन्याय, अँधेर अत्याचार बर्बरता और जंगलीपन इस देश में चलेगा इस राज्य में चलेगा तो सभ्यता के लिए इस प्रदेश में कोई स्थान नहीं रहेगा। इन्हीं शब्दों के साथ मैं कहना चाहता हूँ कि ऐसे लोगों को जो अन्याय करते हैं, बर्बरता करते हैं उनको पकड़ा जाए, जेल में बन्द किया जाए उसको मुअत्तल किया जाए, नहीं तो गम्भीर प्रतिक्रिया होगी और सारी जिम्मेवारी सरकार पर होगी।''[50]

विनियोग विधेयक में भागीदारी

विनियोग विधेयक द्वारा सरकार कांसोलिडेटेड फंड से धन निकासी के लिए अपने को सदन से अधिकृत करवाती है। विनियोग विधेयक पारित होने के दौरान विवाद के जरिए विपक्ष को सरकार की आलोचना का मौका मिलता है। विनियोग विधेयक विवाद में केवल लोकमहत्त्व के विषय या प्रशासनिक नीति जो अनुदान माँग से सम्बन्धित होता है पर ही चर्चा की जा सकती है। सदस्यों को अपने मुद्दों को जिस पर उन्हें बोलना होता है उसकी पूर्व सूचना देनी होती है ताकि अध्यक्ष विषयों की पुनरावृत्ति रोक सकें। इस अवसर पर किसी प्रकार का संशोधन प्रस्तावित नहीं किया जा सकता। वही विनियोग विधेयक पारित होने के बाद मनी बिल के रूप में विधान परिषद में भेजा जाता है जहाँ इसमें कोई संशोधन नहीं किया जा सकता तथा राज्यपाल की स्वीकृति के लिए भेजा जाता है।[51] प्रस्तुत शोध के उद्देश्यों के आलोक में हमें यह देखना है कि विनियोग विधेयक के बहस के दौरान नेता—विपक्षी दल के रूप में कर्पूरीजी ने क्या भागीदारी निभाई। बिहार विनियोग विधेयक (सं. 3) 1980 पर बोलते हुए कर्पूरीजी की सरकार द्वारा विधि-व्यवस्था ठीक से नहीं चलाने का आरोप लगाया तथा कहा :

''सभापति महोदय, मैं यह कहना चाहता हूँ कि हम लोग जनता के सामने सदन के सामने यदि सही-सही तथ्य प्रस्तुत करें तो इस सदन के प्रति न्याय करेंगे और जनता

के प्रति भी न्याय करेंगे।''

मेरा यह कहना है कि जो कुछ इस अवधि में पुलिस ने किया है, उसका बयान अगर किया जाए, उनके घृणित कर्मों को, अँधेरे से भरे हुए कर्मों को अन्यायपूर्ण कर्मों को जो पुलिस द्वारा किए गए हैं, उसका बयान नहीं किया जा सकता है। लेकिन जैसा मैंने कहा है कि मैं ज्यादा बोलने की स्थिति में आज नहीं हूँ, आगे हमको मौका मिलेगा तो बोलूँगा। एक-एक घटना के बारे में बोलूँगा।

मैं यह कहना चाहूँगा कि पुलिस अपने कर्त्तव्यों का पालन करे, यह आप भी चाहते हैं, हम भी चाहते हैं और जनता भी यही चाहती है। पुलिस नियन्त्रण में रहते हुए जनतान्त्रिक व्यवस्था में कानून और मर्यादा के अन्दर रहते हुए जनता की सेवा करें, जनता की रक्षा करें और अपराधी को दबाएँ और जनता को बचाएँ। यह आप भी चाहते हैं हम भी चाहते हैं हम भी आप पुलिस का बचाव करें तो फिर आप जनतन्त्र को कुचलना चाहते हैं, केवल सत्य को ही नहीं बल्कि जनतन्त्र को भी कुचलना चाहते हैं। और जनता पर दमनचक्र चलवाना चाहते हैं। हमें अफसोस है कि केसरआँ कांड के बारे में एक-एक पत्रकार ने गाँव में जाने के बाद लिखा कि पुलिस के द्वारा 4 हरिजन को मार दिया गया है...पुलिस ने आदिवासियों और मुसलमानों के साथ अन्याय किया पूर्णिया जिला के फारबिसगंज के लोगों को उलटा टाँग कर, तीन मुसलमानों को बड़ी बेरहमी से मारा। अररिया जेल में उन्हें देखने गए। गोगरी थाना के मुसलमानों को जिस बेरहमी से पीटा गया और दारोगाजी उन लोगों के हाथ पर कुर्सी रखकर बैठ गए, दोनों हाथ को कुर्सी के नीचे रखकर दबाया गया। मैं आपको पचासों जगहों की बात बतला सकता हूँ। जितना अन्याय किया गया है, आपसे कहा जाए तो आप कार्रवाई करने को तैयार नहीं हैं, उन्हें सजा देने को तैयार नहीं हैं। इसलिए अगर पुलिस बेलगाम हुई है, आपके जमाने में हुई है न कि हम लोगों के जमाने में। मैं सुन रहा था, एक सज्जन माननीय सदस्य कह रहे थे कि बडहिया फायरिंग हुई। हमने बिना किसी माँग के न्यायिक जाँच बैठा दी।

सभापति महोदय, इस सम्बन्ध में इतना ही कहना चाहता हूँ कि आज अगर पुलिस अनियन्त्रण में है, आज अगर पुलिस मर्यादा से बाहर है, कानून कायदे को कुचल रही है और जंगलपन का व्यवहार हमारी जनता के साथ कर रही है, हरिजनों के साथ आदिवासियों के साथ और अल्पसंख्यकों के साथ, कमजोर वर्ग के लोगों के साथ कर रही है, उसका एकमात्र कारण यह है कि पिछले एसेम्बली और लोकसभा के चुनाव के समय पुलिस का इस्तेमाल जो सरकार में बने हुए हैं, इस सरकार ने बड़े पैमाने पर किया था। इसलिए पुलिस उनके अन्दर में उनके नियन्त्रण में रहनेवाली नहीं है।''[52]

बिहार विनियोग विधेयक 1980 पर बोलते हुए कर्पूरीजी ने राज्य में विकास की स्थिति पर प्रकाश डाला। उन्होंने कहा, ''सभापति महोदय, अब मैं दूसरी बात कहना चाहता हूँ कि इस प्रान्त के विकास के बारे में मैं कहना चाहता हूँ कि आपने, स्टेट प्लानिंग बोर्ड ने जो लिखा है, विस्तार के साथ छठी पंचवर्षीय योजना कैसी बने, छठी

पंचवर्षीय योजना का आकार क्या हो, छठी पंचवर्षीय योजना में गरीबी बेकारी खत्म करने के लिए और असन्तुलन कम करने के लिए क्या-क्या उपाय किया जाए, उसका अध्ययन आपने किया है।

डॉ. मंडल आपके जमाने में स्टेट प्लानिंग बोर्ड के मेम्बर थे और भी कई सदस्य थे, उन लोगों ने यह लिखा है कि 1988-89 में भारत की प्रति व्यक्ति अनुमानित आय 1326 रुपए की होगी। 1320 रुपए औसत अखिल भारतीय स्तर पर प्रति व्यक्ति आय होगी। वहाँ तक पहुँचने के लिए गुजरात के स्तर तक पहुँचने के लिए नहीं, महाराष्ट्र के स्तर तक पहुँचने के लिए नहीं, पंजाब और हरियाणा के स्तर तक पहुँचने के लिए नहीं, कर्नाटक के स्तर तक पहुँचने के लिए नहीं, केवल अखिल भारतीय स्तर तक पहुँचने के लिए 1988-89 में 1320 रुपए प्रतिव्यक्ति आय तक पहुँचने के लिए 11 हजार करोड़ की योजना चाहिए।

यह तो हमारे प्रशासन की कमी है, कमजोरी है कि जो रुपए मंजूर होते रहे हैं, उसका भी खर्च नहीं होता रहा है। प्रशासन का विस्तार कीजिए, प्रशासन में सुधार कीजिए, प्रशासन को सक्षम बनाइए और दिल्ली की सरकार से रुपया माँगकर गरीबी को कैसे दूर किया जाए इस पर विचार कीजिए। मैं अदब के साथ कहना चाहता हूँ कि आप सच बोलिए तो ज्यादा अच्छा है।

मैं आपसे पूरी जिम्मेवारी के साथ कहना चाहता हूँ कि यह मुख्यमन्त्री का सवाल नहीं है नेता—विरोधी दल का सवाल नहीं है यह तो बिहार सरकार और बिहार की जनता का सवाल है। आप लाख छटपटाकर मर जाइएगा तब भी 4 हजार 42 करोड़ रुपए से इस बिहार की गरीबी को घटाने का काम नहीं करेंगे, इसे बढ़ाने का काम करेंगे, बेरोजगारी को हटाने का काम नहीं करेंगे, बल्कि बढ़ाने का काम करेंगे, सन्तुलन को घटाने का काम करेंगे, बढ़ाने का काम करेंगे। इसलिए सभापति महोदय, मैं कहना चाहता हूँ कि आप जनता से कहिए की छठी पंचवर्षीय योजना में गरीबी घटेगी नहीं, बल्कि गरीबी बढ़ेगी, बेरोजगारी घटेगी नहीं बल्कि गैर बराबरी में वृद्धि होगी, सन्तुलन का ह्रास नहीं होगा सन्तुलन बढ़ेगा। मैं यह दावे के साथ कहना चाहता हूँ और किसी के साथ बहस के लिए भी तैयार हूँ कि जो योजना बनाई गई है वह बिहार के अद्भुत विकास के लिए नहीं बिहार को बचाने के लिए नहीं बनाई गई है।''[53] क्षेत्रीय विकास के विषय पर प्रकाश डालते हुए कर्पूरीजी ने कहा, ''मैं कहना चाहता हूँ कि इतनी कम राशि से असन्तुलन और बढ़ेगा दूसरे राज्यों की तुलना में। आप कहेंगे कि इतना रुपया भारत सरकार नहीं देगी मैं कहूँगा कि क्या भारत सरकार बिहार को, मध्य प्रदेश को, राजस्थान को पूर्वोत्तर भारत के लोगों को बेकार कर रखेगी, गरीबी में रखना चाहती है। करोड़ों नौजवानों को बेकार रखने का भारत सरकार को अधिकार है। प्रथम, द्वितीय, तृतीय, चतुर्थ, पंचम वर्षीय योजना में बिहार के साथ कितना बड़ा अन्याय हुआ है। फिर छठी पंचवर्षीय योजना में बिहार के साथ अन्याय हुआ है। फिर छठी पंचवर्षीय योजना में बिहार के साथ अन्याय होनेवाला है। कुछ बना देने से कुछ रेल लाइन बिछा देने से ही

बिहार का कल्याण हो जाएगा अंग्रेजी राज में भी कुछ सड़कें बनती थीं, कुछ रेल लाइनें बिछाई जाती थीं, बिजली भी लगाई जाती थी, शिक्षा में भी कुछ विकास करता था। किसी का भी राज होगा तो कुछ सड़क का विकास, रेल लाइन का विकास विद्यालय का विकास होगा ही समयानुसार लेकिन आपके समय में कहाँ तक विकास हुआ और हो रहा है, उसको देखें। गरीबी पर कितना प्रहार हो रहा है, इसको मिटाने की दिशा में हम कितना आगे बढ़े हैं या नहीं, यह देखें। लक्ष्य को यदि आप कहाँ तक कर पाए हैं। सवाल कुछ सड़क बनाने, डॉक्टर की संख्या बढ़ाने का नहीं है। आप जो योजना बना रहे हैं, उसमें आप कुछ भी नहीं कर सकते हैं बिहार की भलाई के लिए। सिंचाई की मद में, बिजली की मद में जो योजना हमने बनाया था उसको मिलाकर आप देखें। आज जब हर चीज की कीमत डेढ़ गुना, पौने दो गुना हो गई है तो आपको उसी हिसाब से योजना बनानी चाहिए थी। लेकिन आपने जो राशि निर्धारित की है, वह ज्यों के त्यों है। बिजली के लिए जितनी राशि हमने रखी थी, उसमें आपने कमी कर दी है। मगर एरिगेशन की मद में कुछ बढ़ाया है। वह भी मामूली वृद्धि है। मैं कहना चाहता हूँ कि उसमें डेढ़ गुना और पौने दोगुना की वृद्धि होनी चाहिए थी।[54]

सरकार की कड़ी आलोचना करते हुए उन्होंने आगे कहा, "इसलिए यह सरकार सचमुच झूठ-मूठ की सरकार है, यह गरीबी मिटानेवाली नहीं बल्कि गरीबी बढ़ानेवाली है, बेकारी खत्म करनेवाली नहीं बल्कि बढ़ानेवाली सरकार है। सदन से एक पैसा भी मिलने का अधिकार इनको नहीं दिया जाना चाहिए। इसलिए मैं सदन से अनुरोध करता हूँ कि इस बजट को अस्वीकार कर दें और सरकार की मृत्यु का घंटा बजा दें। इन्हीं शब्दों के साथ मैं अपना भाषण समाप्त करता हूँ।"[55]

कर्पूरीजी ने बिहार विनियोग विधेयक (2) 1982 के विरोध में बोलते हुए कहा, "अध्यक्ष महोदय सदन में मुख्यमन्त्रीजी द्वारा जो विनियोग विधेयक उपस्थित किया गया है, मैं उसके विरोध करने के लिए खड़ा हुआ हूँ। विरोधक अनेक कारण हैं—पहला कारण है कि पूरे देश में और अपने राज्य में भी महँगाई चरम सीमा पर है, जिससे सारा जन-जीवन त्रस्त है रोज-ब-रोज जनता को यह अनुभव हो रहा है कि चीजों के दाम, जनोपयोगी वस्तुओं के दाम बढ़ते जा रहे हैं। यद्यपि सरकार की ओर से बार-बार यह आश्वासन दिया गया कि सरकार मूल्य नियन्त्रण करेगी, लेकिन अब तक एक पाई की सफलता सरकार को इस मोर्चा पर नहीं मिली है और आगे भी सफलता मिलनेवाली नहीं है। सबसे बड़ा कारण यह है कि पूँजीवादी नीति का अनुसरण सरकार कर रही है। संसार के जिन देशों ने पूँजीवादी नीति को अपनाया है, वहाँ कभी भी वस्तु पर नियन्त्रण, वस्तुओं के मूल्य पर नियन्त्रण नहीं कर सका है।

अभी-अभी दस दिन के अन्दर भारत सरकार ने कई चीजों के दामों में वृद्धि कर दी है। आपने अखबारों में देखा होगा सीमेंट के दाम में आज वृद्धि की गई है जो सीमेंट पहले 30 रुपए बोरा बिकता था वह आज से 34 रुपए 74 पैसे प्रति बोरा बिकेगा। ऐसे तो चोर बाजारी में सीमेंट प्रति बोरा 50 रुपए तक बिक्री हो रहा है। लेकिन जो सरकार

का दाम है उसमें आज प्रति बोरा पौने पाँच रुपया वृद्धि कर दी गई है। इसी तरह से आज से दस-बारह रोज पहले पेट्रोल के दाम में भी वृद्धि की गई है जो पेट्रोल पहले 5 रुपए 50 पैसे लीटर बिकता था अब 6 रुपए 20 पैसे प्रति लीटर मिलता है। इसी तरह से डीजल के दामों में वृद्धि की गई है। दो रुपए 84 पैसे प्रति लीटर जहाँ पहले मिलता था अब 3 रुपए 21 पैसे प्रति लीटर मिल रहा है। इस तरह से खाद के दाम में वृद्धि सरकार ने कर दी है। जो खाद किसान अपने खेतों में कृषि उपज बढ़ाने के लिए अनाज की वृद्धि के लिए खेतों में डालते थे उसमें भी वृद्धि कर दी गई है। इसी तरह से किरासन तेल जो गरीबों के लिए ही उपयोगी है उसके मूल्य में भी वृद्धि की गई है और 36 पैसे प्रति लीटर की वृद्धि की गई है। हम लोग ने नारा सुना था चुनाव के समय में कि इन्दिरा गांधी आएँगी नई रोशनी लाएँगी। मगर नई रोशनी कौन कहे पुरानी रोशनी भी जो थी उस पर भी प्रतिबन्ध लगाया गया है। जिस किरासन तेल से गरीबों की झोंपड़ियों में रोशनी होती थी वह भी इस मूल्यवृद्धि से छीनी गई है और इन गरीबों की झोंपड़ियों में अँधेरा छा गया है। मैं ऐसा मानता हूँ कि कभी भी मूल में ह्रास होनेवाला नहीं है, बल्कि मूल्यों में दिनोंदिन वृद्धि होती रहेगी। मूल्य वृद्धि पर कहीं कोई भी नियन्त्रण इस सरकार का नहीं है। यही इस कांग्रेस आई. सरकार की बड़ी भारी उपलब्धि है और इन्हीं सब उपलब्धियों की चर्चा प्रायः प्रतिदिन अखबारों और रेडियो के द्वारा इस सरकार के मुख्यमन्त्री और मन्त्रियों द्वारा की जाती है। इनके आने के बाद से हर चीज की कीमत दिन दूनी रात चौगुनी बढ़ रही है। इस सरकार में इतना दम नहीं है कि मूल्य पर नियन्त्रण कर सके। इसलिए इस सरकार को कोई अधिकार नहीं है कि इस सदन के बजट पास कराए। अध्यक्ष महोदय, मैंने ऐसा देखा है और आपने भी देखा है कि जब कभी राज्य में वेतन पुनरीक्षण-समिति ने प्रतिवेदन दिया इसके बाद इस सरकार ने जून में एक उपसमिति का गठन किया और उसे आदेश दिया कि वह उपसमिति अपना प्रतिवेदन का माह में दे दे। अब मैं समझता हूँ यह उपसमिति भी अपना प्रतिवेदन दे दी होगी। इसका प्रतिवेदन भी सरकार के पास पहुँच गया होगा। 1 महीना में तो वेतन पुनरीक्षण समिति ने प्रतिवेदन दिया, उसके बाद 15 जून को उपसमिति का गठन हुआ, आज 24 जुलाई है। इसलिए मैं समझता हूँ कि इस उपसमिति का प्रतिवेदन सरकार को जरूर मिल चुका है। लेकिन इस सरकार ने मर्यादा का पालन नहीं किया सदन के साथ। इसने वेतन पुनरीक्षण समिति का प्रतिवेदन सदन के समक्ष नहीं उपस्थित किया। अब भी सरकार उस प्रतिवेदन को सदन के समक्ष प्रस्तुत कर दे।''[56]

कर्पूरीजी ने बिहार विनियोग (लेखानुदान) विधेयक 1982 पर बोलते हुए सरकारी धन का दुरुपयोग की ओर संकेत दिया और कहा, ''22 मार्च, 1982 को एक निविदा सम्बन्ध सूचना छपी है। इससे क्या उम्मीद की जाए। 23 मार्च, 1982 को लगभग साढ़े छह लाख का टेंडर ठेकेदारों के देने के लिए कहा गया और यह भी कहा गया कि 6 दिनों के अन्दर सारे काम पूरा कर देना होगा, उसी का टेंडर किया जाएगा इस तरह का एक उदाहरण नहीं है, बल्कि इस तरह के हजारों उदाहरण पाए जाएँगे लेकिन

समयाभाव की लूट हो रही है, इसकी छानबीन सरकार कराए यह जीता-जागता सबूत है।"[57]

इस अवसर पर कमजोर पर अत्याचार की बात उठाते हुए कर्पूरीजी ने कहा, "मैं आपको बताना चाहता हूँ कि इसी बिहार में उग्रपन्थी के नाम पर और नक्सलपन्थियों के नाम पर आपने सैकड़ों हरिजनों की हत्या कराई है। हत्या कराई गई है हरिजनों की आदिवासियों की, मुसलमानों एवं पिछड़े वर्ग के लोगों की। सारे देश में आपकी सरकार ने दिल्ली से पटना तक दिल्ली से महाराष्ट्र तक और दिल्ली से बँगलौर तक हजारों लोगों को हत्या कराई गई है। यह रहस्यमयी बात नहीं, हजारों की हत्या सारे देश में कराई गई है तो भी आप हरिजन का नाम लेते हैं। कल भाषण दे रहे थे पं. जगन्नाथ मिश्र और प्रोफेसर भोला सिंह। हम मानते हैं कि प्रोफेसर लोग बड़े विद्वान होते हैं, इसलिए मैं उनका बड़ा सम्मान करता रहता हूँ लेकिन प्रोफेसर भोला सिंह ने जो कहा उससे बड़ा ताज्जुब लगता है। मैं कहता हूँ और मेरे हाथ में ये दो किताबें हैं, एक पंचवर्षीय योजना है आपके जमाने की और दूसरी किताब है छठी पंचवर्षीय योजना हमारे जमाने की। इन दोनों किताबों को पढ़ लें, आप पढ़ने का काम तो करते नहीं। इस प्रोग्राम में जिसके बारे में हम बोल रहे हैं। उसमें इनट्रीग्रेटेड रूरल डेवलपमेंट प्रोग्राम हैं। अगर कांग्रेस राज्य में इस तरह का प्रोग्राम कभी चला हो तो हमें आप बताएँ। गरीबी की समस्या को दूर करने का प्रोग्राम यदि कोई चलाया हो तो हमने चलाया है अगर ऐसा कोई चलाया हो, हमको बता दीजिए।"[58]

सिंचाई प्रशासन की आलोचना करते हुए उन्होंने कहा बिहार में राजकीय नलकूपों की संख्या है 5,361 जिनमें बिजली लगी हुई है 4,554 में, बिना बिजली के नलकूपों में 707, जिनमें चैनल बने हैं, उनकी संख्या है 3,654 और जो बिना चैनल के हैं उनकी संख्या 2,007 और जो गन-ओपरेटिव हैं उनकी संख्या 13,311 उसी तरह से अंडर मैकेनिकल ब्रेक डाउन में है 6.6, अंडर मैकेनिकल इलेक्ट्रिकल ब्रेक डाउन है 5371 लो वाटर टेबुल से बीमार है 17 और बिल्कुल फेल कर गए हैं, उनकी संख्या 91 इस तरह 1,331 राजकीय नलकूप इनओपरेटिव हैं। ओपरेटिव राजकीय नलकूप हैं 3,323 यानी 38 प्रतिशत ट्यूबेल चालू नहीं हैं, चलने लायक नहीं हैं। मात्र 62 प्रतिशत ही चलने लायक हैं। इनमें सौ फीसदी सिंचाई होनी चाहिए थी लेकिन, 1980 और 1981 में उनसे सिंचाई हुई, मात्र 14 प्रतिशत। दुनिया में अगर कोई सिंचाई मन्त्री होता तो उसको हाथ में हथकड़ी लगाकर और कमर में रस्सा लटकाकर घुमाया जाता लेकिन यहाँ ऐसी स्थिति होने पर भी कांग्रेस (आई.) के सदस्य कहते हैं कि उपलब्धि हुई है। मैं कैंग्रेस (आई.) के सदस्य को कहना चाहता हूँ कि जब आपके सिंचाई मन्त्री सौ फीसदी के बदले 14 प्रतिशत सिंचाई करते हैं तो आप उनका गाना गाते हैं और कहते हैं कि उनके नेतृत्व में हमारा प्रान्त उन्नति करेगा, मेरे विचार से उससे बढ़कर कोई दूसरा मजाक नहीं हो सकता है। लघु सिंचाई योजना के मार्फत 28 प्रतिशत सिंचाई हुई है, 72 प्रतिशत नहीं है यानी राजकीय नलकूप से 14 प्रतिशत और लघु सिंचाई से 28 प्रतिशत की सिंचाई

हुई है और इसी में आप कहते हैं कि सिंचाई क्षमता बढ़ी है, इसके द्वारा बिहार की उन्नति करना चाहते हैं अन्ततः उन्होंने सरकार की आलोचना करते हुए कहा, इसलिए मैं कहता हूँ कि सदन संकल्प कर ले कि जिस प्रशासन में हरिजन कत्ल किए जाते हैं, आदिवासी कत्ल किए जाते हैं, महिलाओं की इज्जत लूटी जा रही है, पैसा व्यर्थ किए जाते हैं, जरूरत से ज्यादा खर्च किया जा रहा है, काम नहीं हो रहा है, वह खर्च नहीं, लूट है, सिंचाई की क्षमता का सृजन हुआ लेकिन सिंचाई नहीं हो रही है, जितना अन्न उत्पादन करना चाहिए, उतना उत्पादन नहीं हो रहा है, जिस प्रशासन में लोगों को भुखमरी का शिकार हो रहा है जिस प्रशासन में अन्याय और अन्धकार है, ऐसी सरकार के जिम्मे अरबों रुपए हवाले करना जनता के साथ खिलवाड़ करना है, इसलिए एक पैसा भी इस सरकार को देने की जरूरत नहीं है। इस सरकार को आप चलने न दें, खत्म कर दें।"[59]

मुख्यमन्त्री ने कहा कि जो सरकार बन गई है, उसे पाँच साल तक चलने दिया जाए, उसे रोका नहीं जाए, तो मैं डॉ. राममनोहर लोहिया के शब्दों में कहूँगा कि "सरकार काम नहीं करती है, जनता के हित का काम नहीं करती है, जिस पर जनता अंकुश न हो, जो सरकार बेकार हो जाए, जो जनता के कल्याण का काम न करे, देश के हित के लिए कोई काम न करे तो वैसी सरकार को हम पाँच साल तक अपने माथे पर लादे नहीं रहेंगे, उसे हटाएँगे।"[60]

टिप्पणी एवं सन्दर्भ

1. एस.एच. वेलावादी, थ्योरी एंड प्रैक्टिस ऑफ पार्लियामेंटरी प्रोसेज्योर नन इंडिया, बम्बई, एन. एम. त्रिपाठी, 1988, पृ. 86
2. एर्स्किन मेय, पार्लियामेंटरी प्रैक्टिस, बीसवाँ संस्करण।
3. वही।
4. वही।
5. वही, पृ. 766
6. वह खर्च जिसे पारित करने के लिए विधायी प्रक्रिया से गुजरना होता है।
7. संसद की प्रक्रिया से सम्बन्धित नियम संख्या 205 और 206 तथा बिहार विधानसभा नियमावली संख्या 168 सन्दर्भित है।
8. बिहार विधानसभा नियमावली रूल संख्या 169
9. एस.एच. बेलवादी, उपरोक्त, पृ. 97
10. वही, पृ. 98
11. बिहार विधानसभा नियमावली रूल संख्या 174 देखें।
12. बिहार विधानसभा नियमावली।
13. चूँकि सभी मन्त्रालयों के अनुदान माँगों पर सीमित समय के कारण विवाद सम्भव नहीं है। अतः विपक्ष की प्राथमिकता के आधार पर कुछ विभागों के माँगों पर वाद-विवाद होता है तथा शेष माँगों को अन्तिम दिन विवादित मानकर पारित कर दिया जाता है उसे 'गुलोटिन सिद्धान्त'

कहते हैं। देखें, वेलवादी, उपरोक्त पृ. 199

14. लोकसभा नियमावली रूल संख्या 218 (4)। बिहार विधानसभा नियमावली रूल संख्या 182 (4)
15. बिहार विधानसभा वाद-वृत, भाग 2, 9.7.1980, पृ. 30
16. वही, पृ. 31
17. वही, पृ. 32
18. वही, पृ. 33-34
19. वही, पृ. 34-35
20. वही।
21. वही, पृ. 37
22. वही।
23. वही, पृ. 36
24. वही।
25. वही, पृ. 39-40
26. वही।
27. वही।
28. वही, पृ. 40-41
29. वही, पृ. 42
30. वही, पृ. 44
31. विधानसभा वाद-वृत, भाग 2, 2.7.1981, पृ. 31
32. बिहार विधानसभा वाद-वृत, भाग 2 2.7.1982, पृ.5
33. वही, पृ. 4-5
34. वही, पृ. 5-6
35. वही, पृ. 7-8
36. वही, पृ. 9
37. वही, पृ. 9-10
38. वही, पृ. 10
39. वही, पृ. 12
40. वही, पृ. 13
41. वही, पृ. 14
42. वही, पृ. 13, 14, 15
43. वही, पृ. 16
44. वही।
45. वही, पृ. 17-10
46. वही, 18.7.1980 पृ. 44
47. वही।
48. वही, पृ. 45-46
49. वही, पृ. 47-48
50. लोकसभा रूल्स धारा 218 एवं बिहार विधानसभा नियमावली धारा 182
51. बिहार विधानसभा वाद-वृत, बिहार विनियोग विधेयक (3)
52. वही, पृ. 67

53. बिहार विधानसभा वाद-वृत बिहार विनियोग विधेयक (3), पृ. 68-69
54. वही।
55. वही, 24.7.1981, पृ. 28-29
56. वही, 25 मार्च, 1982, पृ. 54-55, पृ. 36-57
57. वही, पृ. 55-56
58. वही, पृ. 59
59. वही।

7

विधायन (लेजिस्लेशन) में भागीदारी

प्रजातन्त्र का सौन्दर्य कानून के शासन में है और कानून बनाने की मौलिक जिम्मेवारी विधायिका की है। अर्थात् लेजिस्लेशन विधायिका का मूल कर्त्तव्य है। तथैव विधायक का परम महत्त्वपूर्ण प्रकार्य विधायन में सक्रिय, समीक्षात्मक एवं लोकहित रक्षार्थ भागीदारी निभाना है। भागीदारी के दो स्वरूप हैं—पहला, विवाद के लिए प्रस्तुत विधेयक की समीक्षा करना तथा दूसरा इस माध्यम से सरकार को उसके दायित्वों के प्रति सजग रखना।[1] वास्तव में सरकार किसी कानून के निर्माण हेतु सदन के समक्ष प्रस्ताव (विधेयक) रखती है सदन उस पर वाद-विवाद के दौरान समीक्षा कर उसे स्वीकृत करता है। यह प्रक्रिया एक सुनिश्चित कार्यक्रम के तहत सम्पन्न की जाती है। भारतीय संविधान की धारा 107 से। 11 तथा 196 से 200 के तहत संसद एवं राज्य विधानमंडलों के विधायन के सम्बन्ध में सिद्धान्तों एवं प्रक्रियाओं की चर्चा की गई है। किसी विधेयक की इंग्लैंड के प्रावधानों की तरह संसद तथा राज्य विधानमंडलों द्वारा पारित कर राष्ट्रपति या राज्यपाल (विधानमंडल के सन्दर्भ में) द्वारा स्वीकृति प्रदान करने के बाद कानून का रूप दिया जाता है। दूसरी महत्त्वपूर्ण बात यह है कि इस प्रक्रिया में राज्यसभा तथा विधान परिषद के अधिकार सीमित कर दिए गए हैं।

विधेयक उच्च या निम्न सदनों में से किसी में भी लाया जा सकता है। विधेयक दो प्रकार के होते हैं—सरकारी विधेयक और निजी सदस्य द्वारा प्रस्तावित विधेयक। यह उल्लेखनीय है कि आमतौर पर सरकार द्वारा प्रस्तावित विधेयक ही कानून का रूप ले पाता है। निजी सदस्यों द्वारा लाया गया विधेयक सदन का ध्यान उस विषय या विधेयक की आवश्यकता की ओर आकृष्ट करने में लाभकारी होता है क्योंकि उस माध्यम से उस विषय पर सरकार एवं जनता दोनों को सचेत कर दिया जाता है। विधयेक मुख्यतः तीन प्रकार के होते हैं—सामान्य विधेयक, मनी बिल तथा संविधान संशोधन विधेयक। मनी बिल की चर्चा हम पिछले अध्याय में कर चुके हैं, संविधान संशोधन विधेयक राज्य विधानमंडलों में नहीं लाया जा सकता है। सामान्य विधेयक को उनके विषय वस्तु की प्रकृति के आधार पर चार प्रकारों में विभक्त किया जा सकता है—नए प्रस्ताव, विचार एवं नीति से सम्बन्धित विधेयक, किसी कानून में संशोधन के लिए विधेयक, एक विषय पर कई अधिनियमों को एक अधिनियम का रूप देने के लिए विधेयक, अवधि समाप्त

होने के पश्चात् पुनर्स्थापित करने हेतु विधेयक तथा राज्यपाल द्वारा प्रस्थापित अध्यादेश को अधिनियम का रूप देने के उद्देश्यों से लाया गया विधेयक। विधि का निर्माण सरकारी स्तर पर कर मन्त्रिमंडल द्वारा स्वीकृति होने के पश्चात् उसे विधेयक के रूप में सदन पटल पर रखा जाता है। इसके पूर्व महाधिवक्ता एवं विधि विभाग में परामर्शित भी कर लिया जाता है।[2]

कोई भी सरकारी विधेयक भार साधक सदस्य के रूप में सम्बन्धित विभाग के मन्त्री अथवा किसी मन्त्री द्वारा सात दिन पूर्व ही सदन में रखने की स्वीकृति हेतु लाया जाता है।[3] साथ-ही-साथ विधेयक की दो प्रतियाँ सदन के सचिव को पेश करने की इच्छा से भेज दी जाती हैं। सचिवालय यदि विधेयक को सभी प्रकार से ठीक पाता है तो उसे सूची में शामिल कर अध्यक्ष की स्वीकृति के लिए भेज देता है। सभी सदस्यों को विधेयक की दो प्रतियाँ सदन में लाए जाने के दो दिन पूर्व ही दे दिया जाता है ताकि प्रत्येक सदस्य उसका ठीक से अध्ययन कर सकें।

विधेयक कानून बनने के पूर्व तीन चरणों से होकर गुजरता है, अर्थात् सदन में प्रस्तुत होने के पश्चात् सदन में प्रथम पाठ, द्वितीय पाठ एवं तृतीय पाठ होता है। इन्हीं अवसरों पर विपक्षी दल के सदस्यों को विधेयक की गहन समीक्षा करने की स्वतन्त्रता होती है। इंग्लैंड में भी कोई विधेयक साम्राज्ञी के समक्ष स्वीकृति के लिए भेजे जाने के पूर्व तीन चरणों से होकर गुजरता है—प्रथम पाठ में विधेयक को सदन के समक्ष पढ़ा जाता है और उस पर कोई विवाद नहीं होता। दूसरे पाठ में विधेयक में निहित सिद्धान्तों एवं नीतियों पर विभिन्न मोशंस द्वारा विवाद किया जाता है। कभी-कभी विधेयक पर विशेष विचार-विमर्श के लिए एक कमेटी को सौंप दी जाती है। कमेटी विधेयक पर अपने संशोधन एवं विचार के साथ सदन में पुनः प्रतिवेदित करती है। कमेटी द्वारा अनुशंसित संशोधन पर वाद-विवाद होता है और प्रत्येक संशोधन पर मतदान कराया जाता है। इस प्रकार विधेयक का निष्पादन होता है।[4] पुनः विधेयक का तीसरा पाठ होता है और मतदान द्वारा पारित किया जाता है। भारतीय व्यवस्था में प्रथम पाठ का तात्पर्य यह होता है कि विधेयक को सदन में पेश किया जाता है जिसमें स्पीकर की पुकार पर भारसाधक सदस्य अपने आसन से उठकर कहता है, "Sir, I beg to move for leave to introduce the bill..."

''आमतौर पर मौखिक मत द्वारा लीव स्वीकृत कर दिया जाता है। ऐसे अवसर पर बहुत ही कम विरोध किया जाता है। मन्त्री या भारसाधक सदस्य पुनः उठकर कहता है, 'Sir, I beg to introduce the bill...' आमतौर पर विधेयक का प्रथम पाठ एक औपचारिकता है तथा अवसर पर कोई विवाद नहीं होता है। परन्तु, यदि विधेयक के पेश किए जाने पर विरोध प्रकट किया जाता है तो पीठासीन पदाधिकारी इस विरोध पर वाद-विवाद के लिए स्वीकृत दे सकते हैं। तत्पश्चात् विरोध पर मतदान कराया जाता है। सरकार की ओर से चाहे जितने भी विधेयक पेश किए जा सकते हैं तथा उसके लिए लीव की माँग की जा सकती है। विधेयक के इंट्रोडक्शन (Introduction) के बाद गजेट

में प्रकाशित किया जाता है।[5] इसके पूर्व भी विधेयक के गजेट को प्रकाशित किया जा सकता है परन्तु इसमें पीठासीन पदाधिकारी की अनुमति आवश्यक होती है। ऐसी परिस्थिति में विधेयक के लिए इंट्रोडक्सन की आवश्यकता नहीं होती है।

विधेयक का द्वितीय पाठ गहन वाद-विवाद का अवसर प्रदान करता है तथा विधेयक पर विस्तृत एवं कंडिका-वार विचार-विमर्श किया जाता है। यह विवाद भी दो चरणों में सम्पन्न होता है। प्रथम चरण में विधेयक के समष्टि पर सामान्य विवाद होता है और विधेयक में निहित सिद्धान्तों एवं नीतियों पर वाद-विवाद होता है, विधेयक के मुद्दों पर नहीं। इस चरण में सदन पर निर्भर करता है कि प्रस्तुत विधेयक को सेलेक्ट कमेटी या दोनों सदनों की संयुक्त समिति को विशेष विचार करने के लिए भेज दिया जाए अथवा उसे सीधे विचार के लिए सदन में रखा जाए।[6] सेलेक्ट कमेटी के सदस्य उसी सदन से लिए जाते हैं। जहाँ विधेयक को रखा गया है। संयुक्त कमेटी के मामले पर दोनों सदनों से समुचित अनुपात में सदस्य रखे जाते हैं। कभी-कभी विधेयक पर विचार करने के लिए तदर्थ समितियों का गठन किया जाता है। कमेटी को यह अधिकार होता है कि वह विशेषज्ञों की भी सलाह ले सके। कमेटी के रिपोर्ट प्राप्त होने के बाद मन्त्री विधेयक को विचार के लिए, या किसी नई समिति के विचार के लिए या पुनर्विचार के लिए उसी समिति को देने का सदन को आग्रह कर सकता है। यदि सम्बन्धित मन्त्री विचारोपरान्त संशोधित विधेयक को सदन द्वारा विचारित करने के परामर्श के साथ मूव करता है तो वाद-विवाद की स्वीकृति मिलती है। इस समय विवाद का विषय विधेयक का केवल यह अंश होगा जिसमें परिवर्तन या संशोधन की अनुसंशा कमेटी द्वारा की गई हो क्योंकि अब विधेयक में अन्तर्निहित नीतियों या सिद्धान्तों पर वाद-विवाद की आवश्यकता नहीं रह जाती है।

दूसरे चरण में विधेयक के प्रत्येक कंडिका या धारा पर पृथक-पृथक विवाद किया जाता है। प्रत्येक धारा अलग-अलग सदन में विवाद के लिए प्रस्तुत की जाती है। जैसे ही विधेयक की कोई धारा प्रस्तुत की जाती है वैसे ही उसमें संशोधन मूव किया जा सकता है परन्तु संशोधन मूव करने की अनुमति पीठासीन पदाधिकारी द्वारा किया जाना आवश्यक है। धारा-दर-धारा पर विवाद आमतौर पर लम्बा होता है क्योंकि प्रत्येक धारा पर विवाद के प्रत्येक संशोधन पर भी विवाद होता है। यदि संशोधन स्वीकृत होता है तो वह विधेयक का अंग बन जाता है।

तीसरे पाठ (थर्ड रीड़िंग) के चरण के पूर्व जब विधेयक की सभी धाराएँ विवादित होकर पारित हो जाती हैं तब तीसरे पाठ में मन्त्री (भारसाधक सदस्य) विधेयक को पारित किए जाने का प्रस्ताव मूव करते हैं। इस समय भी विवाद होता है परन्तु विवाद की सीमा विरोध या समर्थन तक सीमित होता है। इस अवसर पर केवल मौखिक, औपचारिक एवं प्रभावात्मक संशोधन ही विवाद के लिए स्वीकृत किए जाते हैं। अतः तीसरे पाठ के चरण में लम्बा विवाद नहीं चलता। किसी विधेयक को पारित होने के लिए उपस्थित सदस्यों के बहुमत मात्र की आवश्यकता होती है।[7] इन सारी प्रक्रियाओं का पालन दूसरे सदन

में भी होता है।

प्रत्येक चरण में वाद-विवाद के क्षेत्र एवं विस्तार की जहाँ तक बात है—बेलवादी की उक्ति उल्लेखनीय है, "Rules do not prescribe any time limit for the consideration of a bill at any stage, and this has been done very advisedly in order that the debate is not curtailed in any manner and the house in to passing the bill. No doubt there are devices both in England and India vide a closure motion or a time allocation order by which the debate can be controlled and the bill can be passed witout unduely lengthening its discussion"[8]

संशोधन के विवाद हेतु स्वीकृति का जहाँ तक प्रश्न है संशोधन को इस प्रकार क्रमिक रूप में स्वीकृत किया जाता है ताकि सभी संशोधनों पर वाद-विवाद हो सके। हम पहले ही कह चुके हैं कि विधायिका का मूल प्रकार्य (fundamental function) विधायन या लेजिस्लेशन है। विधायन का एक पहलू यह भी है कि यह न केवल विधि व्यवस्था बनाए रखने के लिए बनाया जाता है बल्कि इसका महत्त्व सामाजिक एवं समाज वैज्ञानिक उन्नति में भी है इसके द्वारा लोककल्याण एवं सामाजिक-आर्थिक परिवर्तन भी लाया जाता है।[9] कश्यप ने लिखा भी है, "In a society particularly in a state of flux like ours parliament alone can provide the basis and catalytic agency for social change—Concretization of socio economic transformtion may involve a restructuring of existing institutions and bringing about a new balance between different societal forces and coflicting group interests."[10]

इस बात का प्रमाण यह है कि संविधान लागू होने के पश्चात् पिछड़ों, दलितों, परम्परागत तौर पर समाज के पीड़ित वर्गों की बेहतरी एवं सामाजिक सुरक्षा पर यह बड़ी संख्या में कानून बनाए गए हैं। ये कानून मात्र कानून नहीं हैं बल्कि सामाजिक परिवर्तन के साधन हैं। मान्यता है कि विधेयक के विधायन के समय वाद-विवाद एवं परीक्षण के समय सदस्यों की ओर से अरुचि का प्रदर्शन किया जाता है। परमानन्द ने लिखा भी है, "Normally, legislative business is transacted in the afternoon when the attendance is very thin. This mal Legislation the first casualty of members' disinterest. This is why much of the legislation is defective."[11]

सदस्यों की उपस्थिति रहने पर भी सत्ताधारी दल एवं अन्य नए सदस्यों की उपस्थिति गणना मात्र के लिए उपयोगी रह जाती है। वे पुनः लिखते हैं, "...More often than not back benchers and new members especially ruling party take if in their stride that they don't have much to contribute to the legislative proceses in the house and their main concern is to be present and vote in favour of Government when the division bell rings,"[12]

तीसरी महत्त्वपूर्ण बात है कि आमतौर पर विधायन के समय जो वाद-विवाद होते

हैं उसमें दलगत हित ज्यादा और लोकहित कम होते हैं इसीलिए एकरूपता या सर्वाधिक ग्राह्यता की कमी आ जाती है। परमानन्द को पुनः सन्दर्भित करना आवश्यक है, "Must we find passionate discussions rarely cutting across party lines on various legislative proposals. On very few bills one finds any national consensus being evolved,"[13]

अतः परमानन्द ने इसमें सुधार हेतु, परामर्श दिया है कि, "Intelligent and effective participation in discussions, not to speak of influencing the decisions, can take place onliy if members are in first place present in the houses."[14]

इस प्रकार हमने देखा कि विधेयक का निर्माण विधायिका की एक अत्यन्त महत्त्वपूर्ण विधा है जिसमें न केवल विधायन होता है बल्कि नीतियों की समीक्षा के साथ-साथ सामाजिक परिवर्तन को दिशा भी दी जाती है। ऐसे अवसरों पर विपक्षी सदस्यों खासकर, नेता—विपक्षी दल की भूमिका का महत्त्व और भी बढ़ जाता है परन्तु पाया जाता है कि सदस्यगण दलगत हितों की रक्षा ज्यादा तथा सामाजिक हित की रक्षा कम, करते हैं। विपक्षी सदस्य कम-से-कम समग्र हित की रक्षा करते हैं कि नहीं ? यह एक अहम प्रश्न है। इसी पृष्ठभूमि में कर्पूरीजी द्वारा विधायन सम्बन्धी सदनीय कार्यवाही में भूमिका का निरूपण आवश्यक प्रतीत होता है।

विधानसभा में वाद-विवाद के परीक्षण से यह प्रतीत होता है कि कर्पूरीजी ने दो बातों पर विशेष रुचि दिखलाई। पहला यह कि उन्होंने किसी विधेयक की समग्र समीक्षा अर्थात् नीतियों एवं सिद्धान्तों की समीक्षा पर बल दिया। उन्होंने विधेयक के विवाद पर सदा यह प्रयास किया कि विधेयक की सर्वग्राह्यता अधिक-से-अधिक हो तथा विधेयक सिद्धान्त एवं कार्य रूप में ज्यादा-से-ज्यादा लोक हितकारी हो। उनके द्वारा उठाए गए मुद्दे पांडित्यपूर्ण रहे तथा विधेयक की सर्वग्राह्यता के प्रतिनिष्ठ रहे हैं।

दूसरी महत्त्वपूर्ण बात यह है कि सामाजिक विषमता की खाई को पाटने हेतु विधेयकों का अनुशीलन इस प्रकार किया कि समाज के अभिवंचित दलित एवं पीड़ित लोगों को लाभ पहुँच सके।

इन बातों की पुष्टि विधेयक पर उनके भाषणों के अंशों को देखने से होता है। 12 फरवरी, 1980 को बिहार भूदान यज्ञ (संशोधनों) विधेयक 1979 पर बोलते हुए उन्होंने कहा, "मैं चाहता हूँ कि संशोधन विधेयक को सदन आज ही पारित कर दे। मैं इसलिए उस प्रस्ताव का विरोध करता हूँ कि जो प्रवर समिति में भेजने के लिए रखा गया है। उपाध्यक्ष महोदय, अभी तक दुनिया में दो तरह से जमीन का बँटवारा हुआ है। एक हुआ है कत्ल के रास्ते से दूसरा हुआ है कानून के रास्ते। यदि हम यूरोप की भूमि पर क्रान्ति के इतिहास का अध्ययन करते हैं, एशिया में भी चीन के इतिहास का अध्ययन करते हैं, तो मालूम पड़ेगा कि इन देशों में खूनी क्रान्ति के जरिए, कत्ल के रास्ते जमीन का बँटवारा हुआ है। जो बड़े-बड़े भूमिवान रहे बड़े-बड़े भूधारी रहे हैं, उनसे जमीन छीन ली

गई जोर-जबर्दस्ती के द्वारा। उनकी जमीन छीन ली गई, उनकी गर्दन उतारकर, खून करके। उनकी जमीन छीन ली गई और उसका बँटवारा भूमिहीनों और गरीब किसानों में किया गया है। उसी तरह से जापान के इतिहास का यदि आप अध्ययन करेंगे, विगत महायुद्ध के बाद 1947, 48, 49 में जो जमीन का बँटवारा हुआ है वह खूनी क्रान्ति के जरिए नहीं, बल्कि कानून के जरिए हुआ है।''[15] समानता बहाल करने की मिशाल देते हुए उन्होंने कहा, ''जापान में आज एक भी ऐसा परिवार नहीं है जिसके नाम से दस एकड़ से ज्यादा जमीन हो, दस एकड़ से कम जमीनवाले खेतिहर परिवार के लिए आज जापान में जो व्यवस्था की गई है वह बहुत अच्छी है वहाँ जमीन पर विकास काफी अच्छे ढंग से किया गया है। सिंचाई, खाद और बीज साथ ही किसानों को पूँजी के साधन काफी अच्छे ढंग से किए गए हैं।[16] उन्होंने सरकारी नीतियों की आलोचना करते हुए सदन को सुझाव दिया, ''भारत में यह प्रयोग चलाया गया कि कानून के जरिए जमीन का बँटवारा होगा तो दान के जरिए, करुणा के जरिए, उनका दिल जीतकर लिया जा सकता है, लोगों को समझा-बुझाकर उनसे जमीन ली जा सकती है और जमीन बँटवारा किया जा सकता है।[17] उन्होंने व्यवस्था पर प्रहार करते हुए कहा, ''जमींदारों ने होशियारी की है कि अपने कुत्ते के नाम से, भेड़ के नाम से बिल्ली के नाम से जमीन का बँटवारा करके बैठे हुए हैं। जमींदार को अपनी जमीन देते वक्त उनकी अँतड़ी निकलने लगती है। वे माननेवाले जीव नहीं हैं। कानून के रहते हुए भी जमीन के मामले में बेईमानी की गई है। सरकार के द्वारा गरीबों में बाँटी गई जमीन को जमींदार ने बेनामी आदमी के नाम से, जानवर के नाम से बँटवारा कर दिया है। इसी तरह से भूदान के समय में भी जमींदारों ने बेईमानी की है—इसे इनकार नहीं किया जा सकता है। विधेयक को पारित करने में विलम्ब करना उन लोगों के लिए शोभनीय नहीं है जो अपने को क्रान्तिकारी कहते हैं, समाजवादी कहते हैं, साम्यवादी कहते हैं और जमीन का बँटवारा करना चाहते हैं। अगर शुरू में जिस समय अंग्रेज गए अगर उसी समय जमींदारी खत्म होने के साथ बँटवारा का कानून बना दिया जाता तो उस समय काफी जमीन मिलती।''[18] संशोधन का समर्थन करते हुए उन्होंने सरकार से आग्रह किया, ''अभी जो संशोधन विधेयक सदन में प्रस्तुत किया गया है उसे पास कर भूदान का जो उद्देश्य है उसकी पूर्ति होने दें। आप जानते हैं कि जमीन से जिनको बेदखल किया जा रहा है, किसी भूदान से ही जमीन मिली है उसी पर रोक लगाने के लिए यह विधेयक है आप देखेंगे कि धारा 14 क में उन किसानों को जिनको भूदान की जमीन मिली है और उससे उनको बेदखल किया जा रहा है, इन संशोधनों के जरिए उनको बचाया जा रहा है। 23 क में कहा गया है कि 14 क या 22 क के अधीन जमीनवाले किसानों को यदि कोई व्यक्ति बेदखल कराने की कोशिश करेंगे बाधा डालेंगे उनके विपरीत कानूनी कार्रवाई की जाएगी, उनको एक माह तक का कारावास या दो हजार रुपए तक का जुर्माना या दोनों से दंडित कराया जाएगा।''[19] उन्होंने अपनी बात जारी रखते हुए कहा, ''इसलिए कोई भी प्रगतिशील विचार रखनेवाला व्यक्ति या कोई भी समाजवादी, साम्यवादी सदस्य सदन में इस विधेयक का विरोध नहीं कर सकता।

इसको प्रवर समिति में भेजने की जरूरत नहीं है। इसमें लिखा हुआ है कि जो दखल करेगा, उस आदेश का विरोध करेगा उसको एक साल तक का कारावास या दो हजार रुपया तक का जुर्माना या दोनों से दंडित किया जाएगा। बिनोवाजी ने कहा कि भूदान आन्दोलन जो चला उससे भूदान के उद्‌देश्यों की पूर्ति पूर्णरूपेण नहीं हुई है लेकिन आंशिक रूप में भूदान के उद्‌देश्यों की पूर्ति हुई है, सफलता मिली है। जमीन बाप-दादा के नाम से है और जो पहलवान आदमी है, बदमाश आदमी है। गरीबों, कमजोर लोगों से जमीन छीन लेते हैं और इससे चरितार्थ होता है कि जिनकी लाठी उनकी भैंस की चलती बनती है। वह तो हमारे राज्य में और समाज में होता रहेगा। जहाँ तक भूदान से आंशिक उद्‌देश्यों की पूर्ति के सफल होने का सवाल है, 16 आना नहीं तो कम-से-कम पाँच आना सही सफल हुआ है। मैं इस सदन के सदस्यों से अनुरोध करूँगा कि बिना एक क्षण विलम्ब किए आज इसको पारित करें। इन्हीं शब्दों के साथ मैं बैठता हूँ।''[20]

पुनः बिहार पशु संरक्षण एवं विकास (संशोधन) विधेयक 1982 पर कर्पूरीजी द्वारा विवादांश को देखने से पता चलता है कि उन्होंने अपने भाषण में दो बातों का खयाल रखा--पहला विधेयक की नीतिगत समीक्षा हो और कमजोर वर्गों के हित को सम्मानित किया जा सके। उन्होंने कहा, ''अध्यक्ष महोदय, प्रस्तुत विधेयक पाँच धाराओं की है सम्भवतः है छोटा, लेकिन है अत्यन्त खोटा। जैसा हम लोग जानते हैं कि बहुत पहले से, ''शत सइया के दोहरे अरु नावक के तीर, देखन में छोटन लगे घाव करैं गम्भीर।'' तो इस बिल का जो परिणाम होनेवाला है अत्यन्त घातक परिणाम होनेवाला है। यह बिल इस बात का द्योतक है कि यह सरकार भले ही रात-दिन श्रीमती इन्दिरा गांधी का नाम जपा करें, मगर उनकी नीति के सौ फीसदी खिलाफ करनेवाली सरकार है। केन्द्रीय सरकार ने अपनी आर्थिक नीति की घोषणा की है, उसमें कहा गया है कि हमारी नीति व्यापार के मामले में होगी और निर्यातोन्मुखी होगी। इस बिल के पास हो जाने के बाद इस प्रान्त से पशुओं का निर्यात दूसरे देशों में हो रहा है उस पर प्रतिबन्ध लग जाएगा और इस प्रान्त के लाखों लाख किसान और पशुपालकों की जो आय होती है, वह आय मर जाएगी इस प्रकार इस सरकार की नीति निर्यातोन्मुखी नहीं है, बल्कि निर्यात को समाप्त करनेवाली नीति है इसलिए मैं इस बिल का विरोध करता हूँ।

दूसरा कारण विरोध का यह है कि हमारी जो आर्थिक व्यवस्था है वह ग्रामीण आर्थिक व्यवस्था है, जिसमें तीन तरह की चीजों की प्रधानता होनी चाहिए, दो की तो प्रधानता है लेकिन तीसरे की प्रधानता अभी नहीं है। कृषि और पशुपालन की प्रधानता है, लेकिन ग्रामीण उद्योग लघु उद्योग की भी प्रधानता होनी चाहिए जो दुर्भाग्यवश नहीं है। अब, हमारी जो ग्रामीण अर्थव्यवस्था है इस पर विधेयक से बहुत बड़ा आघात लगेगा, धक्का पहुँचेगा। हमारे प्रान्त में जो पशुपालक हैं वे लोग हजारों हजार जानवर ले जाते हैं दूसरे प्रान्तों में जो पशुपालक हैं जो लोग हजारों हजार जानवर ले जाते हैं दूसरे प्रान्त में जिनका अनुभव मुझे है और हमको मालूम है कि उन्हें अच्छी आमदनी होती है इससे मैं बताना चाहता हूँ कि यूरोप में स्कैंडीनेविया में, नार्वे में, स्वीडन में, फिनलैंड में, अनेक

देशों से हजारों पशु दूसरे देशों में भेजे जाते हैं, इतना ही नहीं मुर्गे-मुर्गियाँ भी भेजे जाते हैं, पशुओं के साथ-साथ पक्षियों का जो निर्यात होता है, यह मैं जानता हूँ, मेरा अध्ययन है कि करोड़ों-करोड़ रुपए के पशु-पक्षियों का निर्यात वहाँ होता है और करोड़ों का लाभ लोगों को मिलता है।

इजरायल के बारे में मैं जानता हूँ वहाँ करों की आय होती है और पशुओं को बाहर भेजने से। बिहार प्रान्त गरीब प्रान्त है, इस बिल के पारित होने के बाद पशुओं के निर्यात पर प्रतिबन्ध लग जाएगा, तो इसका बहुत बड़ा विपरीत प्रभाव राज्य पर पड़ेगा।

तीसरा कारण विरोध का यह है कि गरीबी मिटाओ, यह इस सरकार का नारा है मगर वह विधेयक गरीबी मिटाओ नहीं होकर गरीबी बढ़ाओ विधेयक है। जो पशुपालन का काम करनेवाले हैं, उनकी आमदनी इससे बढ़ेगी नहीं, मर जाएगा। इस प्रकार यह सरकार गरीबी मिटानेवाली सरकार नहीं है। इसके काम जो हो रहे हैं, वह गरीबी बढ़ाने के हो रहे हैं। समाज को ज्यादा दरिद्र बनाने का हो रहा है। जो दलील वे देते हैं और कहते हैं कि इस बिल का समर्थन करना चाहिए, उसमें यह भी कहते हैं कि जानवर बाहर जाएगा, तो कसाईखाने में चला जाएगा, तो मैं श्री मिश्री सदा से पूछना चाहता हूँ कि क्या आपकी सरकार ने अपने प्रान्त में ही कसाईखाने में जाने से जानवरों को रोका है मैं उन्हें कहना चाहता हूँ कि ऐसी बात नहीं है कि हमारे जानवर बाहर जाएँगे तो वे कसाईखाने में चले जाएँगे। यह आप थोथी दलील दे रहे हैं यह जानवर की निकम्मापनी और नालायकी की निशानी है और, ये उलटे दलील दे रहे हैं। इसलिए मैं कहना चाहता हूँ कि इस विधेयक को सरकार वापस कर ले अगर सरकार इसको वापस नहीं करती है तो आप आँधी और तूफान को आमन्त्रित करना चाहते हैं बिना वजह आप चाहते हैं कि इस प्रान्त में आन्दोलन हो, इस प्रान्त में शान्ति फैले आप चाहते हैं कि इस प्रान्त में विधि-व्यवस्था टूटे क्योंकि जब इस विधेयक को पास करेंगे तो करोड़ों लोग जो इससे प्रभावित होंगे, वे चुप नहीं बैठेंगे, वे सरकार को चुनौती देंगे, सरकार के खिलाफ बगावत करेंगे और शान्ति-व्यवस्था को खतरे में डालेंगे। इसलिए मैं सरकार से कहना चाहता हूँ कि सरकार अक्ल से काम ले और इस बिल को वापस ले ले। इन्हीं शब्दों से मैं *इस विधेयक का प्रचंड विरोध करता हूँ।''*[21]

टिप्पणी एवं सन्दर्भ

1. विधायकों की भूमिका के लिए कई पुस्तकें उल्लेखनीय हैं, परन्तु प्रस्तुत विचार-पक्ष हेतु देखें, (i) राधानन्दन झा, सम आस्पेक्ट्स ऑफ पार्लियामेंटरी प्रोसेड्यूर, जानकी, पटना, 1983 (ii) सुभाष सी. कश्यप, 'हू लेजिस्लेट्स इन मॉडर्न वर्ल्ड,' इंटर पार्लियामेंटरी यूनियन (सम्पादित) में, जेनेवा 1976 (iii) हर्बर्ट फाइनर, द थ्योरी एंड प्रेक्टिस ऑफ मॉडर्न गवर्नमेंट, भारतीय मुद्रण चतुर्थ संस्करण (iv) रॉडनी बार्कर, स्टडीज इन ऑपोजीशन (v) आईवर

जेनिंग्स, कैबिनेट गवर्नमेंट, तृतीय संस्करण (सम्पा.)।
2. सुभाष सी. कश्यप, आवर पार्लियामेंट, नई दिल्ली, नेशनल बुक ट्रस्ट, 1989
3. एस.एच. बेलावादी, थ्योरी एंड प्रेक्टिस ऑफ पार्लियामेंटरी प्रोसेड्यर इन इंडिया, बम्बई, त्रिपाठी प्रा.लि., 1988
4. एर्स्किन मेय, पार्लियामेंटरी प्रेक्टिस, बीसवाँ संस्करण, लन्दन।
5. संसद रूल्स 72 एवं बिहार विधानमंडल संचालन रूल्स 112 (बिहार विधानसभा)।
6. संसद रूल्स 258 एवं बिहार विधानमंडल रूल्स 121 (बिहार विधानसभा)
7. कश्यप, उपरोक्त।
8. एस.एच. वेलावादी, उपरोक्त, पृ. 118
9. सुभाष सी., कश्यप, ह्यूमन राईट्स एंड पार्लियामेंट, नई दिल्ली, मेट्रोपोलिटन, 1978
10. कश्यप, आवर पार्लियामेंटरी, पृ. 47-48
11. परमानन्द, 'लेजिस्लेटिव प्रोसेस इन पार्लियामेंट,' इंडियन पार्लियामेंट, (सम्पा.) आइ.सी.पी. एस., नई दिल्ली, 1984, पृ. 142
12. वही।
13. वही।
14. वही, पृ. 143
15. बिहार विधानसभा वाद-वृत, खंड 2, 12 फरवरी, 1980, पृ. 37
16. वही।
17. वही, पृ. 37-38
18. वही, पृ. 38
19. वही, पृ. 38-39
20. वही, पृ. 39-40
21. बिहार विधानसभा वाद-वृत, खंड 2, 8 अप्रैल, 1982, पृ. 32-33

8

अविश्वास प्रस्ताव

संसदीय पद्धति में अविश्वास प्रस्ताव अत्यन्त ही महत्त्वपूर्ण संसदीय उपकरण है विशेष कर विपक्षी भूमिका में अविश्वास प्रस्ताव कार्यकारिणी या सत्तापक्ष को उसकी महत्ता पर प्रकाश डालते हुए बेलावादी ने कहा है, "The motion (No-confidence motion) is a very important weapon in the hands of the opposition. Though it has no chance of success under the rigid party system as it abstains whetter in England or in India, still has the merit of highlighting the acts of commission and ommission of the part to the government and so preparing the public opinion against the Government."[1] इस प्रकार यह महत्त्वपूर्ण संसदीय अधिकार है जिसका स्वच्छन्द रूप से उपयोग करना चाहिए तथा उसे किसी भी स्थिति में बाधित नहीं करना चाहिए।

यद्यपि अविश्वास प्रस्ताव ज्यादातर पराजित हो जाता है परन्तु कभी-कभी ऐसी स्थिति आ सकती है जब सदन के सदस्यों की अन्तरात्मा उन्हें प्रस्ताव के पक्ष में दल के व्हिप के विरुद्ध मतदान करने के लिए प्रेरित करे और सरकार गिर जाए या कभी-कभी सदस्य दल-बदलकर प्रस्ताव के पक्ष में मतदान कर दें। 1967 के बाद भारतीय संसदीय प्रणाली में अविश्वास प्रस्तावों को सफलता भी मिली। कई राज्यों में सरकारों का उलट-फेर हुआ। बिहार में भी 1967 और 1972 के बीच कई सरकारें बदलीं। 1979 में तो लोकसभा में नेता–विपक्षी दल श्री बाई.बी. चौहान द्वारा लाए गए अविश्वास प्रस्ताव को सफलता मिली थी और मोरारजी देसाई की सरकार अपदस्थ हुई थी। पुनः लोकसभा 1989 में विश्वनाथप्रताप सिंह की सरकार को अविश्वास प्रस्ताव का मुकाबला करना पड़ा था और उनकी सरकार हार गई थी। इस प्रकार हम देखते हैं कि अविश्वास प्रस्ताव द्वारा 1967 के पश्चात् विपक्ष की भूमिका में जान डाला गया है।

सर्वाधिक महत्त्वपूर्ण बात इस प्रस्ताव में यह है कि यद्यपि इसे एक पंक्ति में प्रस्तुत किया जाता है फिर भी इस पर जो वाद-विवाद होता है उसमें सरकार की विभिन्न पक्षों से आलोचना की जाती है। सरकार ने कृत्यों एवं अकृत्यों के लिए कोस जाता है, उसमें व्याप्त भ्रष्टाचार, नीति अवहेलना एवं जनहित के हनन के पक्षों को उजागर किया जाता है। सरकार के अकृत्यों एवं त्रुटियों को जनसाधारण तक पहुँचाया जाता है।

अविश्वास प्रस्ताव या मन्त्रिपरिषद में विश्वास का प्रस्ताव ब्रिटेन के संसद से प्रचलित है। प्रारम्भ में ब्रिटिश संसद में अविश्वास के कारणों की चर्चा की जाती थी। परन्तु भारत में एक पंक्ति का प्रस्ताव लाने का प्रावधान किया गया है जिसमें कहा जाता है, "This house has no confidence in council of ministers" और स्पीकर द्वारा इसे स्वीकृत या अस्वीकृत किया जाता है। बहुत कम ही अवसरों पर प्रस्ताव में अविश्वास के कारणों की चर्चा की गई है। यदि कारणों की चर्चा की भी जाती है तो अत्यन्त ही संक्षिप्त शब्दों में। इसका कारण यह है कि भारत में बहुदलीय पद्धति है और प्रत्येक विपक्षी दल को अपने पृथक कारण हो सकते हैं। अतः एक पंक्ति का ही प्रस्ताव रखा जाता है।[2] प्रस्ताव स्वीकृत होने के पश्चात् एक दिन निर्धारित किया जाता है। जिसमें दोनों पक्षों का वाद-विवाद होता है। प्रचलित परिपाटी के अनुसार वाद-विवाद के लिए यथासम्भव निकटतम तिथि ही निर्धारित की जाती है।[3] कभी-कभी प्रस्ताव स्वीकृत होने की तिथि को ही वाद-विवाद करा लिया जाता है। भारत में अविश्वास प्रस्ताव की स्वीकृति के लिए कठोर शर्तें नहीं रखी गई हैं फिर भी यह ध्यान दिया जाता है कि अविश्वास प्रस्ताव प्रमुख विपक्षी दल द्वारा प्रस्तावित है या नहीं अथवा उसमें उठाए गए मुद्दे गम्भीर प्रकृति के हैं या नहीं।[4] प्रस्ताव लानेवाले सदस्य को लिखित रूप में सचिव के समक्ष प्रस्ताव भेजना पड़ता है और वाद-विवाद के अवकाश (लीव) के लिए आग्रह करना पड़ता है। उसके बाद स्वीकृति हेतु स्पीकर यह निर्धारित करते हैं कि प्रस्ताव के पक्ष में पर्याप्त सदस्य हैं अथवा नहीं। आमतौर पर जितने सदस्यों की आवश्यकता सदन की गणपूर्ति के लिए है उतने सदस्यों को समर्थन को ही पर्याप्त मान लिया जाता है। स्वीकृति के पश्चात् सदस्यों को वक्तव्य के लिए स्पीकर समय भी निर्धारित करते हैं।

बिहार के अभी तक जितने अविश्वास प्रस्ताव आए उसमें कर्पूरीजी द्वारा लाया गया एक अविश्वास प्रस्ताव अत्यन्त ही मेधावी एवं संसदीय सौन्दर्य से परिपूर्ण है जिसमें उन्होंने एक ही पंक्ति में अपने गम्भीर आरोप को बड़ी सुन्दरता से समाहित किया है, *''अध्यक्ष महोदय, मैं प्रस्ताव करता हूँ, कि करणीय कार्यों को नहीं करने एवं अकरणीय कार्यों को करने के कारण यह सदन वर्तमान मन्त्रिमंडल में अविश्वास प्रकट करता है।''*

उन्होंने अपनी बात जारी रखते हुए कहा, ''अध्यक्ष महोदय, अभी वर्तमान सत्र के दौरान राज्यपाल के अभिभाषण के क्रम में, बजट भाषण के क्रम में और अभिभाषण पर हुए वाद-विवाद के उत्तर के क्रम में माननीय मुख्यमन्त्री ने यह दावा किया कि बिहार राज्य में विधि-व्यवस्था की स्थिति में सुधार हुआ है। अपराधों में गिरावट आई है और बिहार की जनता सुख-चैन की साँस ले रही है। सरकारी आँकड़े खुद सरकार के दावे को झुठलाते हैं, बात बिल्कुल विपरीत है, उलटी है। बिहार में अपराधों की संख्या में वृद्धि हुई है, कमी नहीं हुई है। जनता आतंकवाद के साए में जी रही है। जनता की जान और जिन्दगी अपराधियों के हाथ में कैद है। आज हमारे प्रदेश की स्थिति, अपराध की स्थिति नियन्त्रण से बाहर है और आम जनता जब घर से निकलती है तो इस आतंक में रहती है कि फिर हम लौटकर अपने घर में वापस जा सकते हैं या नहीं ? जो सरकार के आँकड़े

हैं वे बतलाते हैं कि हत्या की संख्या जहाँ 1985 में 3174 थी वहीं 1986 में 3587 है और 1987 में 3581 हो गई है। हत्या की संख्या में वृद्धि है, कमी नहीं। जब विन्देश्वरी दूबे ने इस प्रान्त के शासन की बागडोर अपने हाथ में थामी थी उस वक्त जहाँ हत्या 1985 में 3174 थी जहाँ 1987 में हत्या की संख्या 3581 पर पहुच गई और मेरा खयाल है कि जब पूरा आँकड़ा इकट्ठा किया जाएगा तो यह संख्या 3600 पहुँचेगी। डकैती की संख्या 1985 में 2793 थी और 1986 में 2925 थी। तब भोला बाबू आप मुख्यमन्त्री नहीं थे, लेकिन भोला बाबू की पार्टी की सरकार थी और आज भी उनकी ही सरकार है। 1987 का आँकड़ा नहीं आया है लेकिन करीब-करीब 2786 है और अगर पूरे आँकड़े पूरे प्रान्त के थानों से आ जाएँगे तो यह संख्या 2800 तक पहुँचेगी। उसमें कोई कमी नहीं हुई है। लूट की संख्या 1985 में 1986 थी, 1983 में 1931 थी और 1987 में 2171 हो गई। जो संज्ञेय अपराध हैं उनकी संख्या 1985 में 1 लाख 8 हजार 412 थी, 1986 में वह 1 लाख 14 हजार 414 हुई और अभी 1987 के आँकड़े आने बाकी हैं। लेकिन जो आँकड़े आए हैं वह 1 लाख 14 हजार के करीब हैं। मेरे कहने का यह मतलब नहीं कि सरकारी आँकड़ों के मुताबिक कार्रवाई की गई है बल्कि मैं बराबर कहता रहा हूँ कि जो सामाजिक स्थिति है, जो प्रशासनिक स्थिति है उसका अत्यन्त बुरा हाल है। पुलिस प्रशासन गिरा हुआ है, कुछ पार्टियों में जैसे-जैसे लोग हैं सिंह के अवतार—उनके रहते हुए विधि-व्यवस्था में सुधार नहीं होगा और जनता की जिन्दगी, जायदाद खतरे में पड़ी रहेगी। इसलिए मैं यह आरोप लगाता हूँ कि यह सरकार अक्षम है, शासन चलाने में। जब से नया मन्त्रिमंडल आया है जब से लोग असंख्य नर-संहारों के शिकार हुए हैं और इस प्रान्त के हर आदमी के मन में दहशत फैली हुई है कि जैसे बाँझी में, कंसारा में, पारसडीहा में, दरमियाँ में, घुसवारी में, छोटकी-छोछानी, बघौरा में, दलेलचक में, कुर्था में, कुर्था के नजदीक जहाँ स्व. जगदेव प्रसाद के नाम पर महाविद्यालय है, औरंगाबाद जिला के अनेकों स्थानों में, जहानाबाद जिला के अनेक स्थानों में और पिछले साल पटना जिला के घुसवारी गाँव में दो लोग गोली के शिकार हो गए, परसडीहा में 6 आदमी एक जगह मार दिए गए, दमियाँ में 11 आदमी मार दिए गया और दलेलचक बघैरा में 43 आदमी मार दिए गए और अगर इस तरह गिनाना शुरू करूँ तो इसका अन्त नहीं है। कोनी गाँव जो जहानाबाद जिला में है जहाँ हरिजनों के घर में आग लगा दी गई और वहाँ के हरिजन लोग हफ्तों गाँव को छोड़कर भागे हुए थे।

हमारे यहाँ समस्तीपुर जिला में हसनपुर थाना के अन्तर्गत लगभग 107-08 मुसलमान भाइयों का घर लूट लिया गया, उनके सारे सामान लूट लिये गए और कई घरों में आग भी लगा दी गई। इस तरह मैं कहना चाहता हूँ कि सरकार का जो दावा है कि यहाँ विधि-व्यवस्था की स्थिति ठीक रही है, इन नरसंहारों से प्रमाणित होता है कि देश के किसी राज्य में स्थिति इतनी खराब नहीं रही है। नर-संहार के मामले में जैसी स्थिति हमारे राज्य में रही है...लोग पंजाब-पंजाब कहते हैं, वहाँ एक खास वर्ग, आतंकवादी, उग्रवादी लोग इस तरह के कांड करते हैं, लेकिन बाकी गाँव के जो लोग

हैं, वे लोग आतंकवाद के शिकार नहीं हैं, अपराध के शिकारी नहीं हैं, हत्या के शिकार नहीं होते हैं, जैसा कि बिहार में आम लोग हुआ करते हैं। इस तरह से आप देखेंगे कि आम जनता की जिन्दगी असुरक्षित है, खतरा और आतंक के शिकार तो हैं ही यहाँ तक कि पुलिस चौकी विशुनगंज में जो कुछ हुआ सभी के लिए दिल दहलानेवाला कांड है और प्रशासन के लिए यह लज्जाजनक कांड है। थाना पर आतंकवाद ने हमला किया, 6 आदमी मौत के घाट उतार दिए गए जिनमें 5 सिपाही थे और एक ऑफिसर थे, उन लोगों ने जान से मार दिया और इनके पास जितने हंथियार थे, राइफलें थीं, बन्दूक थी उनको लूट लिया। जो सरकार अपने सिपाहियों की रक्षा नहीं कर सकती है, अपने पुलिस अधिकारी की रक्षा नहीं कर सकती है वह सरकार आम जनता की क्या रक्षा कर सकती है, यह तो आकाश से कुसुम तोड़नेवाली बात है। मैं आरोप लगाता हूँ कि यह सरकार राज्य शासन चलाने में अक्षम है। दाम में वृद्धि का सवाल :

अध्यक्ष महोदय, लगातार दाम में वृद्धि हो रही है, भयंकर महँगाई है, जैसी महँगाई बिहार राज्य में आई है, सच पूछा जाए तो देश के किसी अन्य राज्य में नहीं आई है। खाद्यान्न के दाम, चीनी, कोयला, साबुन, डालडा, सरसों का तेल, इस्पात और तमाम अन्य चीजों के दाम में बेतहाशा वृद्धि हुई, मुद्रास्फीति जो 10 प्रतिशत से कम रहा करती थी आज 10 प्रतिशत से अधिक बढ़ गई है। बिहार राज्य में निश्चित आय-समूह के जो लोग हैं वे सभी तबाह हैं इस मूल्यवृद्धि से, खासतौर से जो निर्धन हैं, गरीब हैं, उनका जीवन दूभर हो गया है। वे कैसे जिन्दा रहेंगे, कैसे क्या खा पाएँगे, यह सामने समस्या बनकर खड़ी है। उसका कारण यह है कि सरकार का आर्थिक नियोजन सही नहीं है, अगर इनका आर्थिक नियोजन सही होता, आर्थिक नीति सही होती है तो मूल्य वृद्धि इतनी जबर्दस्त ढंग से नहीं होती। जो आम लोग हैं, जो निश्चित आय समूह है, गरीब लोग हैं वे लोग इस महँगाई के शिकार नहीं होते। हम लोग ठीक कहते रहे हैं कि सरकार की गलत आर्थिक नीति के कारण, गलत योजना के कारण मूल्यवृद्धि होती रही है। हम लोग नारा लगाते हैं कि :

बढ़ते दाम को रोक न पाए, यह सरकार निकम्मी है,
जो सरकार निकम्मी है, वह सरकार बदलनी है।

सरकार को इस पर सोचने की जरूरत है। उनकी नीति रही है, उसको बदलने की जरूरत है। नहीं तो महँगाई इतनी बढ़ेगी कि हम क्या, विरोधी दल के लोग क्या, गरीब लोग क्या, जो सरकारी बेंच पर बैठे हुए लोग हैं, उनको भी जीना दूभर हो जाएगा। ये भी समाज के लोग हैं, अगर समाज डूबेगा। महँगाई से हमारी जनता तबाह है। इसलिए आरोप लगाता हूँ कि यह सरकार लोगों को राहत देने में सुविधा देने में, लोगों को आराम देने में अक्षम है, अयोग्य है, इसे जाना चाहिए और आज ही जाना चाहिए।

अध्यक्ष महोदय, हमारे यहाँ लोग उद्यम ब्यूरो के अन्तर्गत 49 राजकीय उपक्रम हैं। इन सरकारी उपक्रमों में 2079 करोड़ रुपए की पूँजी लगी हुई है, 2 हजार 79 करोड़ का पूँजी निवेश है, लेकिन आपको पता होगा कि 31 मार्च, 1985 तक इसमें घाटा हुआ

था। 363 करोड़ 73 लाख का घाटा था। और वर्ष 1983-87 में जो मुख्यमन्त्री का कार्य-काल है, इसमें घाटा हुआ था 425 करोड़ से ज्यादा का और यह घाटा लगातर बढ़ता जा रहा है। जनता का पैसा, जनता की पूँजी, इन उपक्रमों में जनता की गाढ़ी कमाई का पैसा लगा हुआ है, लेकिन योजनाओं के लिए, विकास के लिए सड़क के लिए, नहर, बाँध के लिए तटबन्ध के लिए, विद्यालय, महाविद्यालय, विश्वविद्यालय के लिए, बेरोजगारों को काम देने के लिए इन उपक्रमों से जो लाभ मिलना चाहिए था, वहाँ से फायदा मिलना चाहिए था, वहाँ से जो राशि मिलनी चाहिए थी, उसका उलटा हो रहा है। और जो पूँजी हमारी लगी हुई है वह पूँजी लगी हुई है वह पूँजी भी गल रही है और बर्बाद हो रही है। सरकार इन उद्योगों को चलाने में अक्षम है, अयोग्य है। इसलिए इसे तुरन्त चला जाना चाहिए।

अध्यक्ष महोदय, हमारे बिहार में प्रति वर्ष बाढ़ से 63 करोड़ 70 लाख का घाटा होता है। बिहार के बारे में जो खबरें छपी हैं, उसके अनुसार बिहार में 1953 से लेकर 1986 तक औसत बाढ़ से 63 करोड़ 70 लाख की क्षति होती रही है। 1979 की क्षति को अगर जोड़ दिया जाए, जो 1500 करोड़ की क्षति है जो कुल 1953 से 1987 तक 36 अरब, 68 करोड़ 86 लाख हो जाएगा। लेकिन सरकार जवाब देगी कि यह सब गलत है। हम लोगों के बोलने पर सत्ता पक्ष के लोग उलटा बोलेंगे। विरोध पक्ष में आम बोला जाएगा तो उधर से इमली अवश्य बोला जाएगा। उधर के लोग नीति पर नहीं बोलेंगे। वे व्यक्ति पर बोलेंगे। राष्ट्रीय बाढ़ नियन्त्रण आयोग ने 207 सिफारिशें दी हैं, बाढ़ को रोकने के सम्बन्ध में। लेकिन उन सिफारिशों पर कहाँ तक अमल किया है इन्होंने, यह देखने की बात है। मैं कहता हूँ कि इन्होंने अमल नहीं किया है। क्या हुआ 1987 में, जब अभूतपूर्व बाढ़ आई, अप्रत्याशित बाढ़ आई। बिहार की जनता जानती है कि बाढ़ में क्या-क्या भारत सरकार से कहे कि नेपाल से बात करें, बिहार को बचाने के लिए, उत्तर बिहार को बचाने के लिए, दक्षिण बिहार को बचाने के लिए। क्या आपको हिम्मत है कि भारत सरकार अन्तर्राष्ट्रीय मंच पर यू.एन.ओ. में नेपाल के बारे में सवाल उठाए कि नेपाल को कोई हक है कि वह बिहार को पानी से बहा दे। अगर अविलम्ब ऐसा नहीं किया गया तो अब इस वर्ष 1988 में पता नहीं क्या होगा ? लेकिन यह सरकार ऐसा नहीं कर सकती है। यह अक्षम है। यह सरकार बराबर असफल रही है, अक्षम रही है।

अध्यक्ष महोदय, मैं आपके माध्यम से सदन का ध्यान, किसानों की क्षति-पूर्ति के बारे में अखबारों में जो छपा है, उसकी ओर ले जाना चाहता हूँ। इन्होंने कहा कि धन की फसल की जो क्षति हुई है, उसकी पूर्ति हम रबी की फसल से करेंगे। इनका बयान निकला कि अगले साल से हम 107 लाख हेक्टेयर से अधिक गेहूँ लगाएँगे। उसके बाद निकला कि पाँच लाख हेक्टेयर में लगाएँगे। इस तरह पता नहीं उनका कौन सा बयान सही है। इस वर्ष इनकी योजना है 22.9 लाख हेक्टेयर गेहूँ की है। यानी राउंड फीगर 23 लाख हेक्टेयर की होती है। तो ये इस तरह का बयान देते हैं और जनता को गुमराह करते हैं।

10 लाख हेक्टेयर का वायदा कहाँ चला गया सरकार का, फिर 5 लाख हेक्टेयर का वायदा कहाँ चला गया, सिर्फ ढाई लाख हेक्टेयर अतिरिक्त क्षेत्र में गेहूँ की खेती हो रही है और अध्यक्ष महोदय, वह भी गेहूँ की खेती क्या होगी। आपको पता है कि सड़ा हुआ बीज, गलत बीज किसानों के बीच बाँटा गया गलत बीज वितरित कर किसानों के साथ इस सरकार ने विश्वासघात किया। किसानों ने सरकार पर विश्वास करके अपने खेतों में गेहूँ लगाया, उसका क्या हाल हुआ, यह सारा सदन जानता है। सदन के बाहर जानता है, हजारों-लाखों एकड़ में गेहूँ फूट गया, 22 रोज से 25 रोज के अन्दर। ऐसा अन्धेर दुनिया के किसी देश के किसानों के साथ नहीं किया होगा, जैसा बिहार की सरकार ने यहाँ के किसानों के साथ किया। गेहूँ समय से पहले फूट गया, 22 से 35 दिनों के अन्दर ही फूट गया, कहा यह जाता है कि किसानों ने सिंचाई नहीं की। क्या सरकार को मालूम नहीं है कि सब जगह सिंचाई की व्यवस्था नहीं है, सब जगह खेतों को सिंचित नहीं किया जा सकता है। गेहूँ के बीज बोएँ, या मकई लगाया जाए तो धान लगाया जाए, सब जगह सिंचाई की व्यवस्था नहीं है क्या यह सरकार को मालूम नहीं है।

कहा यह जाता है कि किसानों ने खाद्यान्न नहीं दिया, पर्याप्त मात्रा में। क्या सरकार को मालूम नहीं है कि समय पर किसानों को खाद की आपूर्ति नहीं की गई। जब सिंचाई की व्यवस्था सब जगह नहीं है, जब खाद की आपूर्ति सरकार ने समय पर नहीं की, तब फिर सरकार की तरफ से यह कहना कि बीज हमने ठीक दिया, खाद और पानी नहीं दिया गया समय पर, तो गेहूँ की फसल का यह हाल होना ही था। यह एक मजाक किया गया है, मखौल किया गया है। किसानों का गेहूँ नहीं फूटा बल्कि किसानों का भाग्य फूट गया, आज किसानों की किस्मत फूट गई। इसलिए इस सरकार को गद्दी पर बने रहने का कोई हक नहीं है। इसलिए हम लोगों ने आज इस सरकार के खिलाफ अविश्वास का प्रस्ताव लाए हैं। अध्यक्ष महोदय, खदान की आपूर्ति आज तक नहीं हुई बिहार में, चूँकि समय कम है, इसलिए हर खाद का दाम कितना बढ़ा है, मेरे पास आँकड़ा है, हर समय के दाम वृद्धि का। खाद के दाम में वृद्धि होने के कारण किसानों ने लिया नहीं है। दाम बढ़ने के कारण खाद नहीं खरीद सकते थे और इसके लिए सरकार की तरफ से कर्ज की व्यवस्था की गई। इसमें शायद इतिहास में कहीं ऐसा नहीं हुआ होगा, जैसा हुआ है। 857 करोड़ रुपए किसानों के बीच बाँटा जाएगा, किसानों को कर्ज दिया जाएगा, यह भरोसा सरकार ने किसानों को दिया, सरकार ने कहा घबराओ नहीं, तुम बर्बाद हो गए, ढह गए लेकिन हम तुम्हें 587 करोड़ रुपए कर्ज से पूरा करेंगे, किसानों के बीच बाँटेंगे। लेकिन कर्ज के बँटवारे में भयंकर भ्रष्टाचार हुआ अध्यक्ष महोदय, पासबुक जो किसानों को मिलता है, उसमें से क़र्ज का पैसा काटा जाता है। अध्यक्ष महोदय, जो पिछले साल खरीफ में किसानों ने कर्ज लिया था, कर्ज जो आज दिया जा रहा है, उसमें से कहा जाता है। जो शार्ट टर्म लोन किसानों को दिया जाता है, एक तरह का नियम बनाकर 100 रुपए 600 रुपए में से, किसानों से ले लिया जाता है।

ये कांग्रेस बेंच पर बैठे हुए लोग हैं, मैं मानता हूँ कि कांग्रेस सत्य और अहिंसा पर

चलती थी, ये लोग सत्य को छोड़ने को तैयार नहीं होंगे और ये मानेंगे कि 600 रुपए में से 100 रुपए घूस में लिये गए।

अध्यक्ष महोदय, तो मैं कह रहा हूँ कि सहकारिता लोन जो दिया गया उसमें भयंकर घूसखोरी हुई। प्रत्येक किसान से दो सौ रुपया लिया गया। 600 रुपया प्रत्येक किसान की सहकारी लोन देने की बात कही गई, लेकिन उसमें घूसखोरी हुई है। इसके सम्बन्ध में जो कुछ कहा जाए वह कम होगा। उसकी तरह से कोऑपरेटिव लोन जिन किसानों को दस हजार मिलना चाहिए, उनको 6 हजार मिला। बाकी चार हजार रुपया घूसखोरी में चला गया, लूट लिया गया, जिनको 8 हजार रुपया मिलना चाहिए उनको पाँच हजार मिला है तीन हजार लूट लिया गया, जिनको पाँच हजार मिलना चाहिए उनको मिला है तीन हजार। दो हजार लूट लिया गया। इस तरह से चार हजार, तीन हजार, दो हजार, रुपए का लूट किया गया है। इस तरह जिस तरह से कोऑपरेटिव लोन का बँटवारा हुआ है। उसका कहीं उदाहरण नहीं है। अब मैं बीज और खाद के सम्बन्ध में कहना चाहता हूँ कि इस सरकार ने किसानों को समय पर खाद और बीज नहीं दिया जो किसानों के साथ अन्याय है। यह सरकार के समय में कोऑपरेटिव लोन और शॉर्ट टर्म लोन के बँटवारे में जो धाँधली हुई है भयंकर घोटाला हुआ है, भ्रष्टाचार हुआ है, घूसखोरी हुई उसकी चर्चा जितनी भी की जाए, कम है। इसलिए इस सरकार को एक दिन, एक क्षण भी गद्दी पर बैठने का अधिकार नहीं है।

मैं यहाँ कहना चाहता हूँ, आपने भी अपने कानों से सुना होगा कि सरकार ने एक बार नहीं कई बार कहा कि उनका घर चाहे बाढ़ या अतिवृष्टि में गिरा है, प्रत्येक परिवार को, प्रत्येक घर को बनाने के लिए साढ़े सात सौ रुपया कर्जा ज्यादा-से-ज्यादा जाएगा। आरक्षण के नियमों के उल्लंघन पर सख्त प्रश्न उठाते हुए कर्पूरीजी ने कहा :

"आपको पता है, इस सरकार ने, किसी दूसरी सरकार ने नहीं, जिला स्तर पर जो आरक्षण की सुविधा प्राप्त थी, उस आरक्षण को समाप्त कर दिया। डॉ. जगन्नाथ मिश्र की भी सरकार थी, स्वर्गीय चन्द्रशेखर बाबू की भी सरकार थी और आज भी... मुख्यमन्त्रीजी हैं, उनकी सरकार है, इन्होंने कहा था कि जो आरक्षण लागू है, वह लागू रहेगा लेकिन जिला स्तर पर जो पिछड़े वर्गों के लिए आरक्षण था, उसे समाप्त कर दिया और इस आरक्षण से करीब डेढ़ लाख पिछड़े वर्ग के लोग जो लाभान्वित होते, उससे उन लोगों को वंचित कर दिया गया। पिछले दिनों में मुख्यमन्त्रीजी से मिला था, उनसे मिलकर बातें की थीं, उन्होंने कहा था कि ऐसा नहीं होगा। परन्तु जो आरक्षण समाप्त कर दिया गया, उसे वापस नहीं लिया गया, उसे नहीं लौटाया गया। इसके कारण पिछड़े वर्ग के नौजवानों को घाटा उठाना पड़ रहा है। जो सरकार पिछड़े वर्ग के लोगों के लिए जो सुविधा प्राप्त थी, उसे काट दे तो उस सरकार को गद्दी पर बने रहने का क्या हक है ? आरक्षण हरिजन, आदिवासियों, पिछड़े वर्ग के लोगों को मिलना चाहिए, यह हमारा संविधान कहता है। हरिजन, आदिवासियों, पिछड़े वर्ग के लोगों को आरक्षण की सुविधा मिलेगी, यह किसी की मर्जी की बात नहीं है, यह किसी स्वेच्छा की बात नहीं है। हमारा

संविधान कहता है—पिछड़े, हरिजन आदिवासियों को आरक्षण की सुविधा मिलेगी। जो हमारा न्यायालय है, वह संविधान के ऊपर नहीं है। संविधान के अन्दर न्यायालय बनाया गया, संविधान के अन्दर लेजिसलेचर बना है, संविधान के अन्दर एक्जेक्यूटिव बनी है। संविधान के अन्दर ही पिछड़े वर्ग, हरिजन, आदिवासियों को आरक्षण की सुविधा मिली है। मगर फिर भी इन्हें आरक्षण की सुविधा नहीं मिली। मैंने भारत सरकार का परिपत्र देखा है, एक बार नहीं, कई बार देखा है। न्यायालय के अन्दर जो नीचे के कोर्टस हैं, उनमें ही हरिजन, आदिवासियों, पिछड़े वर्ग के लोगों को आरक्षण मिलना चाहिए लेकिन वह आज तक नहीं मिला है। जो संविधान प्रदत्त अधिकार है, उस अधिकार से हरिजन, आदिवासियों, पिछड़े लोगों को वंचित किया जा रहा है। जो सरकार हरिजन, आदिवासियों, पिछड़े लोगों को आरक्षण की सुविधा नहीं दे सकती है, वह भला और क्या दे सकती है ? ऐसी सरकार को गद्दी पर बने रहने का कोई हक है ?

मैं यहाँ दो-तीन बहुत ही महत्त्वपूर्ण बातें बतलाना चाहता हूँ। छठी पंचवर्षीय योजना के अन्तर्गत इनका स्टेट प्रोडक्शन 4.44 प्रतिशत के हिसाब से प्रतिवर्ष रहा है। मैं इसका जवाब चाहूँगा कि सरकार से, खासतौर से। छठी पंचवर्षीय योजना के पहले पंचम पंचवर्षीय योजना में 4.97 प्रतिशत प्रतिवर्ष कम्पांड कि हिसाब से वृद्धि रही। इस तरह पाँचवीं योजना में 4.97 प्रतिशत प्रतिवर्ष के हिसाब से बढ़ी और छठी योजना में 4.44 प्रतिशत प्रतिवर्ष के हिसाब से बढ़ी तो हमारा प्रान्त आगे बढ़ा या पीछे गया ? यह मैं पूछना चाहता हूँ, जानना चाहता हूँ। और आप भाषण में कहेंगे कि हमारा प्रान्त आगे जा रहा है। 83.84 में 9.82 प्रतिशत, 84.85 में 6.18 प्रतिशत 85.86 में 55.40 प्रतिशत 86.87 में 80 प्रतिशत। यानी 83.84 में 9.92 प्रतिशत स्टेट डोमेस्टिक प्रोडक्शन का ग्रोथ था। इस तरह हमारा प्रान्त आगे नहीं बढ़ा बल्कि हमारा प्रान्त पीछे गया। मैं बताना चाहता हूँ कि हमारे यहाँ जनसंख्या में वृद्धि हुई है। 84.85 तक 3.20 प्रतिशत प्रतिवर्ष के हिसाब से जनसंख्या में वृद्धि हुई और इसलिए हम लोगों की आय में वृद्धि नहीं हो रही है, बल्कि ह्रास हो रहा है। पर सेंटेस चेंज ओभर द इयर्स इन पर कैपिटा इनकम पर इस प्रकार है—1983-84 में 7.53 प्रतिशत, 1984-85 में 3.99 प्रतिशत, 1985-86 में 2.46 प्रतिशत, 1986-87 में 4.38 प्रतिशत। इनकी किताब से यह आँकड़ा मैं उद्धृत कर रहा हूँ। लेकिन इसके बावजूद ये कहते हैं कि विकास हो रहा है, यानी पीछे जाने को ये आगे जाना कहते हैं, गिरने को ये उठना कहते हैं, ह्रास को प्रगति कहते हैं। पता नहीं इनकी डिक्शनरी में इसका क्या माने है। इन्होंने योजना और विकास की बात जो बतलाई है, यह बात भी गलत है। मैंने उस दिन आँकड़ों से साबित किया था, डिप्टी चेयरमैन प्लानिंग कमीशन लकड़वाला की किताब से मैंने सारा आँकड़ा दिया था, जो एक बहुत बड़े अर्थशास्त्री हैं, उनका यह आँकड़ा है कि बिहार प्रगति कृषि के क्षेत्र में पिछले 28 वर्षों के अन्दर 1-6 परसेंटेज के हिसाब से हुई है, जबकि और राज्यों में 8, 7, 6, 5 प्रतिशत के हिसाब से हुई है, उसी क्रम में मैंने कहा था कि हमारे यहाँ औद्योगिक प्रगति 8.47 प्रतिशत ही हुई है, जबकि दूसरे राज्यों में इससे काफी ज्यादा है। तो जिस

प्रान्त में कृषि प्रगति और औद्योगिक प्रगति का बुरा हाल होगा, वह विकास को ऊपर नहीं उठा सकता है, तो फिर उस सरकार को रहने का गद्दी पर बने रहने का कोई हक नहीं है।

मैं एक और आँकड़ा देना चाहता हूँ जो मन्थली पर कैपिटा कंज्यूमर्स एक्सपेंडीचर का है। यह आँकड़ा असली बात बतलाता है 1978-79 में खाना और गैर खाना दोनों मिलाकर 100 प्रतिशत, 1977-78 में खाना और गैर खाना मिलाकर 200 आय में 2-71 प्रतिशत प्रतिवर्ष के हिसाब से वृद्धि हुई। इस तरह प्वाइंट 58 के हिसाब से प्रतिवर्ष आय में वृद्धि हुई। इससे भला हमारे प्रान्त की गरीबी जाएगी और कंगाली जाएगी ? यहाँ की गरीबी कभी खत्म होनेवाली है ? यहाँ अर्थशास्त्र और गणित के बहुत से विद्वान होंगे। और औसत सामान्य जनता की आय का वह द्योतक नहीं हुआ। इसमें पूँजीपति भी शामिल हैं। हम विधायक, मन्त्री और अराजपत्रित, प्रोफेसर और सारे के सारे व्यापारी भी शामिल हैं। जो गरीब और कंगाल हैं वे भी इसमें शामिल हैं। यह गरीबों की आय में वृद्धि नहीं हुई है। और यही वजह है कि साढ़े उनचास प्रतिशत लोग आज गरीबी रेखा के नीचे हैं। यह मेरा आँकड़ा नहीं है, बिहार सरकार ने भारत सरकार को जो मेमोरेंडम दिया है। उसमें लिखा गया है कि साढ़े उनचास प्रतिशत लोग आज गरीबी रेखा के नीचे हैं। यह मेरा आँकड़ा नहीं है, बिहार सरकार ने भारत सरकार को जो मेमोरेंडम दिया है उसमें लिखा गया है कि साढ़े उनचास प्रतिशत लोग बिहार में गरीबी रेखा के नीचे हैं। गरीबों की संख्या हमारे प्रदेश में 100 से 98 है, यह मैं दावा के साथ कहना चाहता हूँ और जो आर्थिक नीति तथा योजना चल रही है उससे गरीबी, बेरोजगारी कभी खत्म नहीं होगी। गरीबों की आय में कोई वृद्धि नहीं हुई है। 83-89 में 431-76 प्रति व्यक्ति प्रति वर्ष आय थी, 83-87 में 509 रुपए प्रति व्यक्ति प्रति वर्ष आय हो गई। मगर यह रेट 431-76 और 509 रुपया 1970-71 के दाम के आधार पर बढ़ता गया और इन्होंने अपनी किताब में लिखा भी है। 70-71 में जो वस्तुओं के दाम थे उसके आधार पर यह आय है। आज के आधार पर यदि इसे कहा जाए तो लोगों की आमदनी घट गई है, यह मैं दावे के साथ कहना चाहता हूँ।"

टिप्पणी एवं सन्दर्भ

1. एस. एस. बेलवादी, थ्योरी एंड प्रैक्टिस ऑफ पार्लियामेंटरी प्रोस्ड्योर इन इंडिया, एन. एम. बम्बई, 1988
2. वही।
3. एर्सकीन मेय, पार्लिया मेकरी प्रैक्टिस, बीसवाँ संस्करण
4. प्रोसीडिंग्स ऑफ प्रेजाइडिंग ऑफिसर्स कान्फरेंस, शिलांग, 1958
5. बिहार विधानसभा वाद-विवाद, भाग-2, 19.1.1988

9

निष्कर्ष

संसदीय प्रजातन्त्रीय प्रणाली में विपक्ष का धुरीय महत्त्व है। बहुदलीय राजनीतिक व्यवस्था में कई दलों को मिलाकर विपक्ष का गठन होता है। ऐसी परिस्थिति में नेता–विपक्षी दल की भूमिका का महत्त्व और भी बढ़ जाता है। क्योंकि विभिन्न नीतियोंवाले दलों के बीच समन्वय बनाए रखकर संसदीय दायित्वों का निर्वाह नेता–विपक्षी दल को करना पड़ता है। दूसरी ओर समाज जैसी सामाजिक संरचनावाले सामाजिक व्यवस्था में जहाँ सामाजिक आर्थिक विषमता हो और कमजोर वर्गों का समुचित प्रतिनिधित्व नहीं हो नेता–विपक्षी दल की भूमिका अतीव संवेदनशील हो जाती है। सरकार पर अनवरत निगरानी रखने तथा अभिवंचित एवं कमजोर वर्गों के हितों के प्रति सरकार को सजग रखने के लिए नेता–विपक्षी दल की सक्रिय भूमिका अनिवार्य है। बिहार राजनीतिक व्यवस्था में कर्पूरी ठाकुर जैसे विपक्षी नेता की भूमिकाओं का अध्ययन आवश्यक है क्योंकि उन्होंने अपने राजनीतिक जीवन का अधिकांश भाग सरकार पर निगरानी रखने तथा जनहित के प्रति सजग रखने में बिताया। यद्यपि वे अल्पावधि के लिस सत्तासीन भी रहे, परन्तु उन्होंने अपने नेतृत्व में सरकार को सामाजिक न्याय के प्रति कटिबद्ध रखा। प्रस्तुत पुस्तक में कर्पूरीजी की विभिन्न विधायी विधाओं में भूमिका का विषद अध्ययन किया गया है।

यद्यपि प्रत्येक अध्याय में निष्कर्ष लिखे गए हैं परन्तु उन निष्कर्षों को समेकित स्वरूप प्रदान कर यहाँ प्रस्तुत करना अति आवश्यक है। द्वितीय अध्याय में कर्पूरीजी के संघर्षशील जीवन-वृत का विवरण है जिसमें उनके राजनीतिक एवं सामाजिक जीवन के विभिन्न आयामों पर प्रकाश डाला गया है। प्रथम अध्याय में संसदीय पद्धति में विपक्ष की भूमिकाओं पर प्रकाश डाला गया है तथा सैद्धांतिक पक्ष को प्रस्तुत किया गया है।

प्रान्तीय स्तर पर संसदीय प्रणाली में संसदीय कार्यवाही का प्रारम्भ राज्यपाल के अभिभाषण से होता है। बिहार विधानसभा में राज्यपाल के अभिभाषण पर धन्यवाद प्रस्ताव में संशोधन के दौरान कर्पूरीजी की भूमिका का विश्लेषण के पश्चात् यह निष्कर्ष निकलता है कि कर्पूरीजी विपक्षी सदस्यों के बीच विषय विभिन्नता को रखकर सरकार का सिंहावलोकन कर विपक्ष को मौका दिलाने में सफल रहे हैं। कर्पूरीजी द्वारा प्रस्तुत संशोधन वृहद् एवं सरकार की सर्वांगीण समीक्षा के विस्तृत अवसर प्रदान करनेवाले संशोधन रहे हैं। उन्होंने वाद-विवाद के अवसर पर अपने ज्ञान का भरपूर उपयोग किया

तथा सरकार की आलोचना उन्होंने आँकड़ों एवं तथ्यों के आधार पर की है। इस विधा के दौरान उन्होंने सरकार के अकृत्यों एवं भ्रष्टाचार पर कड़ी नजर रखी। उनकी आलोचनाओं में नीतिगत सुझाव का पुट रहता था तथा कमजोर वर्गों एवं अभिवंचित वर्गों के हितों की रक्षा की बुलन्द आवाज होती थी। अन्ततः इस संसदीय विधा के दौरान सामाजिक न्याय की ओर उनकी पैनी दृष्टि रहती थी।

इसके पश्चात् प्रश्नोत्तर काल तथा शून्यकाल का स्थान आता है। इन दो अवसरों पर ज्यादा से ज्यादा मुद्दे उठाए जाते हैं तथा सरकार के विभिन्न पक्षों पर निगरानी रखा जा सकता है। कर्पूरीजी द्वारा सदन में उठाए गए प्रश्नों में 44 प्रतिशत प्रश्न कमजोर वर्गों के हित से सम्बन्धित थे। इनके प्रश्नों में दूसरा स्थान उन विषयों का होता था जो सरकार की अकर्मण्यता एवं कुकृत्यों से सम्बन्धित मामलों से होता था। इनमें ज्यादातर सरकार द्वारा दमनकारी एवं अकल्याणकारी नीतियों पर आक्षेप होता था तथा उनके निराकरण की माँग होती थी। सरकारी तन्त्र द्वारा भ्रष्टाचार से सम्बन्धित मामले भी कर्पूरीजी के द्वारा उठाए जाते थे। शून्यकाल में वाद-विवाद के सन्दर्भ में यह कहा जा सकता है कि कर्पूरीजी नेता—विपक्षी दल के रूप में विपक्ष की गरिमा की रक्षा और अभिव्यक्ति के उचित अवसर दिलाने हेतु उन्होंने महत्त्वपूर्ण भूमिका निभाई। कमजोर वर्गों के हितों की रक्षा के लिए सरकार पर अंकुश बनाए रखने तथा उनकी समस्याओं के निराकरण के लिए अति सक्रिय रहते थे। इन भूमिकाओं के लिए उन्होंने शून्यकाल का भरपूर उपयोग किया।

सदन में लोकमहत्त्व के मुद्दे उठाने हेतु कई अवसर प्रदान किए गए हैं। कर्पूरीजी ने ध्यानाकर्षण प्रस्ताव के माध्यम से--(1) सरकार की गलत एवं दमनकारी नीति तथा (2) सरकार की अकर्मण्यता और निष्क्रियता पर सदन को, जनता को तथा सरकार को सूचित किया तथा सरकार को जनहित के प्रति सचेत रहने को प्रेरित किया। माननीय विधायकों के हितों की रक्षा हेतु भी कर्पूरीजी ने ध्यानाकर्षण प्रस्ताव का सहारा लिया। स्थगन प्रस्ताव के माध्यम से कर्पूरीजी ने मोटे तौर पर दो तरह की भूमिका निभाई--पहली, अन्य सदस्यों द्वारा स्थगन प्रस्ताव की स्वीकृति हेतु अध्यक्ष के समक्ष विषय की महत्ता पर प्रकाश डालना तथा दूसरी महत्त्वपूर्ण अत्यावश्यक विषय पर स्थगन प्रस्ताव की सूचना देना और स्वीकृति के लिए तर्क प्रस्तुत करना। कर्पूरीजी ने स्थगन प्रस्ताव के माध्यम से सामान्य कानून व्यवस्था बनाए रखने में सरकार की विफलता, सरकार की दमनकारी नीति एवं अकर्मण्यता तथा सरकारी तन्त्र में व्याप्त भ्रष्टाचार एवं उदासीनता तथा स्थगन प्रस्ताव की स्वीकृति हेतु विधायी नियमनों एवं उनके अन्तर्गत सदस्यों को अवसर दिलाने हेतु वाद-विवाद उठाने की भूमिका निभाई। लोकमहत्त्व के विषय पर सामान्य वाद-विवाद में कर्पूरीजी ने अधिकांशतः सरकार की अकर्मण्यता पर सामान्य आरोप लगाकर सजग रहने का प्रयास किया तथा कमजोर वर्गों के हितों के प्रति वे काफी चौकन्ने रहे। इसके अतिरिक्त कर्पूरीजी संसदीय पद्धति में सदस्यों की अभिव्यक्ति की स्वतन्त्रता के प्रति भी सजग रहे तथा विपक्षी सदस्यों का मनोबल बढ़ाने

का कार्य किया। विकास एवं व्यवस्था के प्रश्नों को भी उन्होंने उठाया परन्तु उनका त्वरण कम रहा। सदन द्वारा निष्पादित कार्यों में वित्तीय कार्यवाही का बड़ा ही महत्त्वपूर्ण स्थान है। बजट पर वाद-विवाद, कटौती प्रस्ताव, विनियोग विधेयक आदि अवसरों पर कर्पूरीजी ने नेता—विपक्षी दल के कर्त्तव्यों का बखूबी निर्वाह किया। सरकार पर कड़ी निगरानी रखने के साथ-साथ कर्पूरीजी ने सरकार की नीतिगत आलोचना का एक भी अवसर नहीं छोड़ा तथा मितव्ययिता के प्रति सरकार को सजग रखा। सरकार का ध्यान उन्होंने सामाजिक न्याय के प्रति सदैव आकर्षित किया।

विधायिका का प्रमुख कार्य विधायन है। विधायन के दौरान वाद-विवाद में कर्पूरीजी ने दो बातों पर विशेष रुचि दिखलाई—पहला, यह कि उन्होंने किसी विधेयक की समग्र समीक्षा अर्थात् नीतियों एवं सिद्धान्तों की समीक्षा पर बल दिया। उन्होंने विधेयकों के विवादों पर यह प्रयास किया कि विधेयक की सर्वग्राह्यता अधिक-से-अधिक हो तथा विधेयक सिद्धान्त एवं कार्य रूप में ज्यादा-से-ज्यादा लोकहितकारी हो। उनके द्वारा उठाए गए मुद्दे पांडित्यपूर्ण रहे तथा विधेयक की सर्वग्राह्यता के प्रति निष्ठ रहे। दूसरी महत्त्वपूर्ण बात यह है कि विधेयकों को अनुशीलन इस प्रकार किया कि समाज के अभिवंचित दलित एवं पीड़ित लोगों को लाभ पहुँच सके।

अन्ततः हम कह सकते हैं कि कर्पूरीजी ने अपने संसदीय भूमिका का भरपूर निर्वहन किया तथा विभिन्न संसदीय अवसरों का उपयोग संसदीय पद्धति की रक्षा, सामाजिक न्याय की स्थापना एवं राष्ट्रहित के लिए किया। इस प्रकार उन्होंने सशक्त नेता—विपक्षी दल की भूमिका का निर्वहन किया। उन्हें विधायी विपक्ष का मूर्धन्य एवं अनुपम नेता विरोधी दल की संज्ञा दी जा सकती है। शायद ही भविष्य में कोई अन्य नेता—विरोधी दल इतने उच्च-स्तरीय विपक्ष की भूमिका निभा सकेगा।

BIBLIOGRAPHY

Abranam, Raju; "Socio Economic and Political background of Members of Eights Kerala Legislative Assembly", *Journal of Constitutional and Parliamentary Studies,* Vo 1. 22 No. 1-4, Jan-Dec, 1988

Arya, J.L. and Kunal *Mahapran Karpoori Thakur,* Bihar Granth Kuteer, Patna

Belavadi, S.H.; *Theory and Practice of Prliamintary Procedure* in India, N.M. Tripathi Pvt. Ltd. Bombay, 1988

Bhardwaj, R.C. "Private Members Bills : Their Utility and Impact," *Journal of Parliamentary Studies.* vo 1. 4 (2), April&June, 1970.

Bobb, Dilip "Parliamentrians Vociferous Minority", *India Today,* August 1, 1978

Burger, A.S.; Oppoision in a Dominant Party System, Oxford University Press, Bombay, 1969

Celebration Committee *Four Decades of Jaqjivan Raam's Parliamentary Career* Celebration Committee, Patna, 1977

Chancharik, K.L,; Mahatma Jyotiba Phule, Publication Department, Information and Broadcasting Ministry, Government fo India, New Delhi, 1988

Chand, Phul: (Ed.); *Indian Parliament,* The Institute of Constitutional and Parliamentary Studies, New Delhi, 1984

Chhabra, H.s. (Ed) *Opposition in the Paliament.* A Uniqure Authentic and Comprehensive Biographical Dictionary of M.P. s on Opposition Benches, New Publishers Delhi, 1952

Chitnis, K.M.; — *Mr. Legislator,* Popular Book Depot. Bombay, 1952

Dandawate, Madhu — "Role and Position of the Laeders of Opposition", *The Journal of Parlianmentary Information,* vol, 33:3, Sept, 1987 pp. 3329-36

Dave, Rohit; — "Opposition in Parliament," Commerce, May 29, 1971

Dave, M.M.; — "Legislatior and the Common man," *Parliamentary Studeis* Vol. 15 (7), July, 1971

Deb, J.M., — "Parliament and Opposition", Socialist India, August 11, 1973,.

Dhar, M.K. — 'Divergent Tactics Split the Opposition', *Hindustan Times (new Delhi),* March 26, 1967

Dholakea, Kundan Lal; — *Thoughts on Parliamentary Procedure,* Harold Laski, Institute of Political Science, Ahamedabad, 1976

Dhulup, N.K., — "Role of opposition and its Role and Functions and the Leader of the House,' in *Lectures on Parliamentary Practiec and Procedure,* Maharastra Branch of C.P.A., Bombay, 1968

Fartyal, H.S., — *Role of Opposition in the Indian Parliament,* Chaitnya Publishing house, Allahabad, 1971,

Govt. of Bihar — Bihar Vidhan Sabha ki *prakriya tatha Karya Sanchalan Niyamawali,* Bihar, Patna, 1980

Govil, Veera; — "Short Notice Questions and Their Answers,' *Indian Journal of Political Science,* Vol. 28 (1-) January-June, 1967

Hart, H.C.; — 'Parliament and Nation Buliding : England and India' in Lowerberg (ed) *Mordern Praliaments; Change of Decline,* Aldine Athertion, Chcago, 1971

Husain, Jabir, — *Karpoori Thakur,* Sahyog Prakashan, Delhi, 1882

I Ibert, Courtney, — *The Parliament*

Indian Parliament — *House of Peoples Rules of Procedure and*

Conduct of Business in teh House of People, The Lok Sabha Secetrariat, New Dehli, 1954.

Institute of Constitutional and Parliamentary Studies. Journal of Constitutional and Parliamentary Studies (A simon Bolivar Biceutenial offering Vol. XIV, Nos 1&4, Jan-Dec.-1985

Jangam, R.T. 'The Role of Opposition in India' in **G.S. Hallapa (ed),** *Dilemas of Democratic Politics,* Manadhalus, Bombay, 1966.

'Why there has been no effective oppostion in India so far,' Indian journal of politics Science vol, 26 (2) April-June, 1965

Jain, R.B.; *Comparative Leqislatve Behaviour;* Ressarch Explorations publishing House, New Delhi, 1980

Jha, B.k. & S.K. Pathak 'Interest Articulation in Legislature: An Analysis Based on Question put in the Bihar Legislative Assembly', *Democracies,* vol. 7 Nos. 1-2, January&June, 1987

Jha, Jagdish Chandra Bihar Vibhuti, *Anuqrah Narain Singh; EK Jiwani,* Bihar Hindi Granth Academy, Patna, 1988

jha, Radhanandan, *Some Aspects of Parliamentary Procedures,* Janki Prakashan, Patna, 1983

Jha, Radhamadan, Journal of Parliamentary Information] 'Leader of the oppostion in lodk Sabha', Vol 16 (1). April, 1970

Komath, S.C.; 'Ministers and Legislaors,' *Parliamentarian, Vol. 56 (1) and Vol. 56 (2), 1975*

Kashyap, Subhash C. **our Parliament,** National bookd Chadra' Trust India, New Delhi, 1989

Kashyap, Subhash C. *Human Riqhts and Parliament,* Chandra; Metropotitan book Co. New Delhi, 1978

Orientation for Legislators, Institute of constitutional and Parliamentary Studies, New Delhi, 1971

Kaul, M.N., ***Parliamentary Institutions and Procedure,*** National Pub. House, New Delhi, 1979

Kothari, Rajani, 'India: Opposition in a Consensual Polity' in Robert A. Dahl (ed), *Regimes and Opposition* yale University Press, New

Haven, 1973
'More opposition', *Semnar.* (137) January, 1971

Lal, A.B; *The Indian Parliament,* National, New Delhi, 1956

Limye, Madhu, *Dr. Ambedkar, 'Ed Chintak, Patel* Eduction Society, New Delhi, 1990

Lo Khande, G.S., ***Bhimrao Ramji Ambedkar, A study in Social Democracy,*** Inteltectual Publishing house, New Delhi, 1977

Malherbe, E.F.J., 'Towards a theory of Pariliamentary Procedure' *Journal of Constitutional and Parliamentary Studies,* Jan-Dec, 1992 pp 81&103

May, Erskine, *Parliamentary Practice,* 20th Edition

Malhotra, N.C. : *Lohia a Study,* Atma Rame & Sons, Delhi, 1978

Menon, K.P.S., 'The executive Vis-a-vis the Legislature; *Theory and Practice Now,* October, 11, 1985

Mishra, D.N., 'Questions in Bihar Legistature; A study in Evolution of Procdure and Pratice (1912&47)' *Democracies.* Vol.7. Nos.1-2. Jan-June, 1987

Modi, Saroj; *Vishan Sabhan mein Mahila Vidhayak* (Hindi) Mittal Publications, New Delhi, 1991

Morris-Jones. W.H; Parliament in India, University of Pensylvania, Phladelphia, 1967

Mukherjea, A.F.; Parliamentary Procedure in India, Oxford University, Prers. Bombay, 1967

Mudher Jee, Hiren; 'Four Speakers of Lok Sabha,' *Parliamentray Studies* vol 13 (9-10) Sept.-oct., 1969

Nayar, K.S. 'The Land of no Opposition' *Demorcatic World,* Vol. 2 (1) february, 15, 1973

Ojha, G.P. & Verma, R.K. Jagjivan Ram and His Ideas *Social and Administrative Ideas.* mimeo Jagjivan Ram Institute of Parliamentary Studies & Political Research, Patna 1990

Pachauri, P.S.; 'Principles of Parliamentery Procedures' in Sundarial (ed) *The Indian Parliament,* Institute of Consititutional & Parliamentary Studes, New Delni, 1985

Pauchauri, P.S., "Relationship Between the Executive and Legislature, *journal of Consutitutional and Parliamentary Studies.* Vol 8 (1)] Jan&March, 1974

Pachauri, P.S.; *The law of Parliamentary Privileges in U.K. and in India,* M.M. Tripathi, Bombay, 1971

Paroha, Uma; 'Indira Gandhi Ke Rajnitik Vicharaon ka Mulyankan' *Loktantra Samiksha,* Vol. 22 no. 1-4] 1990

Prasad, Bimal, Gandhi Nehru and J.P.; Studies in Leadership, Chaakya Publications, Delhi, 1985

Prasad, Bimal (ed), Socialism, Sarvodaya nad Democracy; Selection works of Jaya Prakash Narayan, Bombay, 1964

Prasad, R.C.J.L. Arya, Kunal Kumar *Karpoori Thakur ! a Portrait,* S.K. Publications, Patna, 1991

Prasad, Saroj; *Nehru's Concept of Freedom, Chugh Publications Allahabad, 1989*

Prasad, Yadunandan, Desh Ratna Dr. Rajendra Prased ka Jiwan Vmta, Bihar Hindi Granth Academy, Patna, 1984

Purbey, Ram Chandra *Sangharsh Ki Jiwan Gatha; Dr. Jagdish* Sahu, Ranjana Prakashan, Muzaffarpur, 1982

Rao, K.V.; *Parliamentary Dmocracy in India; a Critical Commentary,* world Press, Calcutta, 1965

Shakdhar, S.L; *Parliamentary Control over Finance,* Allied Publictions, Bombay, 1975

Shakdhar, S.L.; *Administrative Acountability to Parliament,* Govt. of India, Press, New Delhi, 1966

Shakdhar, S.L.; *Calling Attention Notices.* Lok Sabha Secritariat, New Delhi, 1960

Shakdhar, S.L.; Comparative study of Finacial Procedure in *Parliament in U.K. and India, Govern-*

ment of India Press, New Delhi, 1968

Shakdhar, S.L.; The Process of Legislation, Government of India Press, New Delhi, 1969

Shils, Edward; 'Opposition in New States of Asia and Africa', *Government and Opposition,* Vol, 1 (2), Jan, 1966

Singh, Amar Kumar; *Samajvadi Chetna ke Gaurav Laloo Prasad; Halke Jue Kichot se Mukhye Mantri Awas Tak* (Hindi] Bihar Hindi Granth Acadamy, Patna, 1993

Singh, I.P.; 'Decline of Indian Legislature, *The Hindustan Times,* 20 Dec. 1989 p. 7

Singhvi, L.M. (ed) *Parliament and Administration in India,* Institute of Constitutional and Parliamentary Studies. New Delhi, 1972 sec 'Parliament control over the Executive the Adequacy of existing Procdure'

Sinha, Binay *Jawahar Lal Nehru as a Leader,* Capital Publishing House, Delhi, 1988

Stern, R.W.; The Process of Opposition in India; Two Case Studies of how Policy Shapes Politics, Univ. of Chicago Press, London, 1990

Tripati, Acharya Havaldar, ed., *Karpoori Thakur Abhinandan Granth,* Granth Samiti, Patna 1986

Varma, V.P.; Evolution of Politics in Bihar, (Mimeo) Jagjivan Ram Institute of Parliamentary Studes & Political Research, Patna 1988, Assembly Elections in Bihar 1985, J.R.I.P.S. & P. Patna, 1990

Verma, R.K. and Yadav, N.P. 'Caste and Cadidate Selection Lok Shbha Poll in Bihar' *Economiec and Political Weekly,* Vol. XXVI Nos. 22 and 23, June 1-8, 1991

Verma, R.K.; "Zero Hour and Bihar Legislature a Study of Opposition", *Journal of Constitutional and Parliamentary Studies,* Annual no., 1995

Verma, R.K. "Sansadiye Padhati Mein Sunya kal : Ek Samiksha", *Loktantra Samiksha,* Vol. 24

No. 14, Jan-Dec. 1992

Verma, R.K.; Basis of *Rural Political Leadership : A Study of Social structure and People's Perception,* Amar Prakashan, Delhi, 1991.

Verma, R.K.; "Zero Hour as a Weapon of Parliamentary Justice", *Democracies,* Combined Vol. 1994

Verma, R.K.; "Caste and Bihar Politics," *Economic and Political Weekly* Vol. XXVI No. 18, May 4, 1991

Verma, R.K. "Rajanitik Dal, Jati Aur Nirwaehan" *Loktantra Samiksha,* Vol. 23 (1-4) 1991

Zius, Maxjeam; *Strains on Indian Democracy,* A.B.O. Publishing House, New Delhi, 1988.

●●●